広島藩の歴史
―江戸時代が現代の広島に繋がる―

木 本 　 泉

はじめに

　私は宮島を望める対岸に住んでいる。毎日見る厳島神社の歴史に興味を持って以来、これまで広島県を中心にした地域の歴史を探ってきた。その締め括りとして今回、江戸時代の広島藩を取り上げることにした。

　広島藩は徳川幕府により福島正則が藩主になることで始まり、代わった浅野家により江戸時代を完遂し、明治維新を迎えたのち廃藩置県により消滅した。この経緯の中で藩主は福島家1代、浅野家12代が継承したが、残念ながら中世の毛利元就のような地域の英雄といった存在は生まれなかった。

　武将として名高い福島正則についても広島の歴史の中ではその存在感は非常に薄く、浅野家藩主についても同様である。これは徳川幕府の強力な権力に基づく政治が原因で、藩の歴史を把握するためには、まず幕府の動きを基盤にしないと理解できない。そのような中で、幕府の権力の弱った幕末に至り、広島藩は薩摩藩や長州藩に伍して大政奉還に向けて活躍していたのに、いつの間にか明治維新の歴史の舞台から姿を消してしまった。

　一方でこの広島藩の時代に、現在に伝わる色んな産業・文化・習慣などが生まれ、これらが他藩や藩内でも他地域との交流が限定されていたこともあって、現在の広島県の特徴的な基盤ができたのも事実である。

　世の中は、ある原因が結果を生み、その結果が今度は次の原因になって他の原因も加わって新しい結果を生む。この流れは時間と共に

移ってゆくが、歴史というものはできるだけ多くの事象を選んでその原因と結果を時間軸上に並べて、その全体の流れを掴むことに面白さがあると共に歴史の本質に迫ることができる。

そこで広島藩を中心にした歴史の流れがどのように現在のこの地域の状況に影響したかという、できるだけ大局的な視点で眺めようとしたのがこの本である。

江戸時代については、それ以前に比べて小さな出来事から重大事件まで非常に多くの情報が現存している。江戸時代を通じて育まれた広島の地域特性は、この間の歴史の流れの中から生まれたはずで、大きな出来事だけでなく江戸時代に起こった色んな事柄が現在にまでつながっていることを発見することができる。

広島県人、あるいは人間として、学ぶべきことが何か見つかることを念じている。

なおこの「歴史の流れ」をより的確に把握し易くするため以下の3点に拘ったことに理解をお願いしたい。

① 年号の西暦化

日本の歴史書を読むとき、慶長・元禄・享保・安政・慶応などといった年号が使われていることが多い。しかし歴史の流れを掴もうとする場合、和暦は頻繁に変更されたため専門家でなければ前後関係の把握は困難である。

そこで本書は歴史の流れを理解し易いよう、西暦に統一して表記した。ただ、細かい流れが必要で月日を記載する場合は、その事件の背景を読むことが困難になる。

たとえば、

「時は元禄十五年師走半ばの十四日」

と赤穂浪士の討ち入りを語るとき、西暦で表現すると

「時は 1703 年 1 月 30 日」

となり師走ではなく、正月の過ぎた時期になってしまう。これでは当時の背景を読み取ることが難しくなる。そこで、ここでは元禄 15 年はそのまま 1702 年とし 1 月 30 日を加え、旧暦 12 月 14 日をカッコで追記した。

② 名前の統一

日本史に登場する人物の多くは、生まれてから色んな理由から名前を変更することが多い。厳密に歴史を見る場合、それぞれの時期の名前を用いて記述することが正確な表現と言えるが、歴史の流れを把握するうえでは非常に難しい。

そこで人物名は原則としてその人の一番知られている名前を用いた。これは天皇の名前もおなじで、没後に追号された名前を生前の活動に用いている。

③ 用語の簡易化

江戸時代の資料は非常に多く残っており、それを研究した膨大な論文もある。しかし多くは非常に難解で、普通の歴史好きにとってはとっつきにくいのも事実である。その原因の一つは、当時使われた用語の意味が良く解らないことにある。

この対応として、厳格な意味でニュアンスの違いはあるが、できるだけ現在使われている用語を用いた。ただ、それが難しい場合などは、意味を追記するなどして当時の用語を用いた。

目　次

I　福島正則の広島藩

Ⅱ　浅野広島藩の始まり

Ⅲ　江戸中期の広島藩

Ⅳ　江戸後期の広島藩

5. 徳川家慶と天保の改革

6. 浅野斉粛の時代 ………… 194

V 幕末の広島藩の活躍

1. 徳川家定と開国への動き

2. 攘夷と開国の対立 ……… 206

3. 薩長の対立と広島藩の進出

Ⅵ　明治維新と広島藩の終焉

広島藩の歴史
―江戸時代が現代の広島に繋がる―

I
福島正則の広島藩

　広島の江戸時代は、初代藩主の福島正則によって始まる。関ケ原の戦いの結果徳川家康が天下を取ると、広島城から毛利輝元を萩に追いやり、新たに城主にしたのが戦いで功績のあった福島正則だった。正則は 19 年間の在任中、広島城下町の整備など広島藩発展に尽くすが、豊臣秀吉の腹心であったこともあり、家康を継いだ二代将軍の徳川秀忠は不安だったのだろう、ついに正則を改易して終結する。

1. 天下分け目の戦い

　戦国の世を統一したのが織田信長だが、1582 年本能寺の変で明智光秀に滅ぼされてしまう。この機を逃さず天下を引き継いだ豊臣秀吉は独裁体制を敷き大陸への進出までも試みたが、1598 年に五大老や五奉行にまだ 6 歳の息子秀頼を託して亡なってしまった。
　この五大老とは、徳川家康・毛利輝元・上杉景勝・前田利家・宇喜多秀家の五人の大名で、五奉行は石田三成・浅野長政・前田玄以・増田長盛・長束正家という摂関家に忠実な実務担当職だった。この中の浅野長政が後の広島藩主に繋がる人物である。

徳川家康の台頭
　豊臣秀吉の遺言にもかかわらず、天下人になるとの意思を明確にし

たのが五大老筆頭で朝廷の官位でもトップの徳川家康だった。家康は秀吉から得た関八州において江戸城を中心にして勢力拡大すると共に、諸大名を味方に組み入れる工作を始めた。また大阪城の豊臣秀頼には従順を装ったが、秀頼の側近に対しては内部対立を煽った。側近としては石田三成を中心にした文知派と加藤清正・福島正則らを中心とする武断派があり、朝鮮出兵時から互いに反目していた。この中の福島正則が後に広島藩初代藩主になる人物である。

　当時政権内では大名間で婚姻関係を結ぶことは禁止されていたが、1599年に家康が出羽陸奥の伊達政宗・阿波の蜂須賀家政・武断派の福島正則・黒田長政などと結ぼうとしたことが発覚した。そのため、五大老のまとめ役で秀頼の後見人でもあった加賀の前田利家を中心に家康を弾劾する動きが出た。これに対して家康も兵を呼び寄せるなど対立が表面化したが、結局家康が一筆入れて一旦収まった。この直後に前田利家が病死すると、武断派の加藤清正・福島正則・黒田長政・細川忠興・浅野幸長・池田輝政・加藤嘉明の七将が、文知派の石田三成の大坂屋敷を襲撃する事件が起こった。この状況で仲裁に乗り出したのが家康で、七将が襲撃を止める代わりに三成が五奉行を退くことで決着させた。この裁定は武断派が家康に接近するきっかけになった。

　一方、五大老の一人で備前岡山城主の宇喜多秀家は、それまで支援してくれていた三成が失権したため自身の権力基盤が弱体化し、家臣の不満が爆発して1599年末に宇喜多騒動が起こった。これに対しても家康が裁定に乗り出し内乱は回避されたが、結果的に秀家の権力衰退につながった。こうして秀家と三成は、家康に対する反感を強めていった。もう一人の五大老の上杉景勝であるが、所領の会津で許可なしに築城して家康から説明のため上京を求められた。しかし秀吉に対する恩義を貫く景勝は、覇権を狙う家康へ従う気持ちはなく会津に留

まった。

　このような状況で、徳川家康は五大老の一人、広島にいる毛利輝元に対して味方につけるべく動いた。当時の輝元は、それまで支えてくれた吉川元春と小早川隆景という二人の叔父も今はなく、祖父である毛利元就の毛利家の継続を大事にすべきという遺言を守るべく、1595年に生まれた幼い息子といかに難局を生き抜くかを思案する状況だった。また長く実子に恵まれなかったため、養嗣子に迎えていた従弟の毛利秀元の扱いも悩みで、独立大名として別家を立てさせている。

　家康としてはまず輝元の周辺を押さえるため、吉川家の当主・吉川広家と豊臣家から小早川家に養子として入った小早川秀秋に狙いをつけた。これを進めたのが秀吉恩顧の武断派で、石田三成と対立する黒田長政である。長政は吉川広家に信頼関係を強めるために血判起請文を差し出したとされ、さらに小早川秀秋とはお互い秀吉の正室高台院に育てられた兄貴分という間柄を生かして、徳川側に付くよう仕向けた。さらに家康は毛利輝元や毛利秀元にも接近したとされている。

関ケ原の戦い

　1600年夏、石田三成など徳川家康に反感を持つ側は、毛利家の外交僧である安国寺恵瓊と通じるなどして広島にいる毛利輝元に大坂入りを要請し、輝元は豊臣秀頼への忠節の示す意味で大坂城に入った。これと同じころ、徳川家康は謀反の嫌疑があるとして会津に留まる上杉景勝を攻めることを決断し、6千の軍勢を持つ福島正則など会津征伐軍を結成し奥州道で江戸の北方200kmの会津に向かった。

　これを知った三成は、秀頼を頂いて家康に対抗する立場を明確にし、大谷吉嗣などを説得して家康が本拠を置いていた京都の南にある伏見城を攻撃すべく進軍を開始した。会津に行軍中の征伐軍は下野国小山でこの情報が入ると、家康も驚いて軍議を開いた。これは小山評

定と呼ばれ、これまでも家康の意を酌んで動いた黒田長政が福島正則を説得し、正則が三成討伐軍を指揮することで全員が家康に従うこととなり、畿内に戻ることが決定された。この際、江戸を経由して東海道を行く本隊と中山道の家康の息子徳川秀忠の2隊に分かれた。

　こうして東軍とよばれる家康側と西軍と呼ばれる三成側の抗争が始まった。

　当時の行軍であるが、通常1日当たり20〜30kmほどで、小山から畿内までの600kmを進むには一か月近くかかる。さらに秀忠隊は途中で信濃国の上田城を攻めるなどしたため順調には進まず、結局合戦に間に合わず家康を怒らせた。

　この間三成側はまず伏見城を落とし、さらに家康軍を畿内から遠ざけるべく、伊賀・伊勢・美濃・尾張へと進軍した。一方西行してきた福島正則が西側の岐阜城を落とすと、西側もいったん引いて体制を立て直して迎え撃つことになった。

　こうして両軍が対峙したのが伊吹山地と鈴鹿山地に挟まれ、近江から美濃に入ってすぐの関ケ原である。ここは五街道のひとつの中山道が通り、さらに北国街道と伊勢街道が交わるという交通の要衝で、まさに天下分け目の決戦の場となった。

　東軍は家康の本陣の前方に福島正則や黒田長政ら総勢7万の軍が布陣した。これに対し総勢10万といわれる西軍は東軍の正面に宇喜多秀家などの軍が配置され、左側に石田三成の本陣、右側の松尾山麓には小早川秀秋などの陣が敷かれた。また家康本陣の後方の南宮山麓に毛利秀元・吉川広家と共に輝元の参謀安国寺恵瓊の3軍が陣を置いた。ただ、西軍の大将である毛利輝元は大坂城に留まっていた。

　10月21日（旧暦9月15日）の朝8時に開戦の烽火があがり、すぐに西軍の宇喜田秀家軍と東軍の福島正則軍がぶつかりあった。こう

して始まった戦いは始めのころ西軍優勢で進んだが、正午過ぎ、小早川秀秋軍１万５千が突然西軍の後方から攻め込んだ。この秀秋の寝返りによって形成は一気に逆転し、西軍は総崩れとなった。これを助長したのが南宮山の吉川広家で、家康の後方から攻めようとする安国寺恵瓊を押しとどめ、さらに２万６千の兵を擁する毛利秀元は、輝元の意を酌んでか動くことはなかった。

　東軍の地滑り的大勝利に終わった関ケ原の戦いだが、多くの敗残兵が逃げ出しており、周辺には参戦していない西側勢力も残っていた。徳川家康はこれらを取り押さえながら、天下に勝利を示すために大坂城の豊臣秀頼との関係を明確にする必要があった。そのためまずは秀頼と共に大坂城にいて一戦交えることも考えていたとされる毛利輝元を追い出す必要があった。そこで吉川広家と通じていた黒田長政を送り込み折衝させると、広家は安国寺恵瓊が勝手に進めたとして輝元を擁護したため、所領を安堵することを条件に輝元が大坂城を退去させることに成功した。

　家康は城の接収に福島正則を向かわせた後、輝元の去った大坂城にさっそく秀頼と淀殿のもとを訪れ戦いの結果を説明した。ただ家康にとって、これが説明ではなく拝謁で褒美を受けるという形になり、豊臣家の家臣であることを思い知らされることとなった。

　一方最後まで奮戦した石田三成は、戦場から逃亡を試みたが６日後につかまり、大津城の前で曝されてから大坂に護送され、小西行長・安国寺恵瓊らと共に大阪・堺引き回しの上、京都六条河原で斬首された。また宇喜田秀家は逃げ延びたものの３年後に捕まり、その後八丈島への流罪となった。

　なお、現在「阪」の字を用いている大阪の「坂」だが、元は「小坂」との地名で「おさか」と読まれていた。ところが蓮如上人が小より大がいいということで「大坂」と書かれるようになり、「大坂城」

ができて定着したとされる。

2. 徳川幕府の成立

　関ケ原の戦いの結果、日本史上でも最も強力と言える軍事政権を実現した徳川家康は、それまで本拠地にしていた江戸を幕府政治の中心に定め、参謀の本多正信と共に幕府の基礎固めを進めた。

領地没収

　幕府を形成するためには、まず恩賞としての土地を確保することが必要で、西軍に加わった大名などに対する領地没収は苛烈を極めた。石田三成・宇喜田秀家をはじめとする 50 人以上の大名が領地を没収され、浪人は 20 万人に上ったとされる。豊臣家に対しては勢力拡大を防ぐため直轄領を大幅に削減したが、摂津国・河内国・和泉国の 3 ヶ国 65 万石を与えることで当面の不満を抑えた。この結果、豊臣秀吉の検地結果による全国 1850 万石余の、ほぼ 3 分の 1 に当たる約 630 万石を家康は手に入れたとされる。

領地の配分

　戦後処理で重要なのは戦功にふさわしい褒賞としての領地を加増分配することだが、対象とするのは徳川一族・家臣だけでなく、東軍に加わった大名・武将・豊臣家臣、さらに間接的に加勢した大名など多数にわたる。家康はそれぞれの政治的・戦略的観点から場所と石高を決定していった。この石高は、領地や農地の面積ではなく玄米の生産高で、与えられた者や家を格付けすることになり、通知は判物とか朱印状と呼ばれる文書で行われた。なお、1 石は大人一人が 1 年に食べる米の量に相当するとされている。

　家康はまず徳川宗家の直轄地としてそれまでの250万石から増加さ
せ400万石を確保した。この直轄地は俗に天領と呼ばれ、江戸・大
坂・京都・奈良・堺・長崎など交通や商業の要衝地、佐渡・石見・生
野など主要鉱山、建材を産する山林など全国に渡った。なおこの時点
では安芸国に天領はなかった。それぞれの天領には代官処をつくり、
郡代や代官を送り込んで管理させ、近隣の大名に管理を委託する場合
もあった。石見銀山に対しては、初代銀山奉行として派遣した大久保
長安が大量の銀を効率的に運搬できるように大森から広島藩を通って
瀬戸内海に至る街道を整備し、尾道を銀の積出港とした。こうして天
領は徳川家の財政基盤を固めた。

　さらに親藩・譜代・旗本などと呼ばれる徳川家臣には、畿内や東海
道などの要衝を中心に加増した領地が与えられた。なお、親藩とは御
三家や御三卿など家康の男系子孫が始祖の藩で、譜代は数代にわたり
徳川家に仕えた家臣で、石高1万石以上の所領を与えられた者は譜代
大名とよばれた。旗本は1万石未満の直属の家臣団であるが、原則と
して江戸常駐を義務付けて知行地から切り離すことで権力拡大を防い
だ。

外様大名への配分

　家康が最も苦心したのが、東軍として戦功をあげたものの元々豊臣
秀吉の家臣だった武闘派の扱いである。これらに対しては西国を中心
とした遠隔地に追いやり、敵対する者を隣り合わせにするなど配置に
工夫するとともに、不満を押さえるために西軍から没収した630万石
のうち580万石という多くの土地を大盤振舞いした。なお、新たに徳
川氏の支配体系に組み込まれた1万石以上の者は、譜代大名に対し外
様大名と呼ばれた。

　その中で西軍の総大将毛利輝元に対してであるが、退去後の大坂城
内から輝元の花押がある西軍総大将としての書状が沢山押収され、輝

元が西軍と関りがなかったとする吉川広家の弁明とは異なることが判明した。そのため家康は毛利家を取り潰そうとしたが、広家が取り潰しを避けるため奔走し、結局、毛利家は中国地方の8国の112万石から周防と長門の2国29万石余に減封され、輝元は引退して幼い毛利秀就がこれを受け継ぐことで決着した。

　輝元の本拠地だった広島城の城主に指名されたのは東軍で最も活躍した福島正則で、尾張国清洲の24万石から安芸国と備前国を合わせて49万8千石に加増された。そのほかの豊臣恩顧の武将に対しても、黒田長政には豊前国中津の12.5万石から筑前国名島に52万余石、加藤清正には領有していた肥後北部25万石に南部も加えて52万石、細川忠興には丹後国宮津の18万石から豊前国小倉の39万余石と、それぞれ九州に追いやることで高い石高を与えた。

　正則の石数は倍増したわけだが、徳川家康としては周防国長門に押し込めた毛利氏の抑え役としての配置でもあり、安芸国に加え備後国の大部分が与えられたのは、加藤清正や黒田長政との石数の差を少なくするためとされる。ただ家康は広島藩の東隣の備中倉敷に天領を置いて、瀬戸内海航路の拠点確保と共に正則に対する監視役とした。

　さらに家康は豊臣家臣ながら腹心の池田輝政を播磨国姫路52万石に加増移封し、姫路城を現在の姿のように大規模に改修させ、西側に配した武闘派からの守備拠点にした。この姫路城は5層7階建ての大天守を持ち、規模・様式・堀など当時の江戸城に類似していたとされる。家康は城に拘りを持っていたようで、織田信長の建てた岐阜城の代わりに加納城を建てて信長の跡を消し、同じように豊臣秀吉が朝鮮出兵のとき佐賀に建てた名護屋城は徹底的に破壊させた。

　一方関ケ原で西軍として戦った薩摩の島津義久・義弘兄弟であるが、家康は九州に逃げ戻った二人の征伐を断念し、結果的に薩摩・大隅60万石はそのまま継続させた。その理由には諸説あるが、家康にとって九州に配した黒田輝政・加藤清正・細川忠興などの勢力拡大阻

止を見込んだとの説が近いと思われる。

　また五大老のひとりで会津に篭った上杉景勝は、関ケ原の翌年に上洛して家康に謝罪したことで許され、陸奥国会津 120 万石から出羽国米沢 30 万石に減移封された。

幕藩体制

　江戸時代の大名であるが、秀吉の時代 204 家あった大名は約半数が残り、新規に取り立てられた 68 家と合わせて 185 の大名家が成立した。その後この数は、改易やそれに伴う領地の分割などにより増加し、江戸時代を通じ 260 家前後だったとされる。この中で、一国または一国以上を領した大名は国主大名と呼ばれるが、江戸時代になっても律令時代に制定された国名が生きていて使われたことを示している。

　これら大名家は、石高だけでなく家康との血縁や関係の深さ、出自、官位などにより家格という形で格付けされ、この家格により江戸城での席次や居城の仕様などが決められ、秀吉の例に倣って江戸城下に屋敷を与えられた。そのため大名たちは争って家康の歓心を買うため動いたといわれる。その一つが、忠誠を示すため自主的に妻子などを人質として江戸に住まわせたことで、後の参勤交代の制度に繋がった。

　幕府は各大名に分け与えた領地である「藩」を支配するという幕藩体制を造り、藩は藩主を中心に各種役目を任じた家臣と政治を行った。

　各藩では家臣を主に城下に住まわせたこともあり、藩の名称としては広島藩など藩庁のある城下町名とするのが一般的である。ただ安芸国など律令時代に起こった国名や大名の名前による藩名が併存する場合も多い。広島藩の場合、安芸藩ではなく芸州藩とも呼ばれ、福島正

則による福島藩は陸奥に福島城があるためか使われないが、次の浅野氏による浅野藩は用いられている。

　ところで「藩」というのは大名が支配した領地とその支配機構を示す歴史用語であるが、幕府は領知とか知行所と称した。公称とされ一般化したのは明治になってからであるが、本書では判りやすい「藩」という用語を用いる。

家康の天下人への布石

　徳川家康は天下を手中にしたものの大坂城にいる豊臣秀頼との権力二重構造という現実が残っていた。豊臣秀吉以来、依然として多くの大名が豊臣家に対する敬意を持ち続ける状況は無視できず、家康は暫定処置として朝廷に摂関家の九条兼孝を空白になっていた関白に任じさせ、秀頼が関白になって権力を高めるのを防いだ。家康自身が関白にならなかったのは鎌倉に幕府を置いた源頼朝に倣ってのことで、関白になると都で執務を行うことになるからだった。また、征夷大将軍として江戸に幕府を開くことで、大坂の豊臣氏との距離をおいた独立した政権を印象付けることができると考えたためでもある。

　徳川家康は源氏系とされる松平氏の出で、はじめ松平元康との名前だったが、23歳のとき元康の元を源氏の嫡流の源八幡太郎義家に倣って家に変え「家康」とした。

　1567年に隣国の武田氏の牽制のために松平の姓を藤原系の血を受け継ぐ上野国の得川氏を先祖とすることとし、朝廷から三河守の官位と「得川」改め「徳川」の姓を下賜された。ところが関ケ原の戦いの結果、こんどは征夷大将軍の官職を朝廷から受けることになったが、藤原氏では過去に例がないため、前例踏襲から源頼朝や足利尊氏のように源氏姓であることが必要だった。そのため家康は、吉良氏から譲り受けたとされる系図を用いて松平氏を源氏系に戻すことで、1603

年に後陽成天皇から征夷代将軍に任命された。これにより正式に江戸
幕府が成立したとされ、源頼朝を崇拝する家康の願いが実現した。

　家康は幕府の設置場所を江戸にしたが、江戸城には将軍宣下の式典
を行うのに相応しい建物もなく、式は京都の伏見城で行われた。「天
下人の城」として豊臣秀吉により建設された伏見城は家康にとって憧
れの的であったといわれている。
　一方で家康は天皇の居住する御所について京都から移転させる考え
はなく、御所の守護と将軍の上洛の際の宿泊場所として 1603 年に二
条城を築城した。この一連の流れは当時の天皇は権力が衰えたとはい
え、権力を持つ武士に対しても官名を与えるという権威を持つ特別の
存在だったことを示している。天皇や皇族は古代から姓を持たず臣下
に姓を与えたわけで、日本四大姓とされる源平藤橘や源平交代思想へ
と繋がっていった。

家康の幕藩体制
　徳川家康は大名に対して藩という領地を与えたが、これは領地その
ものというより、その土地における年貢の決定権と徴収権・百姓の使
役権・裁判権などを与えたのである。こうして藩主に領地と農民を直
接支配させ、幕府が藩主から直接年貢米を徴収することはなかった。
これは完全な地方分権で、古代から複雑な利権関係が展開されていた
土地に対する絶対的な権限を藩主に与えたのである。農民にとっても
藩主から与えられた農地の新たな所有者として土地を耕作して年貢を
出すという明確な形ができた。ただ時と共に所有権は再び複雑化して
いった。
　日本の封建制では家臣に対し俸禄として土地を与えて支配すること
を「知行」という特徴的な用語が使われる。家康はこの知行制により
領地を与えたが、与えられた藩主なども当初多くは家臣に対し知行地

を与えた。

　一方で家康は藩主に石高に応じて軍役や土木工事などの使役、金品の献上などを課した。この藩主の負担による公の工事は「天下普請」と呼ばれ家康の諸大名に対する絶対的な権力を示したが、大名だけでなく家臣や農民もこの負担に長く苦しめられた。

　例えば、征夷大将軍になった直後に江戸城の拡張と城下町整備を藩主70家に命じた。藩主は指示された人数を江戸に送り、駿河台・御茶の水の丘を切り崩し現在の日本橋浜町から新橋付近までの江戸湾を埋立て、市街地や大名屋敷の造成を行った。江戸城はこの後も延々50年間も藩主の使役により整備と拡張が行われた。江戸城だけでなく伏見城・二条城・名古屋城などの再建・造営、さらに駿府城・姫路城・上野城などの大改修も同じように行われた。福島正則は1616年に名古屋城造営を命じられている。

検地

　徳川家康は、石高という数値を基にして領地の配分を行ったわけだが、この石高を算出した太閤検地が不徹底に終わっていたため、各藩主に新たに検地を命じた。

　検地とは田畑を調査して生産高と年貢を納める責任者を決めることだが、新たに検地帳を作成し、地域の責任者として任じた庄屋ごとに土地の等級・面積・耕地の石高・耕作農民名・所属組などを記載すると共に、測定用竿の長さを6尺3寸から6尺1寸に変更することとした。1605年になって幕府は全国の藩主に対して、検地の結果に基づく領内絵図と領内郷帳の提出を命じている。

　検地の主要結果は地域ごとの石数であるが、領主の格付けとなる石数はその領地の石数の総和である。ただ領主が毎年入手できる石数は、名目の石数に五公五民や六公四民などといった税率を掛けた数量になる。なお石高というのは米の生産高だけではなく、原則として他

の農作物や塩田、漁業・林業・商工業などで得られた利益も原則石高に変換して石高に含んで計算された。

領民への課税

　幕府の方針を受けて藩主は、幕府と同じように領内に直轄地としての蔵入地を設け、家臣には知行地を与え城下に住まわせ、徳川氏の絶大な権力を背景に領民を支配した。鎌倉時代の場合、西国に領地を得た東国武士は農家でもあったことから時と共に地域との関係を深めたが、この時代は家臣と農民との結びつきは藩主により断ち切られ、農民は領地に縛られるという状況が強まることで藩主の権力の拡大につながった。

　こうして各藩主は郡奉行の元、農村に代官と呼ばれる武士を派遣してその下に農民の庄屋（地域によっては名主）・組頭・百姓代の村方三役を置き、都市には武士である町奉行が町民による町年寄・名主・町代という町役人を使って民衆を統括した。

　農民に対しては土地そのものには課税されず、田畑の収穫物に対する年貢が中心で、五人組という制度を作って連帯責任を負わせ、自治的役割と租税の安定化を図った。

　当時農民は全人口の80％を占めており、村役人を通じて村単位で納めさせる村請制がとられることで税収は十分賄えた。年貢の徴収は田畑を視察してその年の収穫量を見込んで税率を決める検見法がとられ、農業の合間に行う副業に対しては運上金や冥加金と呼ばれる税が課された。

　一方で都市部の住民に対する租税であるが、土地と店舗に対しては基本的に非課税で、収入を把握するのが困難なこともあり所得税・贈与税・相続税に該当する税はなく、商品の売上には運上や冥加と呼ばれる税が課された。また江戸などでは町入用と呼ばれる町内経費が徴収された。このように江戸時代を通じて土地などの財産や資産に対し

ては、豪商や豪農は別にして非課税の場合が多く、また相続時の課税
もなかった。

身分制度

　徳川家康は検地と並行して、領民のうち武士と農民の区別を明確に
する政策を進めた。中世より武士の中には農民を配下に持つ地侍とよ
ばれる中間支配層が含まれており、秀吉は太閤検地や刀狩りを通じて
地侍を排し、農民を自作農として独立させて直接に税を課すことを進
めたが、徹底するまでには至らなかった。これを受け継いだ家康は、
この兵農分離政策を強力に進め、髪の結い方から服装まで差別を設け
るだけでなく交互の結婚も禁じ、職業は世襲制にした。武士の中上層
では世襲制がほぼ守られたが、百姓と町人の間の移動は比較的容易
で、武士も下層や足軽では移動があったとされる。また武士には名字
帯刀や切り捨て御免の特権を与えた。

　こうして家康は強力な軍事力を背景にして強固な身分制度を作り上
げ、その後の日本人の縦型社会の基礎固めとなった。

　江戸時代の身分制度であるが、これまで「士農工商」という言葉が
広く使われて、武士・農民・職人・商人という上下関係のある4段階
の身分があるとされていた。ところが近年になってこれが否定され、
「士」は最上位ながら「農工商」は身分差のない平民だったとされて
いる。さらに「工」という概念はなく、村に住むのが職人を含め農
民、町に住むのが職人を含め商人とされた。また身分間での移動は金
銭を使うなどにより不可能ではなかったようだ。こうして全体として
は、武士・平民・賤民の3つの身分層があったとされる。ただこの中
に含まれない公家は別格で、僧侶・神職・医師・学者などは武士に準
じた別扱いとされた。

　また武士の中にも明確な階級があり、侍士（サムライ）・徒士（カチ）・足軽（アシガル）に分けら

れ、更に上位２つは士分といわれ足軽とは明確な差がつけられた。侍士は武士の約２割を占め藩主に謁見する際に直接応答が許された。徒士については武士としてはそれなりの身分ながら騎乗は許されず、藩主に謁見する際話を聞くだけで直接応答が許されなかった。足軽は一代限りとされ袴や足袋がはけないなど服装で分かるように義務付けられた。また武家内には私的に奉公する下人がいたが、これは平民だった。

　そのような中、藩によっては農村支配を円滑にするため、武士とは一段階低い位置づけではあるが、地侍などを郷士と呼ばれる村の指導者として地位づけた。

街道整備

　全国支配を効率的に行うため、家康は街道の整備に力を入れた。特に江戸日本橋を起点にした東海道・中山道・日光街道・奥州街道・甲州街道の五街道は強力に進められた。幕府は全国の主要な街道と河川の普請など公共工事費を負担したとされ、宿場・人馬の継立・本陣・旅籠などが整備された。

　古代に都から九州の大宰府間に大路として設けられた山陽道は、時を経るうちに街道としての機能は減少し生活道路として断続的に使用されていた。そのため幕府は山陽道を五街道の下位の脇街道に格下げした。これは瀬戸内海沿岸の輸送が水運中心に移行していたためともいわれるが、五街道に繋がる京都の羅城門から終着地の長州赤間関に至り、ここから貿易港の長崎に至る重要路でもあった。

　江戸時代にはこの山陽道は、福山や岡山など一部地域を除き西国街道と呼ばれていた。広島藩の記録には西国街道の表現が用いられており、その他にも西国路・西国往還・中国路・中国街道・山陽路・旧山陽道など多くの呼び方も確認できる。本書では西国街道を用いる。

毛利氏の動向

　毛利輝元にとって大幅な減俸は領地が減ったというだけでなく、多くの面に深刻な影響を与えた。まずは財政面だが、毛利氏が失った中国地方の6か国の1600年度分の既収貢租を新藩主から総額15〜16万石の返還を求められた。同様の立場になった藩主の多くは返還要求に応じなかったが、輝元は誠実に対応し、この処理は1603年までかかったとされる。その中で福島正則に対しては、1601年にまず2万石、翌年に米1万石、銀300貫を返還して、還付の合計で7万2千石にのぼるとされている。

　元々毛利氏は石見銀山により財政的に豊かだったが、中国大返し以降は豊臣秀吉に銀山の実権を握られ、広島城の建設、朝鮮出兵、関ケ原の戦いなどによる膨大な借入金が残っていた。また中国地方8か国にいた毛利氏の家臣は防長2国に移動しなければなくなったため領地の逼迫は目に見えており、かなりの者が武士を捨ててそのまま元の土地に郷士や農民として住み続け地域に影響を与えた。輝元は4分の1近くまでの石高減少と多額の借入金のため、同行してくれた家臣の知行を旧来の5分の1に減額したとされる。そのため、家臣たちは家財や、中には領地を売却する者も出て、農民に対しても高い税率が課された。

　また輝元は新たに居城を建設する必要があった。そこで候補地として防府・山口・萩を幕府に申請したところ、萩の指月山麓に築城するよう命じられた。萩は日本海に面し三方を山に囲まれた鄙びた土地で、家康の意図は明確だった。そのため城は戦時を意識した構えとして1604年に着工し、56歳の輝元は未完成の状況で入城し自ら工事を督励し、家臣の総力を挙げた工事で4年後に完成した。

　なお、藩名は萩城を本拠にすることから萩藩とか、萩があるのが長門国だったことから長州藩とよばれた。

　このように毛利氏は苦難の道を歩むことになったが、1607〜1610年に新たに検地をおこなった結果が毛利氏の流れを変えた。検地の結果、30万石足らずから53万石余りという非常に高い結果が出たのである。1613年に幕府に提出する石高について幕府と協議した結果、石高の急増は理に合わないだけでなく隣国の福島正則より高くなることから、3割減の約37万石が以後の毛利家の公称石高となった。なお実高は1625年に65石余り、1763年に約71万石、1849年に89万石余りと拡大したが、表高は変わることはなかった。

　この結果は毛利氏にとって、幕府に対する普請役負担を抑えることができ、新田開発などに力を注ぐ引き金になり、幕末における長州藩の活躍の基礎となったといえる。

　毛利本家を継続させることに成功した吉川広家は出雲国富田の14万石余を領していたが、毛利輝元より東の守りとして岩国に3万石の領地を与えられた。これは正式な藩ではないが、長州藩の中では独立して存在した吉川家の領地で、後に岩国藩と呼ばれた。

　また輝元の養嗣子の毛利秀元は周防国山口の20万石から長府藩5万石に減封された。さらに輝元の次男毛利就隆に下松藩（のちに徳山藩）、秀元の三男毛利元知に清末藩が与えられた。

　もうひとり毛利家関連で関ケ原の勝敗を決めた小早川秀秋であるが、戦いの前には筑前名島に36万石持っていたが旧宇喜多秀家領の備前岡山藩55万石に加増・移封された。しかし直後の1602年、秀秋は21歳で急死し小早川家は断絶した。

3.　福島正則の広島藩運営

　広島藩主となった福島正則は、徳川家康から与えられた藩を幕府の方針に従って積極的に領国経営を行い、毛利氏がなしえなかった中世

的な諸制度を一掃し広島藩の基盤を造り上げた。ただ毛利氏が行った農民懐柔策ではなく強力な武断政治を行い、領民の評判は悪かったとされる。

福島正則とは

　福島正則の家柄については諸説あって定かではないが、尾張国の住人だった父親が豊臣秀吉の叔母といわれる女性と結婚し生まれたのが正則とされ、また養子だったともいわれる。その縁から幼くして秀吉の小姓として仕えた後、賤ヶ岳の七本槍の一人に数えられるなど、武将として数々の合戦で活躍した。1587年に伊予東部の今治を中心に11万石、1595年に尾張清洲城主で24万石を得ている。

　正則は徳川家との関係を深めるよう動いており、1599年に養嗣子の福島正之の妻として徳川家康の養女の満天姫を迎え、また正則自身も1602年に妻の照雲院を若くして亡くした2年後に、家康の養女の昌泉院を継室として迎えている。

　福島正則の人物像として武勇には長けるが総じて思慮が浅く酒癖が悪いという姿が知られている。それに関連した逸話も多く、特に名高いのは福島家の家宝である名槍日本号をとられた話である。この槍は元々御物だったが、正親町天皇が室町幕府15代将軍・足利義昭に下賜し、さらに織田信長・豊臣秀吉を経て福島正則に与えられたものである。

　秀吉の家臣だった頃、同じ武断派の黒田長政が酒豪である家臣の母里友信を正則の元に遣わした。友信は長政から飲酒を禁じられていて正則の勧めを断っていたが、正則が酔った勢いで巨大な杯を差し出して、飲み干せば何でも褒美を取らすと迫った。意を決した友信はこれを飲み干して日本号をもらい受け、酔いが覚めた正則が返却を求めたが断り、母里家の家宝としたという。後に福岡藩の武士たちに歌われ

ていた『黒田節』という歌で有名になった。

　福島正則の感情の起伏の大きさを示す逸話がある。正則が広島に入国する際、船に向かって地嵐が吹いたことに怒って何の関係のない船員を切り捨てたという。また、正則が京都に使いに出した家臣が、通行証を持たずに強引に検問を通過しようとしたが足軽に押し戻され、その悔しさから自害した。これを知った正則は激怒し、徳川家康に責任者の首を執拗に要求し引かず、家康も関ケ原の戦いの直後だったこともあり、要求を受け入れたとされる。一方でこの話は、福島正則の武将としての器量の大きさや家臣に対する思いやりを示す話で、家臣の忠誠心は厚かったことを示すともいわれている。さらに織田信秀に仕えた木造長政という武士は関ケ原の戦いでは西軍側で戦ったが、その勇戦ぶりを見た正則が戦後に広島藩に招き1万9千石を与えたという話に繋がる。

広島藩領

　49万8千石を得た福島正則の広島藩領は、広島城下と三原城下を中心に、安芸国の佐西・佐東・安北・安南・山縣・賀茂・豊田・高田の8郡の424村と、備後国の三次・世羅・御調・沼隈・深津・芦田・品治・安那・神石・奴可・甲奴・三上・恵蘇・三谿の14郡、それに備中国の小田・後月2郡の一部の478村だった。現在の広島県と近似しているが、岡山県との境界線に出入りがあり、笠岡市や井原市の西部は広島藩に含まれていた。

　なお三次は古代から用いられた地名だが、戦国時代頃からこの地域は毛利氏とも関係深い三吉氏の支配下に置かれた。そのため三次を読み方の同じ三吉と書かれた文書が江戸時代初期になっても多く存在した。

　福島正則は広島藩の運営で、広島と三原は別格の城下町として町奉行を置き町民を支配し、組制を敷いて自治的な町政を行なったとされ

図Ⅰ-1　福島正則時代の広島藩と城郭

る。

広島城

　広島城は毛利輝元が吉田 郡 山城（コオリヤマ）から瀬戸内に進出するにあたって建設したものだが、豊臣秀吉の勧めもあって内堀・中堀、それに一部太田川による外堀と３重に守られた壮大な城だった。しかし太田川砂州を埋め立てて建てられたこともあり、福島正則入城時には石垣などの一部に劣化が進んでいた。正則はさっそく福島治重を城代家老に任じて家臣総出で普請作業を行うと共に、石垣普請の専門集団である穴太衆（アノウシュウ）を近江国から呼び寄せたとされている。こうして城の外郭部分

を整備したり堤防を対岸より高くするなどの対策をした。これは幕府が城の改築を許可制にする前のことである。

　広島城の鬼門方向には輝元の生母の菩提寺があったが、正則は隣に真言宗御室派の明星院を建て城の守りとし、歴代藩主の祈願所となった。

広島城下の整備

　城下町を整備するにあたり、福島正則が重視したのは経済基盤の整備で、その一つとして商家を多く取り込んだ活発な街づくりを目指した。それまでの広島城下の主要部は2000人以上いたとされる毛利家臣の武家屋敷で占められていたが、正則は毛利家より家臣の数が少ないこともあり外堀の南側を横断する道路の両側を商家とし、一帯を商店街に変えた。ここは後に「本通り」と呼ばれた。これは商家を隙間なく配置することで城を見え難くする戦略上の目的だが、さらに道を鍵形に曲げたり袋小路を設けるなどして敵の攻撃に備えたとされる。

　この商店街を活性化させるため、正則は広島築城時に毛利氏の招きで商店街づくりに貢献した出雲藩の平田屋惣右衛門を呼び寄せ、新たに拡大した商店街の建設を委託した。そこで広島城下は七本の川筋を基に町組の制が採用され、町組は大年寄の管理する5つから成り、その下に町年寄による63の町が置かれた。5つの町組は東から、城下の東入り口から西国街道に沿った新町組は猿猴橋町・京橋町・吉田町・比治山町・柳町など17町、中通り組は西国街道に面した平田屋町・研屋町・鉄砲屋町・播磨屋町など8町と新川場町・竹屋町・東箱島町の3町を加えた11町、白神組は白神1〜6丁目を中心に猿楽町・細工町・紙屋町・西横町・塩屋町・豆腐屋町など職人町を集めて13町で構成され、中島組は本川と元安川に挟まれた中島本町・中島新町・天神町・水主町・材木町・木挽町など8町、広瀬組は城下の西端に位置した街道沿いで寺町をはじめ十日市町・西引御堂町や堺町・猫

屋町・油屋町・鍛冶屋町など商職人の町を含む 14 町である。

　こうして城下の商店街には他国から多くの商店が呼び寄せられ、現在の本通りで最も古い店とされる 1615 年創業の赤松薬局も岡山藩からやって来たとされる。

　町名として鉄砲屋町・革屋町など様々な職や商売の名が用いられたが、これは同類の商店が同じ場所に集まっていたことがわかり、革屋町には革の染色業者が 20 軒あった。その中で今はないが、平田屋町・平田屋橋・平田屋川は、街づくりに貢献した平田屋惣右衛門に由来するものである。

　正則は商店街の繁栄を願って胡子神社を導入した。えびす様は古くから商売繁盛の神として民間で信仰されていたが、元々毛利氏により起こされた吉田の西光寺の中に胡堂があり、神仏習合を反映してそこが胡子神社と呼ばれていた。正則は西光寺を城下に移しその場所を胡町と称し、僧と町人の共同管理で運営された。この移設については、歌舞伎の始祖として知られる出雲阿国の弟子で吉田出身の清七が正則の寵愛を受けていたことで関与したとされる。ここは現在でも「胡子（エビス）請（コウ）」として知られている。また神社では、広島城の創建前から土地の守り神としてあった白神社の社殿を 1604 年に建造している。

　なお三原城下だが、正則が酒好きのため播磨から酒造を業とする川口宗助を招き三原に屋敷を与え、川口屋として現在の清酒に近い三原酒の発展に寄与した。1618 年に鞆港に来た平戸のイギリス商館長が小舟で三原に行って樽買いしたとの話が残っている。

家臣の支配体制

　39 歳の福島正則は 1601 年 4 月（旧暦 3 月）に、福島治重・石見正勝・長尾隼人という三家老を含む 700 人の家臣団を引き連れ船で広島にやって来た。家臣の総数は約 1 万 5 千人で、多くは正則と多くの戦

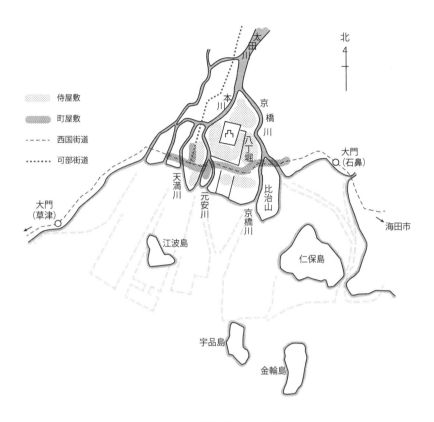

図Ⅰ-2　江戸初期の広島城下

を経験しており家中の統制がとれ忠誠心は厚かった。中には可児才蔵
や木 造 長正といった戦国の修羅場を抜けた名高い武士がいた。
　家臣の身分制度であるが、広島藩では武士の最上位である侍士を 6
段階の格付けを行なった。 1 番上は家老・年寄・番頭などと呼ばれ、
外出する時に柄の長い傘を後ろから差しかけることが許された。 2 番
目は町奉行・舟奉行・勘定奉行・普請奉行などで、儀式で無紋の布衣
の着用が許された。 3 番目は馬を持つことができ槍持奴を従えること
ができた。 4 番目は藩主の近くに仕える御側詰、 5 番目はこれに準じ

る蔵奉行・銀奉行・武具奉行などで、最後6番目はこれら以下である。

　正則は多くの藩主が知行制を採用したのに対し、家臣に対しては知行制ではなく原則として石高に応じて米を支給する俸禄制をとった。広島藩の石数49万8千石のうち、藩主直轄の蔵米は10万石余りだけで残りは家臣に与えられた。これは家臣への比率が8割近くと過大で戦国時代の気風を色濃く残しているとされる。さらに支城在住者を除き直臣はほとんど広島城下に住まわせ、家臣の農民との直接的な結びつきを遮断し、結果的に農民の負担も少なくなって善政を敷いたといわれる。一方で、兵農分離を確立させ、武士の吏僚化が進み近世的な封建体制が出来上がっていった。

　広島藩としては周辺諸国との関係などを考慮して、藩境守備のため6か所の拠点に支城を置くべく、整備または新たに建設して家臣を配した。

　支城の中で最も重視したのは安芸と備後の境界の御調郡にあり西国街道に面する三原城で、養子福島正之を3万5千石の城主、仙石但高を8千石の城番にした。三原城は瀬戸内海を軍事的に掌握する海城とよばれ、正則はさらに広島城に似せて増強させたとされる。

　三原から山陽道を東に進んだところにある深津郡の神辺には、毛利元康が建てた村尾城に筆頭家老の福島治重を3万石で送り込んだ。また重要な港である沼隈郡の鞆には大規模な要害としての鞆城を築城し、鬼玄蕃と呼ばれる重臣の大崎長行を8千石の城主とした。藩の西端にある佐西郡の小方には海に突き出した丘の上に亀井城を築いた。北は懸崖の山々が連なり眼下に山陽道と西に苦の坂峠を睨む場所で、毛利氏の侵攻に備える守りの城だった。この城は1603年から5年をかけて難攻不落の堅城として完成し、1万石の城主に考えられていた甥の福島正宣が亡くなり山田小右衛門と森佐助を城代とした。

　ところが徳川家康は、西国の大名が各地で城普請をしていることに
不快感を募らせていたことが1630年頃に成立した史書『当代記』に
記されている。鞆城の城郭が巨大で危険視したことを知った正則は
1609年廃城として謝ったとされ、また亀井城も巨大な堅城であった
ことから築城わずか3年後に廃却され、現在でもその遺構が残ってい
る。

　さらに正則は家臣の尾関正勝を2万石で三次郡の三次に配し、正勝
は江の川に面した高台に積山城を築城し出雲と石見国境の守りとし
た。後にここは尾関山城と呼ばれるようになった。また備中と伯耆国
境守備のため東城の五品嶽城（ゴホンガダケジョウ）に三家老のひとり長尾隼人を1万石で配
した。隼人は関ヶ原での戦勝を祝して武者行列を加えた御輿行列によ
る祭りを始めたとされ、「お通り」と呼ばれ今に続いている。また長
尾氏は近隣の寺院に鉄製の鰐口や大般若経600巻を寄進したとして記
憶されている。

　なお正則の家臣に三谷等哲という雪舟流や雲谷流をよくする画家が
いた。

検地

　福島正則は江戸幕府によって領地のすべてとその管理権限を与えら
れたわけで、中世から続いた複雑な利権の絡む土地はすべて正則のも
のになったのである。正則としては経済基盤となる自分の土地から得
る石高と年貢高を把握する必要があり、その手段が検地だった。正則
は豊臣秀吉の家臣だった時に肥後国と伊予国で太閤検地をした経験を
持っていたこともあり、広島藩に入るとすぐに領内を巡視して検地を
命じた。実施に当たっては大崎長行・間島美作など多数の検地奉行を
現地に派遣し、稲刈りの終わった秋に実施された。検地は村に限って
行われ、広島城下町、三原城下町、宮島町の3町は対象から外され
た。

検地とは直接的には田畑の面積を測量することだが、土地によって収穫量に差があることから、年貢を徴収するには単位面積当たりの収穫量を把握する必要がある。年貢高を決める方法には基本的に検見法<ruby>検見法<rt>ケ ミ ホウ</rt></ruby>と定免法<ruby>定免法<rt>ジョウメンホウ</rt></ruby>の２種類あるが、検見法とは毎年稲が穂をつける頃に役人がその年の作柄を調査して年貢量を決めるやり方で、定免法は過去数年間の平均収量を基準に予め年貢量を決めて豊凶にかかわらず徴収する方法である。

　正則は原則として検見法を採用したが、検地の結果は51万5000石余りで、2万石足らずの増加となった。

　ところで検見法は検見が終わらなければ稲刈りができず、年貢を低くしてもらうため賄賂が横行するなどの問題で、次第に土免法に移行していった。また、土免法は努力して生産量を高めれば手元に残る量が増えることから、百姓側からも採用を望んだ。

　毛利輝元による広島城下が出来た後も、居住地や農地を増やすため干拓が進められており、正則も自藩の生産力を拡大するため荒地の開拓や干拓にも力を注ぎ、新田を開発するため沖に向けて干拓を進め、竹屋新開と国泰寺新開の造成が始められた。

農村支配

　福島正則は幕府から領地を与えられた訳だが、そこで耕作する農民に対しても絶対的な権限を与えられており、農民との直接的な接触は避けながら農耕に専念させることに権限を行使した。農村の組織を明確にして支配体制を整えるために、藩内22郡の責任者として郡奉行<ruby>郡奉行<rt>コオリ ブ ギョウ</rt></ruby>と、2〜3郡を担当する郡回りを指名した。郡奉行は検地の結果に基づいて年貢を確実に収納させることが最も重要な役目で、通常は城下の郡役所で事務を司り、現地では郡内の村を単位として代官<ruby>代官<rt>ダイカン</rt></ruby>とその下

の手代が農民に直接接した。代官の藩内での家格は通常、侍士の下の
徒士だった。

　正則は特に毛利氏時代に不徹底に終わった兵農分離と石高制への移
行を推進したが、土豪の勢力が根強かったことから一部に郷士制も残
した。郷士とは武士の身分のまま農業に従事する者や武士の待遇を受
けている農民をいう。

　検地では集落ごとに田畑の面積測定と境界の明確化だけでなく、耕
作権を認めた農民と内部組織を明記した。この結果と従来からの仕分
けに基づいて、各集落を「組」いう組織にし、さらにそれを括って
「村」として編成してこの村の年貢の石高を定めた。藩では100石以
上1000石未満を村の標準規模とし、77％がこの範囲内だったとされ
る。それまで公領に由来する地域名は郷や保などと呼ばれたが、すべ
て村に統一された。

　この時点での村の数は明確ではないが、約50年後の『正保郷帳』
によると、安芸国に433村、備後国に457村で合わせて890村となっ
ており、これに近い数だと推測できる。藩としては、1611年に松ケ
原村を大野村から、1620年に奥谷尻村を谷尻村から独立させたよう
に、有力者の下で経済的にまとまった地域を、「村切り」と称して独
立化させ安定をはかることが行われ、村数は時代と共に増加し幕末に
は1000村を超えている。

　当時の年貢率は六公四民ないし五公五民とされている。そして各村
の有力者を庄屋とよばれる役付きの農民に定め、庄屋には定められた
年貢の徴収だけでなく諸役の負担や用水・入会などの連帯責任を持た
せた。これは村請制とよばれるが、庄屋は村民を田植えや祭りなどの
年中行事で協力させ、入会地の管理などを村としてまとめ、土地や屋
敷を家長に受け継がせるようなことも行った。また庄屋の下に補佐役
の組頭と、村民の代表として長百姓が置かれた。このように村の中

では上下関係が存在し、水呑百姓と称される者も存在した。さらに当時の農村で商売は禁じられ貨幣の使用も限られており、商人が農村に入り込むことも禁じられていた。

　浦方と呼ばれる漁村についてであるが、当時の瀬戸内沿岸は、佐西郡の下浦漁場、安南郡の上浦漁場、賀茂郡の大芝漁場、豊田郡の豊浦漁場、御調郡の芽苅漁場、沼隈郡の深沼漁場といったように郡の間で漁場の縄張りが敷かれ、それぞれ特色のある漁法がとられていた。当時の浦方漁場のほとんどが百姓の共有漁場で，その利用主体は本百姓である。耕地を有する浦方ではこの本百姓の持高を軸に年貢が徴収され，その代償として年貢負担に見合った漁場の占有利用権が与えられた。年貢の形態は労役，漁獲物・米などの現物，貨幣と種々みられるが，ほぼ米納か代金納であった。

街道の整備
　福島正則は、幕府が必要とした京都から長崎までの街道の自国内での整備だけでなく、支城間の軍事道路としてや産業活性化のために街道の整備に努めた。
　特に広島城下での西国街道は、もともと太田川の河口が入り込んでいたため内陸寄りの武田山の北側を通った道がそのままになっていた。そのため海田市から草津に至る間を、広島城の南側に整備した商店街路を通るように変更し、新たな西国街道とした。さらに広島城下は従来からあった橋も含め、東から神田橋・猿猴橋・京橋・平田屋橋・元安橋・本川橋（猫屋橋）・天満橋・福島橋・己斐橋などを整備し、城下を渡し舟を使わず通り抜けることができるようにした。また城下の東西の入り口に大門を設け関所の機能を持たせた。東側は岩鼻とよばれ、それまで広島湾に突き出した岩山の海側を埋め立てて平地にした場所で、西側は草津城址を整備してつくらせた。また商業の発

図I-3　江戸時代初期の広島藩内街道

　達が目覚ましかった尾道も、それまで山の中を通っていた西国街道を
海岸沿いに移し街中を通した。

　西国街道の宿場は東から、七日市・高屋・神辺・今津・尾道・三
原・本郷・西条四日市・海田市・広島・廿日市・玖波の12か所とし、
今津宿は正則によって沿岸部に新設された。また広島と廿日市の間の
草津や本郷と西条四日市間の田万里など間宿も栄えた。道路幅は、そ
の重要性から五街道に次ぐ2間半（約4.5m）に規定され、村伝い道
の3尺（0.9 m）に比べ5倍も幅広のため、工事は困難を極めたが順

次整備が進められた。

　各宿場には本陣、脇本陣、それに問屋場が置かれ、問屋場には周辺<ruby>問屋場<rt>トイヤバ</rt></ruby>
の村から人馬を調達して、旅人を次の宿場まで運ぶ業務と、幕府や藩
の書状や品物を次の宿場に運ぶ飛脚業務を行った。幕府の持っていた
九州の天領と江戸や大坂の間で書状や品物を運ぶことは領主の公役と
されており、広島藩では特に「天下送り」と呼んで重要視した。また
藩の書状を扱うことは「宿送り」と称した。これらの役目を一手に
担ったのが海田市の千葉家で、中世からの武士の出身で神保屋との屋
号だった。

　当時の街道での一般的な荷物の運搬は牛馬の背に乗せたり人が背負
う方法で、大八車などは路面保持のため禁止されており、輸送量は非
常に限られていた。なお輸送効率の高い馬車は、当時の日本には存在
しなかったとされる。

　石見銀山街道は石見銀山から銀を運び出すために、瀬戸内海を船で
大坂に運ぶのが目的で作られた。当初産出した銀は日本海を船で運ん
だが冬の日本海はよく荒れたため、赤名峠から三次を通って尾道に下
る街道が造られた。運搬は牛や馬の背に乗せて行われ、銀山から尾道
まで4日かかった。また赤名峠から分かれて出雲にも繋がることか
ら、尾道では出雲街道とも呼ばれた。この街道により尾道は山陰との
交流点として発展してゆき、福島検地の結果、尾道村と尾道浦村に分
けて管理された。

　広島城下から石見や出雲へ向かう雲石街道も整備された。西国街道
上の堺町から北上し寺町を過ぎると天満川に達するが、正則はここに
雲石街道唯一の橋である横川橋を造ったとされる。橋を渡り太田川と
古川沿いに進むと可部宿に至り、ここまでは可部街道とも呼ばれる。
可部から2つの道に分かれ、ひとつは可部から根之谷川に沿って東北
に向かい上根峠・吉田を経て三次に達し、尾道からの街道と合流し出

雲に至る出雲街道になる。もうひとつは、南原川から可部峠を通って北に進み石見に達する石見街道で、道幅は７尺（２ｍ強）だった。

　さらに、廿日市宿から西国街道を別れ津田を経由して津和野に繋がる津和野路、支城のある東城に三次を経由して繋がる東城往来があった。

水上交通の整備

　当時、米など重量物の輸送の大部分は船輸送だった。福島正則は幕府の命令に基づく経済基盤整備の一環として領内を結ぶ物資輸送強化にも力を入れ、瀬戸内海の海路との河川の整備を行うことで廻船業を保護した。藩内の河川には可部や深川を経て広島城下を流れる太田川水系、吉田を流れる可愛川などから三次を通って日本海に注ぐ江の川水系、三原の沼田川水系、備後の芦田川水系があり、特に太田川には力を入れた。幕府は西国大名が500石以上の大型船の所持を禁じたが、正則は自ら多くの船をつぎつぎ建造して水軍力と交易の向上に努めた。

　当時は陸地に沿って航海する地乗り航法が続いており、瀬戸内海航路の主要港としては古くからの港町だった鞆・尾道・蒲刈・廿日市・厳島などが栄えていた。正則はこれらに水主役家を定めて管理し、この中の下蒲刈三之瀬と鞆の浦を海駅と呼ばれる藩の主要港に指定した。鞆にはイギリス商館員の定宿があったとされる。正則はこれら商港を使って大坂との交易を推進し、親しかった大坂商人の平野五郎兵衛を使って大坂蔵屋敷を設けた。また幕府は銀の運搬目的で尾道港を整備した。

　瀬戸内海は干満の差が大きく汐の流れが速いため、港には汐待ができるスペースと雁木が必要である。雁木とは干満に関係なく船の発着ができるようにした階段状の構造物で、瀬戸内海周辺では現在でも多く残っている。蒲刈三之瀬の雁木は福島正則によって造られ、最古の

雁木とされる。また港の防波堤には木製の常夜灯が設置されたが、これは広島城下本川の河口と鞆に次ぐ広島藩で3番目の設置で、1609年には徳川家康への謁見のため朝鮮通信使と長崎オランダ商館の使節が寄港している。

　太田川上流の可部からは高瀬舟と呼ばれる帆船で炭や材木が広島城下に運ばれ、戻るときは川岸の引手により行われた。荷揚げのため本川の両岸に雁木が造られたが、その後京橋川河岸や各地に広がり最盛期には小規模なものも含め300以上になったとされる。

旧毛利家臣への対応

　安芸国には毛利氏の旧家臣が浪人として残っていたが、福島正則はこれを調査し郷士身分を与えて地域のまとめ役にすることを進めた。地域によっては検地奉行は派遣せず検地帖の提出だけで済ませたとされ、庄屋になった者もいる。

　たとえば、大野村の中丸氏であるが、関ヶ原の合戦で毛利氏が敗れ防長転封になったとき、当主の中丸山城守は毛利氏に同行したが、弟の中丸元義は郷士として大野の地に留まることを受け入れ、中丸家は長くこの地で続いた。一方で極楽寺山の裾にあった池田城にいた毛利の旧臣の高木信行は、正則から帰農の勧めを受けたが抵抗し、結局1615年に急襲され滅亡した。

　また毛利氏の御用絵師だった雲谷派の雲谷等顔は毛利輝元に従って萩に移ったが、子供の雲谷等屋（トウオク）は広島に残り正則に仕えて安芸国伝統の雲谷派を伝えた。

寺社の支配

　福島正則は重要政策のひとつとして寺院統制を行った。中世より権力者からの保護もあって、当時の寺社の多くは広大な寺社領を私有化して地域に勢力を張っていて、僧兵を持っている場合もあった。太閤

検地の際は毛利輝元の信心から寺社の所有地に対する検地は形式的
だったとされるが、福島正則は幕府から寺社の土地のすべてが自分に
与えられた領地として、厳格に検地を実施して代わりにそれぞれ石高
を決めて与えることとした。そのため、それまで土地を私有化し地域
内で権勢を誇っていた寺社の多くが衰退し、中には抵抗したため廃寺
になった寺もある。

　安北郡にある真言宗の福王寺は毛利氏の庇護を得て最盛期は2千石
程の寺領を持つ大寺院だったが正則によりわずか9石に、豊田郡にあ
る臨済宗の佛通寺は小早川氏や毛利氏の保護を受け最盛期には末寺が
3千寺もあったといわれるが78石に減らされた。また佐東郡にあっ
た真言宗の長楽寺は毛利氏から200石が与えられ寺領10万坪を有し
隆盛だったが没収され、また毛利氏と関係深かった佐伯郡の曹洞宗洞
雲寺も一旦衰退した。

　厳島神社の末社である大頭神社の場合、中世には社領が53石相当
あったが、太閤検地で毛利氏は23石とし、福島検地では16石になっ
たとされる。川の名前として現在も残っている永慶寺もこのとき廃寺
になった。

　このように検地に起因する不満はすべて福島正則に向けられ、後に
まで伝えられた。ただ検地そのものは申請も認められたように特に厳
しいものではなく、末端役人の非法や恣意的な処断の結果ともされて
いる。

　正則はすべての寺社を衰退に追い込んだわけではなく、一方では城
下町の形成に寺院を活用している。広島城下の南端にあった国泰寺は
毛利輝元の片腕として活躍した安国寺恵瓊が臨済宗の安国寺として開
基したものだが、正則は尾張国にいた弟の曹洞宗雲興寺十三世普照を
招いて住職とし、豊臣秀吉の戒名に因み国泰寺と名前を変え同時に曹

洞宗に改宗させた。広島築城当時は海岸の近くで境内の愛宕池は海に繋がっていたといわれる。

　国泰寺の西方で、現在の平和公園の南端あたりに誓願寺があった。浄土宗西山派に属し毛利家の菩提寺として毛利輝元が開基し、3千余坪もある境内には本堂を始め多くの堂が並び、天智天皇直筆の額を掲げる大門は名高く16坊もの支寺があった。この誓願寺の創建に携わったといわれるのが、笑話集『醒睡笑』を著し落語の祖と呼ばれている安楽庵策伝という僧で、1613年に京都誓願寺の法主になっている。正則はこの寺には手を出さなかったのだが、その理由はこの安楽庵策伝によるものか、あるいは若いころの徳川家康が三河国岡崎に同名の誓願寺を建立していたことによるといわれている。

　また城下の川向の安南郡にある明星院は、真言宗御室派の寺院として毛利輝元が築城時に母親の位牌所として建立した。正則は徳川家康が真言宗の勢力を押さえるため新義真言宗を支援したことから、明星院を真言宗御室派から新義真言宗に変えて祈祷寺にし、広島城の鬼門の方向にあることからも寺領と200石を与えこれを大切に扱ったとされる。

　広島の浄土真宗信者は安芸門徒と呼ばれるが、この始まりは分郡守護だった武田氏が保護し、武田山山麓に仏護寺を建てたことに始まる。その後石山合戦への毛利氏の支援でつながりを強め、毛利輝元が広島城築城の際に城下西方の打越村に浄土真宗寺院を仏護寺中心に集めた。さらに1602年に徳川家康が本願寺を東西に勢力分散を図ったのに合わせ、安芸国南部の寺院の多くは東本願寺に対抗すべく西本願寺系列の仏護寺の末寺になった。

　福島正則は農民を中心に平民の多くが浄土真宗を信仰していたため、支配を確実にするため1609年に浄土真宗の寺院を打越村から城の西側、現在の寺町に移転させ、仏護寺を中心とした体制を再構築し

た。これらは「仏護寺と十二坊」と呼ばれ、多くの檀家を有する安芸門徒の中心地になっていった。

　正則はまた、浄土真宗の寺を城の西側に集めたと同時に、浄土宗・曹洞宗・臨済宗・日蓮宗などの寺院を国泰寺周辺に集め、この辺りは東寺町とも呼ばれた。

厳島神社

　厳島神社では戦国時代に藤原神主家が断絶した後も神主取得争いが行われたが、神主不在の状態から権力を握ったのは大内氏や毛利氏の御師だった棚守職の野坂房顕で、厳島神社は広大な神領と権限を持ち続け、江戸時代になっても房顕の末裔である野坂家が継承していた。

　徳川幕府は藩主に藩内一切の領地と権限を与えたわけだが、福島正則にとってそれまで全く関係のなかった厳島神社に対して特別な扱いをすることなど考えられなかった。しかし誇り高い厳島神社にとって正則に全権を握られることなど受容できることではなかった。これは島民にとっても同じで、中世以降、厳島神社の霊験による特権的な意識が醸成されており、島全体が神域のため出産や葬式に関するいろんな厳しい掟や、農耕や機織りの禁止などを守ってきたこともその意識を強めていた。また神社の東側には商業や手工業などで遊具国なった町人屋敷が形成されていた。

　正則は厳島神社に対して一般の寺社と同様に、祭料・社家・供僧・内侍などの扶持米としての1350石と別途造営料を支給したが、それまで神領から得ていた約2300石から半分近くに減少したことになり、さらに神領内の農民を人夫として使うことを禁止されたため祭礼にも支障がでるようになった。

　こうして厳島神社にとって正則は許しがたい存在となり、宮島における正則については悪い逸話ばかりで、いい話はほとんど残っていな

いという現象が起こった。たとえば、正則は 1605 年に厳島神社棚守の野坂元行からの請願で常設の能舞台を建造したが、このとき能舞台の材料として島内の木を伐り出して使った。これに対し神社側は神聖な木を切り倒すとは何事と、正則の行為を批判した。しかし『野坂文書』によると、正則は材木代として社家・社僧に 100 石、町中に 70 石を支払っていることから、これは明らかに厳島神社が正則による社領の没収を根に持った言掛りであろう。

　このほかにも正則が未の刻、午後 2 時以降は禁止されている弥山に掟を無視して登ろうとしたが、途中で岩に阻まれて引き返さざるを得なくなった。厳島神社はその岩を太夫戻岩と呼んで正則を軽蔑し、神の力を誇示したとする話が残っている。なお太夫というのは、正則の持つ位階が五位の身分呼称である。

　一方で正則は、広島城に入城する前に厳島神社に参詣したとされている。このことは厳島神社が全国的に知られていたことを示すと共に、正則は意外に信仰心が高く厳島神社の文化財に対する保護活動を実施したことはあまり語られない。特に厳島神社宝蔵には、平清盛の奉納から 400 年も経って損傷がひどい平家納経と清盛の願文があり、正則はこれを補修すると共に蔦蒔絵の唐櫃を京都の工芸士に作成させた。さらに清盛の願文の見返しには名高い俵屋宗達の鹿の絵が添えられている。

　なお、厳島神社のある島は厳島と呼ばれたが、いつの頃からか宮島との呼び名が生まれ、その後も並行して使用された。ここではすべて宮島を用いることにする。

キリスト教対応

　福島正則は元々キリスト教に対して特別の思いは持っていなかったようで、特に教会が土地を持っていたわけでもなく、広島に来てから

も寛容な政策をとっていた。それは豊臣秀吉に一緒に仕えたキリシタン大名の高山右近・小西行長・黒田官兵衛などの影響といわれる。

　広島城下にあった教会は毛利時代に閉鎖されていたが、1604年にポルトガルの宣教師マテウス・コーロスが広島での布教を再開し、1605年には正則が毛利家臣の旧宅を提供し教会ができると、100人が洗礼を受けその後信者は400人ほどになったとされる。これは正則がスペインやポルトガルの商船を入港させ藩内産品で取引したいと考えていたためのようだ。

　ところが1613年に幕府が禁教令を各藩にも適用したため、広島藩としても伝道を禁止して信者に処罰を始めると、教会は閉鎖され活動は地下に潜った。1616年にドミンゴとの洗礼名を持つ星野嘉蔵を磔の刑に処したが、正則は表向きとは異なり厳しい弾圧はしていなかったといわれる。

4.　家康の大御所政治

　徳川家康は征夷大将軍になってわずか2年後の1605年、将軍職を息子の徳川秀忠に譲ることを朝廷に奏上し認められた。家臣の多くは秀忠の弟の松平忠吉を将軍に押したが、家康は秀忠が知勇だけでなく文徳を持っていて「守成は創業より難し」と平和な世の到来を予見し、後継者に選び徳川家当主とした。特に家康は、徳川家が将軍を世襲してゆくことを天下に示すために、家督相続における混乱を避けて才能ではなく正室の長子による相続とすることを決めたとされている。

　このように武家社会での後継者選びは、子孫に家名を引き継ぐことが最も重視された。大名は正室か側室かは問わず長子相続が原則だが、御家断絶にならないために実子がいない場合は養子をとるなどしたが、明確な相続法はなくお家騒動が頻繁に起こった。江戸時代を通

じ59大名家が取り潰されたが、その最大の原因が正当な相続者の不在だった。

　家康は1607年には江戸城を将軍秀忠に明け渡し、自分は駿河国、現在の静岡市の駿府城に移った。家康にとって駿府は幼年時代に今川氏の人質として過ごし、その後も本拠地として城下を整備したところである。江戸から駿府という地方の町に移る理由として家康が言ったとされるのが「一富士二鷹三茄子」で、後に初夢に見ると縁起の良い物とされた。また家康は、親藩や譜代大名が中心の東日本を秀忠に任せ、自身は西日本に配した外様大名を抑え込むべく幕府の統治体制の整備に徹するのが意図だったとされる。

　こうして家康は駿府城に家臣の俊英を集めて、財政政務・外交貿易・産業政策・寺社行政・文教政策などを進め、建前は隠居だが「駿府の大御所」として実権を握り続けた。

　この俊英の中に、若き儒学者の林羅山がいた。羅山はその後長く徳川将軍に仕え、朱子学を幕藩体制の基礎理念としてその政策に大きな影響を与えた。朱子学は徳川将軍家が絶対的な権力を持つことに対する論理的背景となり、各藩は幕府に逆らって改易されることを恐れ、従属するための体制づくりを迫られた。そのため家臣も武官よりも対幕府対応に優れた文官が幅を利かせるようになっていった。また臨済宗の僧の以心崇伝（イシンスウデン）も家康の元で法律立案・外交・宗教政策などを差配し、黒衣の宰相と呼ばれた。

　家康はまた徳川家を永く存続させるため、1611年に尾張国清洲藩主の九男徳川義直、駿河国駿府藩の十男徳川頼宜、駿府城の家康の許で育てられていた十一男徳川頼房の3人に対して朝廷に官位を付与させた。これは後に徳川御三家といわれる体制に繋がってゆく。

　一方将軍の徳川秀忠は、江戸城にいて徳川直轄領と譜代大名の統治

を行った。幕府の行政は老中を中心に行われたが、鎌倉・室町幕府で一部の家臣に権力集中が起こった失敗に学んで、老中は複数にして話し合い制で決すことにし、月番制として独走を防いだ。さらに5〜15万石の中小の譜代大名から選んで、政治権力を与えないよう配慮した。

幕府の対外政策

　徳川家康は、豊臣秀吉が積極的な海外政策により膨大な資金を獲得したことを再現しようとした。それまでプロテスタントの拡大でカソリックを海外に広めたいとするイエズス会と共に、世界中に進出して植民地を拡大したスペインとポルトガルだが、1588年に英仏海峡で行なわれたアルマダの海戦でスペインの無敵艦隊がイギリス艦隊に大敗を喫し、スペインの貿易や植民地経営は衰退に向かった。しかしアジアでは依然として存在感を示し、カソリックの布教と貿易と共に侵略も続けていた。

　一方でプロテスタントのイギリスやオランダは、大西洋での制海権を得たことで争ってこのアジアへ進出し、海賊行為も含めて貿易競争に加わり1602年に本拠地として初の株式会社である東インド会社を設立した。

　このような時、関ケ原の戦いの半年前、豊後国の海岸にオランダ船が漂着した。五大老首座だった徳川家康が航海士のウィリアム・アダムス（三浦按針）やヤン・ヨーステン（耶揚子）と引見することとなり、その後外交顧問にしている。こうして幕府は、1609年にオランダ、1613年にはイギリスに対し、布教はしないとの条件で平戸に商館を置くことを許し貿易が始まった。

　徳川家康は、ヨーロッパ諸国への対抗策として、1601年以降、安南国（ベトナム中部）、スペイン領マニラ（フィリピン）、スペイン配

下カンボジア、アユタヤ王朝（タイ）、パタニ王国（タイ南部）など
東南アジア諸国に使者を派遣し外交関係を樹立していった。この結
果、家康は1604年に朱印船貿易と呼ばれる許可制の貿易を始め、中
国船にも許可を与えた。この取引ができる港として直轄地とした長崎
に限定し、茶屋四郎次郎ら京都や堺の豪商を使い、諸大名の関与を許
さず貿易の利益を独占した。1613年にイギリス人が家康に遠眼鏡を
献上したとされている。

　当時のアジアであるが、中国の明は王朝末期で対外交易には消極的
で、海禁とよばれる海外交易などの規制をして日本船は出入りを禁止
していた。ただ中国船は監視の及ばない東南アジアの国々に出かけて
取引していた。
　当時の日本で人気があったのが明製の生糸や絹織物で、輸入が増加
した。家康が輸入品の中で最も手に入れたかったのは香木の沈香だっ
たとされるが、中国からは武具に使用される鮫皮や鹿皮、東南アジア
産品しては砂糖・香料・革製品など、ヨーロッパからも引き続き鉄
砲・火薬用硝石・毛織物などが輸入された。日本からは銀・銅・銅
銭・硫黄・刀などの工芸品が輸出され、中でも銀は当時世界生産の3
分の1から4分の1を占めていたとされ、幕府が直轄化した生野や石
見銀山産の銀が決済手段として活用された。
　こうして東アジア海域では、ポルトガル・スペインの南蛮船、オラ
ンダ・イギリスの紅毛船、中国のジャンク船、日本の朱印船が活発な
交易を展開した。

　朝鮮半島では当時の李氏朝鮮が財政破綻して再建のために現実的な
外交を始め、1604年に対馬に使者を派遣してきた。徳川家康も朝鮮
との国交回復が必要と考え、折衝を対馬藩の宗氏に指示した。その結
果、朝鮮は1607年には幕府への国書を持った500名近い使節団を派

遣し、朝鮮出兵の際の朝鮮人捕虜の返還を求めた。これに関し対馬藩の御家騒動から日朝間の国書を偽造するなど不正が発覚したが、1609年に和約が成立し釜山に倭館が再建され対馬藩を中心にした貿易が始まった。

　朝鮮からの使節団は、江戸時代には朝鮮通信使と呼ばれ、12回にわたり派遣されたが、そのルートは釜山を出港して対馬などを経由し、現在の下関の赤間から瀬戸内海に入り、広島藩の蒲刈島三之瀬や鞆の浦などの港町を経由し大坂に上陸し、その後は京都を経て陸路で江戸に向かった。

　各港での汐待の時間は各藩が接待を行ったが、これは幕府による藩への使役とされ国賓待遇となり、近隣住民も駆り出された。使節団一行は日本人に対する儒教的差別意識が強く、傲慢な態度や素行の悪さが目立ったとされるが、接待する藩は幕府の面子をつぶすわけにもいかず困惑したという。ただ広島藩としては、数少ない外国との交流の場だった。

幕府の宗教政策

　徳川家康は豊臣秀吉の流れを継承しキリスト教の布教活動は禁止したが、当初キリシタンの取り締まりは行わなかった。一方でスペインやポルトガルとの貿易は促進したいためマニラのフィリピン総督と海賊取り締まりや朱印船の数などの交渉を重ねたが、スペイン側はアジアでの布教政策を変えようとせず合意に至らなかった。そこで新たにアジアに進出してきたイギリスとオランダは、カソリック布教の意図を表に出さないことで接近を図った。このためカソリックとプロテスタント両勢力は日本での主導権を握るための争いが展開された。さらにカソリック間でも、ポルトガルを背後に日本布教の主導権を握っていたイエズス会と、スペインの支援で進出してきたフランシスコ会やドミニコ会が生き残りをかけた陰謀戦を展開した。

このような時に起こったのが岡本大八事件である。これは徳川家康の側近本多正純の与力でキリシタンの岡本大八が、ポルトガル船を爆沈させたキリシタンで肥前国日野江藩主の有馬晴信から，旧領を回復させると偽り多額の恩賞を詐取した事件である。幕府は大八をとらえて拷問した結果、この事件に多くのキリシタンが関与し、イエズス会がポルトガルの生糸貿易に関与して莫大な利益を得ており、さらに家康の近臣にまでキリシタンがいて機密情報を宣教師に流していたことが発覚した。幕府は 1612 年に大八を処刑すると共にキリスト教の禁教令を直轄地に対し発布し、翌年には側近の金地院崇伝に起草させた『伴天連追放令（コンチインスウデン）』を天下に発布した。これは従来の禁教令をさらに厳格に適用するもので、バテレンに対する迫害がさらに厳しくなっていった。

　一方、仏教寺院に対してであるが、幕府は戦国時代末期の体験から大寺院を危険視して勢力拡大を阻止しようとした。まず 1601 年の天台宗延暦寺を始めとし、真言宗の金剛峯寺・東寺・醍醐寺・石山寺など多くの寺院に対し、宗派ごとに本山が末寺を統制するなど『寺院法度』とよばれる制度を確立させた。また朝廷との関係の深い京都五山の大徳寺・妙心寺などにも関係を弱めるべく画策したとされる。

　また中小の寺社は太閤検地で寺領・神領といった所領はほとんど失っていたが、徳川家康は深く信仰していた熱田神宮・浅間神社・武蔵御嶽神社・愛宕神社など神社に土地の一部を朱印地として領有権を与え、租税は免除し収益は神社のものとした。ただ朱印地からの収益だけでは経営は成り立たず、土地の開墾や寄進により維持する状況だった。なお藩で行われた場合は、朱印地に対して黒印地とよばれた。

　また浄土真宗に対して家康は、織田信長との石山合戦で本願寺派は

顕如の和睦派と教如の籠城派に分裂していた巨大勢力の分断を図るため、1602年に籠城派に寺領を寄進し東本願寺を建てさせたことで本願寺は東西に分裂するに至った。

豊臣家の滅亡

　豊臣秀頼は形の上では徳川政権下の一大名となったが、徳川家康が新将軍の秀忠の元に挨拶に来るよう催促しても拒絶したり、名古屋城普請に動員を命じられても拒否反応を示した。これは多くの大名が豊臣氏への忠誠心を持ち続けているとする期待と大坂城に確保している膨大な資金を背景にした強気とされる。実際に福島正則は1608年に秀頼が病になると大坂城に見舞いに駆けつけている。

　豊臣秀吉は生前、大坂城内に金貨・銀貨で250万両、現在の価値で5千億円余りを確保していたとされ、また摂津国の多田銀山に4億5千万両の金銀を隠すよう命じたとの伝説がある。このため、当時の世情では浪人も多勢いて容易に集めることができ、鉄砲や銃弾の入手も可能なこともあり、家康としても安易に手出しをすることができなかった。また秀頼の母の淀君も豊臣家が徳川家の主筋であるとの姿勢を崩さなかった。

　家康は、まずは豊臣家の財力を枯渇させる作戦として、伊勢神宮・熊野神社・住吉大社などへの造営寄進を勧めると、淀君は豊臣家の繁栄のためひたすら応じた。中でも秀吉が現在の京都方広寺のところに創建した大仏殿が地震で崩壊したため、家康の勧めで豊臣秀頼が再建したが、この費用は大仏殿だけで300万石に達したとされる。

　さらに家康は秀忠の娘千姫を秀頼の嫁にするなどして、淀君に将軍秀忠と秀頼の会見を促した。それでも上洛を拒絶したため豊臣恩顧の大名の福島正則が加藤清正や浅野幸長らと淀君を説得した結果、1611年二条城での秀頼との会見に成功した。正則は翌年、駿府の家康と江

戸の秀忠にお礼の挨拶に出かけたが、国許には戻らず江戸に留まることとになった。

　こうして家康は豊臣家より上位であることを天下に示すことに成功し、関ケ原の戦いで敵対した西国大名も従わざるを得ない状況になった。ただ家康は二条城の会見で秀頼が立派に成長しているのを見て、豊臣家を滅ぼさざるを得ないと実感したとされる。その上、1613年に出したキリスト教禁止令により、行き場を失ったキリシタンの多くが大坂城に移り住んだこともその思いを強くさせた。その頃、豊臣恩顧の加藤清正・浅野長政幸長父子・池田輝政らが相次いで世を去り、残った正則も病を得て隠居を幕府に願い出たが許されなかったことが示すように、もはや家康に豊臣家擁護の説得ができる者はいなかった。

　このような時、1614年に徳川家康が方広寺鐘銘事件を仕掛けて追い打ちをかけた。豊臣秀頼は追い込まれて大坂城に籠城するため準備を始めて真田幸村や浪人を含め10万人を集めたが、もはや大坂城にはせ参じる大名はいなかった。

　江戸にいた福島正則は豊臣秀頼から直接上洛を要請されたが、家康に対し謝りを入れて従うべきと断った一方で、大坂の広島藩蔵屋敷にあった蔵米8万石が秀頼に接収されたことは黙認したとされる。ただ、一族の福島正守と正鎮は豊臣方に加わり真田幸村と共に出陣しており、当時の複雑な人間関係を示している。

　秀頼の動きを見守っていた家康は、駿府から兵を進めた。この時、正則は家康からの参戦要請に対し、秀吉に恩を受けていて秀頼を攻めることはできないと断り、次男の福島忠勝を参戦させ、自身は家康の命令で江戸の留守役を務めた。直情的とされる正則が、思慮深い面をも持っていたとされる所以である。なお戦後になって、正則の弟の福島高晴が密かに兵糧を大坂城に入れていたとして改易を命じられてい

る。

　この大坂冬の陣は、徳川方が約20万の軍勢で攻めたが決着がつか
ず、本丸を残して二の丸・三の丸を破壊し、外堀を埋めるという家康
主導の講和で決着した。

　一時的に平穏になったが、京都などでの浪人による不穏な動きが頻
発していた。翌1615年初夏、家康は豊臣家に対し浪人の解雇か秀頼
の国替えを要求したが、これに従わないため徳川軍は再び大坂城に向
かい大坂夏の陣が始まった。

　豊臣軍は前哨戦として隣接する和歌山藩の藩主になったばかりで、
土豪たちが統治に不満を持っていたとされる浅野長晟への攻撃を決定
し兵を送った。長晟はこれを迎え撃ち、豊臣軍の内部統率が不完全
だったこともあり結局守り抜いた。このほかにも各地で前哨戦が行わ
れたが、家康が講和条件に反して大坂城の内堀まで埋めていたことも
あり、結局大坂城は攻め込まれたうえ全焼して決着し、秀頼と淀君は
自刃して果てた。

　正則はこの時も江戸の留守居役を勤めていた。なお毛利輝元は徳川
側についていたが、豊臣側が勝った時のために軍資金や兵糧で支援
し、どちらが勝っても毛利家が生き残れるようにしていたとされる。

　この戦により、日本において応仁の乱以来150年に渡り繰り広げら
れてきた軍事衝突が終了し、徳川幕府は中央集権で絶対王政といえる
体制を確立したのである。

家康の統治仕上げ

　豊臣家を滅ぼして最大の課題を成し遂げた徳川家康は、直後の
1615年夏に諸大名を伏見城に集めた。そこで徳川秀忠の命という形
で13条から成る『武家諸法度』を発布した。これは家康が参謀で黒
衣の宰相と呼ばれた以心崇伝に命じて起草させたものだが、武家とし
て文武や倹約の奨励を基本に大名家同士の婚姻の許可制、居城修築の

届け出制、罪人隠匿禁止などの統制が含まれていた。

　これに加えて家康は外様大名の軍事力削減をねらい『一国一城令』を発布して、諸大名に対し居城以外のすべての城を廃却するよう命じた。この結果、西日本を中心に約400の城が取り壊された。なお一国一城だが、一国に複数の藩がある場合はその限りではない。

　豊臣家の滅亡という危機を切り抜けた福島正則だが、幕府による新たな規制である『武家諸法度』や『一国一城令』に対応する必要がでた。

　正則が広島城に入城してすぐに、三原城・神辺村尾城・鞆城・小方亀居城・三次積山城・東城五品嶽城の6つの支城を建設または修復したが、このうち鞆城と亀井城は幕府に危険視されそれまでに廃城になっていた。残りの4城が『一国一城令』の対象になったが、三原城だけは幕府による廃城を免れたのである。この理由については明確ではないが、徳川秀忠の嫡男家光の乳母の春日局が、夫で小早川秀秋の補佐役だった稲葉正成と共に三原城で過ごしていたためとされている。

　そこで正則は残りの支城の取り壊しにかかったのだが、意図的かどうかは不明だが遅々として進まなかった。これら取り壊された城は軍事拠点としては解体されたが石垣は残され、重臣たちはそのまま屋敷に住み地域の統治拠点となった。一方、毛利氏の本拠地だった吉田郡山城は役割を終えた後も残っていたが、正則はまずこれを取り壊した。

朝廷対応

　徳川家康には、幕府よりも上位にある朝廷の権威を抑え込むという懸案があった。家康は関ケ原の戦いが済むとすぐに天皇と豊臣家の接近を防ぐため京都所司代に天皇を監視させていたが、1609年に発覚

した猪熊事件で公家の乱脈ぶりが露呈すると、1613年に朝廷の重要な財源である寺院に対する紫衣の着服の勅許を無効とする『勅許紫衣之法度』、さらに『公家衆法度』を制定した。さらに1615年に『禁中並公家諸法度』を以心崇伝に命じて作成させ、17条に渡って天皇が政治に関与することを禁止した。こうして天皇に残された権限は年号と暦の制定と形式的な官位の授与だけとなった。

　これらの公武関係の規定は江戸時代を通じて守られた。当時、後水尾天皇が後陽成天皇から1611年に譲位されて間がない時期で、朝廷は幕府からの干渉に翻弄された。このように徹底的な抑え込みをはかったものの、軍事政権として天下を取った家康といえども、結局は千年以上続いた天皇の存在を無視することはできなかったことを示している。

家康の死

　徳川家康は1616年の初めに駿府で鷹狩の最中に病に倒れ、その直後武家出身者としては4人目の太政大臣に朝廷から任じられたがしばらくして死去した。75歳だった。

　遺言によりまず遺体はまず近くの久能山に納め、一周忌後に下野国日光に改葬された。後水尾天皇から「東照大権現」なる神号が送られたが、この決定の裏で家康の側近の大権現を主張する天台宗の天海と大明神を主張する臨済宗の崇伝の間で大論争が展開されたといわれる。すなわち日本では神仏習合と呼ばれ、土着の神道と中国から取り入れた仏教が融合していたが、どちらが上位かの論争だった。権現は仏教の菩薩が神という仮の姿で現れたものとするもので、明神は神を尊んで仏教側からの名前である。こうして天海の主張する仏教上位の本地垂迹思想が本流となったのである。

5. 福島正則の改易

　晴れて幕府の全権を握った二代将の軍徳川秀忠だが、家康を失い嫡子の徳川家定もまだ12歳で、家康の死による混乱を防いで自らが徳川家を永続させなくてはならない。秀忠は幕府の中枢を自身の側近である酒井忠世や土井利勝らで固めて将軍親政を開始した。

　まずは徳川御三家と呼ばれる徳川家永続策のはしりとして、弟の徳川義直を中部日本の拠点としての名古屋城に入城させた。一方で秀忠は、徳川家の結束のためか、家康に嫌われていた弟の松平忠輝を流罪にした。また1617年に、大名・公家・寺社に対して個別に「領知宛行状」とよばれる領地の確認文書を発給し、自分が天下人として全国の土地領有者であることを再確認させた。

福島正則の改易

　徳川秀忠にとって残る懸案は福島正則の扱いだった。豊臣家の武闘派家臣の中で加藤清正や浅野行長はすでになく、一方で黒田長政と細川忠興は大坂夏の陣で徳川につき豊臣方と戦ったのに対し、福島正則は戦うことを拒んだのである。徳川家康はこれを許したが、幕府の責任が両肩にかる秀忠にとって決着をつけなくてはならない問題だった。

　その結果が1619年に行われた福島正則の改易である。改易とは、大名に対しては所領を没収することだが、正則のような小藩への転封あるいは移封の場合も含まれる。

　その経緯については緒論がある。その一つは策謀家といわれる老中の本多正純と土井利勝が関与して進めたとされるものである。正則は大阪の陣の間、江戸で留守居役を命じられていたが、1616年になって広島に戻ることを許され、その翌年、油断させるためか秀忠は正則

を参議に叙し広島藩 49 万 8223 石の領地判物を与えた。ところがその直後、太田川は台風による大洪水に見舞われ、広島城は三の丸まで浸水して大きな破損が発生した。そこで直ちに城の修築を江戸の本多正純に申請したが、正純は正則改易の引き金にできると直感し許可を曖昧にしたとされる。また土井利勝が正則の届け出を故意に放置したとの説もある。

　もう一つは正則自身が、仕方なしに『武家諸法度』に違反したとの説である。正則は台風被害を修復するため 1618 年に櫓台石垣から始め年末までには本丸・二の丸・三の丸などの普請を行った。普請は雨漏りする部分を修繕しただけともいわれるが、これを知った本多正純は直した個所を元に戻すよう命じ、息子の福島忠勝を人質として要求した。正則は自分の置かれた立場を悟り、命じられた元に戻す工事は本丸だけにして人質の出発も遅らせ、代わりに自身が江戸屋敷にでかけ謹慎した。

　1619 年、徳川秀忠は娘の中宮入内で京都に出かけた際、二条城に重臣を集めて福島正則を奥州津軽 4 万 5 千石の小藩に転封させることを決定した。この決定が正則の江戸屋敷での謹慎中に行われたのは、広島藩が反乱を起こす危険性はないとの考えで、江戸城に召し出されて知らされた正則も、一言の弁明もせず潔く恭順の意を表したとされる。

改易時の広島

　城の明け渡しを命じられた地元広島では当時 4 千人の侍が詰めていたが、家老で三原城番の福島治重を始めとする家臣一同 2 千人余りが血判して、主君の許しなしで明け渡しはできないと籠城の準備を始めた。これに対して幕府側は、常陸国笠間藩主の永井直勝と上野国高崎藩主の安藤重信を広島城受け取り役として、長州藩毛利秀就・熊本藩

加藤忠広・岡山藩池田忠雄・徳島藩蜂須賀至鎮^{ヨシシゲ}・津山藩森忠政・土佐藩山内忠義の諸大名の兵5万余の軍勢と共に広島に向かわせた。

　この状況を知った福島正則は家臣の覚悟に涙して、直ぐに無血開城して城を明け渡すよう書状を送ると、家臣もそれに従い城の引き渡しに応じた。家老の指揮の元、城中や屋敷の清掃を済ませ、城中の武器などの明細書を作成し、家財などを500艘の船で送り出し、最後に家老などが残って引き渡しに臨んだとされる。こうして正則だけでなく藩士や関係者の大部分が一斉に広島藩を去っていったが、この福島家臣団の行動は称賛され、その後大名が改易される時の家臣団のとるべき作法とみなされた。また広島城内で指揮を執った福島治重は、家臣たちの武功をすべて書き出して仕官を推進したことで、一人の浪人も出さなかったと称えられた。

　幕府もこの結果を評価し、正則の奥州への移封を取り消して、信濃国高井郡2万石と越後国魚沼郡2万5千石に再転封を行った。

　一方で広島藩の住民にとっては、福島正則という他国の人物が一族郎党と共に突然やって来て、住民との交流も藩主からの一方的な命令があっただけで、20年も経たないうちに再び突然去っていったのである。現在の広島県において、藩主として強い勢力を誇った福島正則の痕跡がほとんど残っていないという事実の背景である。

移封後の福島家

　福島正則は、移封先である高井野藩に移ってからは、嫡男の福島忠勝に家督を譲って隠居し、出家して高斎と号した。ここ信濃国高井郡は川中島四郡の一部だったため、信濃川中島と呼ばれることが多い。

　1620年に息子忠勝が早世すると、福島正則は悲しみの余り魚沼郡を幕府に返上して信濃国の山村の高井野で蟄居生活を送り、1624年に64歳で死亡した。この時、幕府の検死役の堀田正吉が到着する前に家臣の津田四郎兵衛が正則の遺体を火葬してしまった。このため残

りの福島家の2万石も没収されたが、正則の末子である福島正利は将軍に対し父の遺品である名刀正宗や貞宗を献上したことにより、幕府は翌年3千石余りを与え旗本としての福島氏の存続を許した。

しかし1637年に正利は嗣子の無いまま死去し福島家は断絶した。ところが1680年に徳川綱吉が五代目将軍になると、翌年に正則の曽孫にあたる福島正勝が将軍に召し出され、上総国長柄郡と夷隅郡に2千石を与えられ44年ぶりに旗本に復活し、代々御書院番などを務めた。

この理由は定かではないが、徳川綱吉がそれまで幕府内で権勢を誇った堀田正俊に反感を持ち、堀田家が行った過去の施策の見直しを行った。その一環として正俊の祖父の堀田正吉が行った福島家に対する没収行為に対する処置と考えられている。

Ⅱ
浅野広島藩の始まり

　福島正則が改易されて、新たに広島藩主になったのは浅野長晟だった。浅野家は正則の教訓から、代々幕府を最大限意識した藩政を展開した。幕府は支配体制を確立して行き、現在の日本人の特性を形成したとされる諸制度を定めた。

1. 徳川秀忠の政治

　二代目将軍の徳川秀忠は徳川家康の死によって幕府の全権を掌握したことで、これまで家康が築き上げた体制を継承して行くための責任を双肩に感じた。そのため秀忠はまず徳川家の結束強化のための御三家を設立し、朝廷の抑え込みや海外勢力からの防衛など多岐にわたる政策を進めた。

　また広島藩の福島正則の改易をはじめ、外様大名が敵対勢力に変ってゆかないよう、江戸城や江戸城下町の建設などの普請に対する負担をさらに強めた。こうして各大名は幕府からの命令に応じることができるよう財力の確保と藩内体制の整備が求められ、次第に幕府の支配体系に組み込まれていった。

徳川御三家と紀州藩
　徳川秀忠は徳川幕府の安定のために、徳川御三家を重要拠点に配す

ることが必要と考えていた。そこで 1616 年に家康の九男で弟の徳川義直を尾張藩 62 万石に配したが、これに続いて紀州和歌山を押さえることを考えていた。秀忠にとって 1619 年に改易させた広島藩主の福島正則の後任人事が、徳川御三家の設立を進める好機となった。そこで当時紀州藩の藩主だった浅野長晟を正則の後任として広島藩に移し、駿府藩主で家康の十男の徳川頼宣を紀州和歌山藩主にすることにした。

　当時紀州藩は 37 万 5 千石だったが、頼宣を配するには紀州藩の石数では不足なため、伊勢神宮を含む松阪領 8 万石、白子領 5 万石、そして宮川左岸の田丸領 5 万石を加えて 55 万 5 千石として形を整えた。

　なお、徳川御三家の残る一人、家康の十一男でまだ 17 歳の徳川頼房に対しては、同じころ常陸国水戸藩主に指名した。尾張家と紀伊家が大納言の官職に対して水戸家は中納言であるため、石数は公称 35 万石とされたが実収は 28 万石程度で、これは後の水戸藩の財政を厳しくする一因となったといわれる。

　こうして徳川家康が後継の絶えた時の備えとして意図したとされる徳川御三家ができあがった。

豊臣色抹消対策

　徳川家康は織田信長や豊臣秀吉の痕跡を消してしまうため岐阜城や名護屋城を破壊したが、徳川秀忠も豊臣色を払拭するため大坂城を大改造することにした。大坂城は大坂の陣で堀は埋められ天守閣も焼け落ちていたが、秀忠は 1620 年に城造りの名人とされる藤堂高虎に命じて、元の姿を覆い隠すように堀も深くし石垣も積み直し盛り土して新しい城を建てさせた。現在でも地下深く元の石垣が埋まっているという。5 年後に完成するが、城主は置かず有力な譜代大名に城代として任せた。

対外政策とキリスト教対応

　徳川家康はキリスト教の禁止には踏み切ったが海外交易には積極的で、家康が始めた長崎を基地にした朱印船貿易は続いており、イギリスが平戸に設けた商館も繁栄していた。これに対し徳川秀忠は海外との交易に疑問を感じており、家康が亡くなった直後の1616年にヨーロッパ商人に対し貿易地制限令を出して、中国船を除く外国船の寄港地を平戸と長崎に制限した。

　当時イギリスは東南アジアでオランダと主導権争いをしていたが、1623年にオランダがイギリスを排除することに成功し、イギリスはインドに引き下がった。そのためイギリスは平戸の商館を閉鎖して日本との貿易から撤退し、翌年にはスペイン船の来航が禁止された。こうして日本のヨーロッパとの交易はオランダ一国に絞られることになった。

　家康が外交顧問として重用したイギリス人の三浦按針も立場が変わり、不遇の状態で1620年に平戸で死去した。

　徳川秀忠は家康の発したキリスト禁教令をさらに厳しく弾圧を進めた。1619年に京都の伏見城にやって来た時、キリシタンが京都にいることを聞いて激怒し、捉えて処刑するよう命じた。これは京都の大殉教と呼ばれるが、結果として52名の信者が火刑に処され、さらに1622年に長崎でも行われた。

狩野派の躍進

　室町時代から日本画の代表格として狩野派が栄えていたが、狩野探幽は13歳の時京都から江戸に向かう途中の駿府で徳川家康に拝謁し徳川秀忠の前で即席の絵を画いて才能を認められ、1617年に16歳で幕府御用絵師となった。こうして徳川家霊廟の装飾や江戸城を始めとする各地の障壁画の製作に活躍した。狩野家は弟の狩野尚信が父親の

狩野信孝の跡を継ぎ、末弟の狩野安信が狩野宗家を継ぎ、探幽自身は
鍛治橋狩野家を興すことで三兄弟すべてが御用絵師となり、江戸時代
を通じて狩野派の活躍の基礎を作った。

徳川秀忠の大御所政治

　徳川秀忠は 44 歳になった 1623 年に将軍職を 19 歳の徳川家光に
譲った。家光の後継については、病弱で吃音があったため秀忠などは
容姿端麗で才気煥発の三男徳川忠長をと考えたが、存命中の家康が長
子相続の考えを貫いたとされる。また家光の乳母の春日局^{カスガノツボネ}による家康
への直訴があったとされ、その後春日局は老中をも上回る権力を握っ
た。

　将軍に就任した家光は諸大名を江戸城本丸に集め、「余は生まれな
がらの将軍である」と非常に強権的な態度をとったとされる。ただ秀
忠の存命中は、秀忠が家康に倣って大御所政治を行ったため、おとな
しくしていた。

　秀忠は軍事指揮権等の政治的実権は掌握して大御所政治を開始し
た。当初、家康の駿府城に倣って江戸城を家光に譲って自分は小田原
城で政務を行おうとしたが、江戸を離れたくない家臣の反対で仕方な
く江戸城西の丸で行った。こうして本丸年寄と西の丸年寄の合議によ
る二元政治が行われた。

　1626 年に後水尾天皇が徳川家の京都二条城へ行幸することが決ま
り二人が上洛したが、その際秀忠は多くの大名や旗本を従えて、家光
との力の差を見せつけたとされる。

朝廷との関係

　当時の天皇の立場であるが、色々な儀式を行うための費用は幕府が
提供するものとされていた。1627 年に徳川秀忠は後水尾天皇が幕府
に諮らず十数人の僧侶に紫衣着用の勅許を与えたことを捉えて、法度

違反として勅許を無効とし着用を禁じた。これに対し朝廷や高僧らが抗弁書を出したところ、秀忠はこれら高僧を出羽国や陸奥国に流罪に処した。こうして秀忠は朝廷に対する幕府の力の差を見せつけた。

　この紫衣事件は後水尾天皇にとっては屈辱的で、1630年に自ら退位して上皇となり、後任にわずか7歳の娘を明正天皇として即位させた。この明正天皇の母親は秀忠の娘和子で、秀忠は天皇家の外祖父となった。ただ幼い帝に天皇の責任の果たせるはずもない辛い立場で、朝廷の実権は後水尾天皇が握り続けた。

塵劫記の発刊

　京都の豪商角倉家の一族である和算家の吉田光由は、1627年に九九掛け算や円周率・面積・両替など基礎から実用までの算術を網羅した『塵劫記』を発刊した。この本は江戸時代を通じてベストセラーになり、多くの民衆だけでなく関孝和など後世の学者にも多くの影響を与えた。書名は法華経で数えきれないくらい大きな数のたとえとされている。

奢侈禁止令

　徳川秀忠は領民に対しては、1628年に『奢侈禁止令』を出して贅沢を禁じて倹約をするよう命じたが、特に農民の衣服に対しては麻・葛・木綿に限定させた。ただ庄屋と農民の妻に対しては絹織物である紬は許され、下級武士も紬までで贅沢な装飾は禁じられた。また同じ年に幕府は旗本に対して、供回りの人数制限や家族の生活や食生活だけでなく交際時の土産の内容まで規制した。

キリシタン対応

　徳川秀忠は徳川家光の将軍就任祝いで江戸に集めた諸大名を東海道沿いの札の辻から品川に至る小高いところに集め、キリシタンと宣教

師 50 名の処刑を見せつけた。これはキリシタン禁令の徹底を命じた
わけで 1629 年には踏絵が導入され、大名たちはそれまで以上に信徒
の検挙と処罰に力を注ぐようになった。

　このような中、1632 年、秀忠は体調を崩し死亡した。享年 54 歳
だった。

2.　浅野長晟_{ナガアキラ}と広島藩

　和歌山藩主の浅野長晟は 1619 年 8 月 27 日（旧暦 7 月 18 日）、京都
の伏見城に滞在していた徳川秀忠に呼び出され、伏見城の奥座敷で広
島藩主を申し渡された。

　『芸藩輯要_{シュウヨウ}』によると、この時の状況を長晟が国許に送った書状
に、秀忠が浅野家に対する高い信頼を告げたことが記されている。こ
れは秀忠の大名差配の巧みさと、長晟が将軍の権威を使って家臣の統
制を図かりたいとする姿が示されている。

　長晟は和歌山を発つ前に広島城請取りのため家臣の浅野氏重を先発
させている。これは大名改易後に居城を引き渡す際に、城に備えられ
た武具や備蓄米などの確認義務を幕府が 1618 年に決めたものだが、
長晟は福島正則の轍は踏まないとの強い思いでこれに従った。

　1619 年 9 月 25 日（旧暦 8 月 8 日）、長晟は家臣団を率いて和歌山
から船で広島へ向かい、天満川を上って城下西国街道の天満橋の近く
にある天神坊で休憩後、黄昏時に行列を組んで広島城に入城した。

新しい広島藩

　徳川秀忠は浅野長晟に広島藩を与えたが、これは浅野家が福島正則
と同じく元豊臣家の家臣で外様大名であるため、都から遠ざけて毛利
氏など有力外様大名がひしめく山陽道に睨みをきかす意味もあった。

ただ紀州藩 37 万 5 千石だった長晟に対して、49 万 8 千石の広島藩は過大である。そこで秀忠は関係する大名の家格バランスを熟慮し、新しい広島藩を安芸国の 8 郡はそのままで、備後国の 14 郡のうち三次・世羅・御調・三谿・恵蘇・三上・奴可の 7 郡に甲奴郡の一部を付加した 42 万 6 千石とした。村数は合計 699 村だった。

福山藩の成立

　備後の残りの領地、南東部、深津・沼隈・芦田・品治・安那・神石の 6 郡に甲奴郡の残りと、備中国の小田・後月 2 郡の一部、203 村は、親藩で徳川家康の従兄弟の水野勝成を 10 万石で入封させた。

　当時領内で唯一の城である神辺城は中世以来の伝統を有するものの内陸部に入り込み過ぎているため、勝成が西国の鎮衛の拠点とするにしては規模が小さく不便だったため、海陸の要所として芦田川の河口全体を見渡せ西国街道にも近い深津郡に新たに城下町を設けることになり 1622 年に 5 層 6 階の複合天守を持つ華美で広大な城が完成した。

　こうして福山藩が生れた。福山の名前の由来は城の建てられた山が蝙蝠山と呼ばれていたことにより、蝠は福に通じることによったとされる。

浅野家と浅野長晟

　浅野家であるが、浅野長晟の父の浅野長政は、尾張国安井重継の子だったが、織田信長の弓衆だった叔父の浅野長勝の娘の婿養子として浅野家に迎えられて家督を相続した。その後同じく長勝の養女だった寧々が後の豊臣秀吉に嫁いだことから秀吉との関係を深めた。こうして秀吉の元、1587 年に若狭国、さらに 1593 年には甲斐国府中 21 万石を与えられ五奉行の首座に列し活躍した。

　秀吉の死後 1599 年に五奉行の増田長盛などの讒言により、長政は徳川家康から謹慎を命じられ、家督を猛将といわれる息子の浅野幸長

北

松江藩（出雲富田藩）　鳥取藩

恵蘇郡　奴可郡

備中
松山藩

浜田藩

三次郡　三上郡

甲奴郡

津和野藩

高田郡　三谷郡

福山藩

山県郡

世羅郡

高宮郡
（安北郡）

沼田郡
（佐東郡）

御調郡

長州藩

佐伯郡
（佐西郡）

安芸郡
（安南郡）

豊田郡

賀茂郡

岩国藩

図Ⅱ-1　浅野時代の広島藩と郡　（　）内は1663年以前

　に譲って隠居した。関ケ原の戦いでは、幸長は福島正則らと東軍とし
て徳川秀忠の元で活躍し、その戦果と行政手腕を認められ、紀伊国和
歌山に37万6560石を与えられた。しかし1613年に幸長は38歳で病
死し嫡子がいなかったため、28歳の弟で2万4千石の備中足守藩主
になっていた浅野長晟が家督を継いで和歌山藩主になり、1615年の
大坂夏の陣にも出陣した。
　このような時、徳川家康の娘の振姫は陸奥国会津藩主の蒲生秀行に
輿入れしていたが、秀行が1612年に30歳で急死した。そのため家康
は37歳の振姫を和歌山藩主になった浅野長晟に再婚させることを命

じ、1616年に輿入れした。長晟には1614年に生まれた庶長子、後の浅野長治がいたが、1617年に振姫との間に次男の浅野光晟が生まれた。その直後振姫はなくなってしまったが、浅野家は外様ながら徳川家康の血を受け継ぐ姻戚関係を持つ大名として扱われるようになった。

浅野長晟は織田信長・豊臣秀吉・徳川家康と三代の天下人に仕えたわけだが、福島正則のような大きな武勲はないまま兄の急死で若くして藩主になった。そのため代々続く家臣を持たず、当初は家臣からその手腕を心配されたといわれる。

このことは正則が家臣に対し絶対的な主従関係を持ち家臣からも慕われたのに対して、長晟は父や兄に仕えていた年配の家臣に囲まれ、家臣の長晟に対する思いにも違いがあった。そのため家臣間の対立や命令に従わない家臣が出たりして、長晟は幕府へ依存した藩政を行うようになって行った。

浅野長晟の治世

浅野長晟の広島藩での治世は、福島正則が支配構造を作り上げたところにやって来たわけで、税制など多くの部分は正則のやりかたを踏襲した。

その中で最大の相違点は、正則自身が藩の土地支配の全権を持って家老を含む家臣に俸禄制を採用したのに対し、長晟は家老など上級家臣に対しては、領地を与えて年貢の決定・徴収権、百姓の使役権、裁判権などを認める知行制をとったことである。なお、100石以下の藩士には俸禄制を採用した。

長晟は藩士に対して知行目録で知行地を通達し、その後も藩主の代替わりや藩士の家督相続などがあると改定された知行目録が発給された。こうして浅野家の家老は知行所から直接年貢を受け取れる仕組み

になった。

　一方で長晟自身は直轄地である蔵入地を十分に確保し、この蔵入地からは米だけではなく材木なども得られ、さらに幕府と同じように尾道など主要な町などを蔵入地とすることなどの手を打った。浅野氏自身の蔵入地の石高は不明だが、江戸時代の各大名の蔵入地は一般的に全石高の半分以上とされていることから少なくとも 20 万石は確保していたと推定できる。

藩の支配体制

　家老の配置であるが、浅野長晟と共に広島にやって来た浅野家の家老は、当初は浅野知近・浅野忠吉・上田宗箇・亀田高綱の 4 人だった。長晟はこの 4 人に隣藩に対する守備拠点である、三次郡三次・御調郡三原・佐西郡小方（現在の大竹）・奴可郡東城をそれぞれ任せるべく、知行割で領地の分配を行なおうとした。ところが三次を示された浅野知近は三原が欲しかったようで長晟に異を唱えたため、長晟は藩主の権威を示すため最終的に誅伐するという強硬手段で決着させた。なお広島城請取りに派遣された浅野氏重は長晟と対立したため、諸説あるが浅野家の刺客に暗殺されたとか浪人したといわれている。こうして藩内の抵抗勢力が影を潜め、幕府からの信頼も獲得したとされる。

　この結果、長晟は三次を除き、三原は浅野忠吉、小方は上田宗箇、東城は亀田高綱に守備の責任を持たせると同時に、それぞれ 3 万石・1 万石・7 千石に相当する複数の領地とその支配権を与えた。知行地を一か所にまとめなかったのは、家老たちの勢力拡大を防ぐためで、長晟と家臣たちの信頼関係が出来ていなかったことを示すと共に、家臣と住民たちとの関係も深まりにくい結果を引き起こした。

知行地での家老

　三原を与えられた筆頭家老の浅野忠吉は1621年に亡くなり、息子の浅野忠長が継いだ。広島城を除き、三原城は一国一城令の際に取り壊しを免れた藩内で唯一の城で城下町が形成された。与えられた石高の3万石の知行地としては、三原のある御調郡が3分の1で、残りは備後国の甲奴郡・三上郡・恵蘇郡・三次郡、および安芸国の安北郡のそれぞれ一部の村というように広く分散していた。

　一方、佐西郡の小方を与えられた上田宗箇は、豊臣秀吉の側近として千利休や古田織部などの茶人との親交があり、関ケ原の後浅野家に請われて家臣になったが、その際徳川家康の許しを得て剃髪していた。亀井城はすでになかったが、宗箇は小方に陣屋を設け、また浅原に屋敷を持ったようで晩年そこで隠棲し茶道に浸った。与えられた1万石の知行地は、佐西郡の11村と残りは遠く離れた備後国恵蘇郡の5村に分割された。宗箇の知行地での状況を示す庄屋への覚書が残っているが、これによると藩の政策に従って各村の庄屋に行政をまかせ、逃亡した農民を呼び戻して面倒をみたり、自分の許可なく人足を使うことを禁止したりと、地域農業の振興に前向きだったようだ。

　もう一か所、山陰への睨みを利かす奴可郡の東城を与えられたのは亀田高綱で、五品嶽城は取り壊されており代わりに陣屋が建てられた。5年後に些細なことで上田宗箇と対立し、戦国武将の一徹さからか浅野家を去って隠居してしまった。そこで長晟は高綱の後任として数々の戦功をあげた家臣の堀田高勝を選んで東城と8千石に加増し領地を与えた。高勝は浅野姓を名乗ることを許され、東城浅野家と呼ばれた。知行地は、東城のある奴可郡は7百石分だけで、備後国の世羅郡と安芸国の佐西郡・安南郡・安北郡・豊田郡と各地に分散していた。

藩士の階級

　藩士の最上級の格付は侍士であるが、同じ侍士でも 100 石以上は知行地が指定され年貢を直接徴収できた。これに含まれるのは家老に次ぐ重職の 4 人から 5 人の年寄と、家老や年寄を補佐する 5 人から 10 人の用人がいた。この場合も家老と同じように、それぞれに個別の村ではなく一つの村を複数の藩士が知行するようにすると同時に、年貢徴収権のみ与えることで農民との関係が深まらないようにした。こうして農民を勝手に処罰したり使役したりすることを法令により制限したり禁止したため、家臣に与えられた知行権は次第に藩主に吸収され、地方知行制は形骸化していった。

　これに対し軍務担当の武官の番方、財政・民政・奥向担当の文官の役方など、100 石から 20 石までの侍士は藩の米倉から米を支給される切米取りということで処遇に大きな差があった。侍士の下の徒士は、広島藩では他藩より優遇されていて、侍士に抜擢されることができた。

農村の支配

　浅野長晟は農村に対しても福島正則の政策を踏襲した。長晟自身も、農民との関係を深めることはなく、農民を領地で農耕して年貢を納める道具のように見なした。この考え方は浅野家代々に引き継がれ、広島藩として領民との一体感は形作られなかった。

　広島藩では領内の農村のことを「地方」と呼んでいるが、広島にやってきてすぐ石田重太郎ら 12 名の家臣を地方に派遣して藩内の状況を確認した。こうして新たに各郡に郡奉行や代官を配置するにあたり、これまで郡に 1 人だった代官を 2〜3 人に増やして総数 140 人にした。これは和歌山藩時代に土着勢力の一揆に苦労した経験からとされ、権力で地域の動揺を抑え込もうとし土豪に対しても厳しい態度で臨んだ。

平行して長晟は農民に対する掟（オキテ）を次々に制定した。1619年着任早々に『郷村掟書』により作物を勝手に収穫することや、竹や木の伐採を禁じた。また福島時代から村に保管している米などの明細を提出させ、更に他国へ出ることを禁じた。

　このように毛利氏の時代と違って、領主にとって農民は年貢を納めるだけに存在するとして、意図的に高い壁を作って繋がりが深まらないよう強制したが、これはその後も継続された。

　長晟は1620年に江戸に出かける際、郡奉行・代官・農民に対する『郡中法度』を残している。これは父親の浅野長政が紀州藩で定めたものが基になっているとされるが、領内の状況を徹底的に把握することで、それぞれの職務を忠実に果たさせるようにした。特に農民に対しては保護すると同時に土地に縛り付けて耕作に専念させるようにし、藩主の命令をおろそかにする場合、単にその農民だけでなく関係者も処罰すると極めて厳しい内容だった。この厳しい姿勢は各種の税の収納に対して村全体の連帯責任とするように強化されていった。また1628年には農民の着物の素材は麻・木綿・紙に限り絹の使用は禁ずるとの触書を出している。

　さらに長晟はこれまで村毎に農民の中から任命していた庄屋を強化するために、数か村の庄屋を総括する割庄屋を置いた。割庄屋は名字帯刀が許され、法令の伝達や管内の庄屋の取り締まり、さらに訴訟の調停に当たらせた。なお、他藩の多くは割庄屋ではなく大庄屋と呼ばれた。

　このように藩は、住民がそれまで育成してきた物産から徹底的に利権を吸い上げるため、仕組みとして地域別の共同責任を強化した。そのため村の結束は強くなると同時に排他的な感覚や対抗意識も強くなって、境界・水利・入会などに関する村落間の争いが頻発するようになっていった。

　林野行政も同じで、当時の林野は藩管理の御建山、入山禁止の御留山、村民共有の野山、村民私有の腰林の４種類に分けて管理されていたが、長晟は入国早々に寺社の森林や家の周りの材木の伐採を禁止しすべてを管理下に置いた。農民にとって建築材料や燃料・肥料などに必須なもので、規制強化に従って村同士の境界紛争などが多発した。また留山奉行１名、佐西郡廿日市・玖波、安北郡可部・深川など領内要所に６名の材木留奉行を置いて木材の流通統制を開始し、1631 年に材木・板類の寸法を定めて商品化を進めた。

　また島嶼部や沿岸部では、船奉行が沿岸住民に夫役を課し、この夫役は水主役と呼ばれた。また塩田は浜方と称され別の統治が行われた。

城下の整備

　領内の農村を地方と呼んだのに対し、武士や町人の多く住む町は町方と呼ばれ、町奉行が管轄した。

　浅野長晟は、広島城下を七本の川筋を基に、広瀬・中島・白神・中通・新町と５つの町組と呼ばれる地域自治連合体を組織し、さらに町組が集合して城下を東西に上京と下京に分けた惣町を形成した。町は月ごとに交代する月行事や年寄とそれを統括する大年寄が福島時代と同じように自治的な運営に当たった。町に置かれた大年寄は村の割庄屋と同格だった。

　一方で城下町の広島と三原、それに宮島には、町奉行が配置され統治した。また江波島には江波奉行を置いて、紀州から連れてきた船頭を含む 300 人の水軍を配備した。

　広島城下では、藩士を中心にした火消組織が編成され、役職ごとに役目が定められ、城内・侍屋敷・町方に分かれていた。

長晟は広島入城の翌年、家老の上田宗箇に別邸建設を命じた。宗箇は茶人であるだけでなく蜂須賀家に仕えたとき徳島城の庭園を、和歌山では浅野家の和歌山城や粉河寺の庭園を造っている作庭家で、後に尾張徳川家に請われて名古屋城の庭園も担当した。多くの大名が国元に庭園を築くようになったのは4-50年後になってからだが、長晟が他に先駆けてできたのは、宗箇が徳川家康の認めた公認の作庭家だったからとされている。

　宗箇が長晟の別邸として城の東側で京橋川に沿ったところに造ったのが泉水屋敷で、ここから海へ繋がる運河は流れ川と呼ばれた。当初は小さな庭園だったが歴代藩主により拡張され、二代目藩主の浅野光晟のころ、儒学者の林羅山の作った詩「海山をその地に縮め風景をこの楼に聚む」から縮景園と呼ばれるようになった。

　また浅野家には東山御物とよばれる室町幕府8代将軍の足利義政によって収集された絵画や茶器、特に中国の宋元画を多く所蔵していた。これを収集する際の情報網と眼力を持っていたのが宗箇だったとの説がある。

鉄穴流しと干拓事業

　中国山地では古くから砂鉄を純度の高い鉄材にするため、鉄穴流しが行われてきた。鉄穴流しとは、中国山地に広く分布している風化した花崗岩が鉄分を多く含んでいため、岩石や土に混ざった砂鉄を川や水路の流れを利用して土砂と分離させ、砂鉄のみを取り出す方法だが、できた砂鉄を鑪製鉄で純度の高い鉄材にし、それを鉄製品に加工することが各地で行われた。

　元々太田川の河口だった広島は、鉄穴流しによる土砂の量が拡大して埋め立てによる街造りが可能になったとされているが、その後も川底への土砂の堆積が続いていた。

　1620年に大雨のため広島城下で洪水が発生し広島城も櫓石垣や城

廻り塀・堤に被害が発生した。この原因が太田川への土砂の堆積だったため、1628年に広島藩は広島城の堀が埋まるとの理由で太田川筋での鉄穴流しを禁止した。

　一方で、浅野長晟は福島正則の干拓事業を引き継ぎ、幕府も普請奉行や役人を現地に送り込んで藩営事業として行われた。

新しい産業

　広島城下では福島家臣が住んでいた武家屋敷は引っ越して来た浅野家臣に代わったが、商家の大部分は従来からの商家が継続した。

　ただ浅野長晟は広島にやって来る際、和歌山から刀工や細工師など多くの職人を連れてきた。銅蟲細工の祖とされる佐々木清氏もやって来た職人の1人である。銅蟲というのは厚さ1mm程度の銅板を金鎚を使って表面を多様な風合いに仕上げた器で、模造品が出回るほど全国に名が知られた。また後に塩田を広めた多山家、牡丹づくりの牡丹屋などの名が残っており、広島の牡蠣養殖は、長晟が和歌山から広島に移った際に和歌の浦の紀州産かきを移植したのがはじまりと考えられている。

　また酒造については江戸時代以前から行われていたが、世の中が安定してくると西国街道の宿場に沿って酒蔵が設けられた。福島正則が関与した三原の他に、賀茂郡西条四日市、安南郡海田、御調郡尾道、佐西郡草津などが知られている。

街道整備

　1632年に熊本藩主の加藤忠広が改易された際、城引き渡しの確認のため幕府は陸奥磐城平藩主の内藤政長を使者として派遣した。一行の往路は海路だったが帰路は陸路で広島まで来ることになり、広島藩としても急遽西国街道の整備をすすめた。まずは藩の西の境の小瀬川から城下の元安橋までの街道沿いに一里塚を立て、約3間（5m強）

毎に街道松を植え、休息の場も作った。また藩内西国街道の中央部に当たる宿場の賀茂郡西条四日市に、藩は御茶屋と呼ばれる本陣を置いた。また家老の上田宗箇は佐西郡玖波村の庄屋の居宅に一軒増築して出迎えたとされる。こうして幕府に大いに気を使って対応したことで、街道整備が急速に進んだ。

　浅野長晟が広島藩主になった際に福山藩が分割されて、西国街道東側に新たな藩境ができた。そこで直ちに境にある防地峠（ボウジ）の東西にそれぞれ番所が設けられた。また西国街道の佐西郡の廿日市と井口間を海岸沿いに移した。
　1619年に石見国の一部に5万4千石の小藩、浜田藩ができた。このため浜田から三坂峠を越えて広島に入る浜田広島街道が生まれた。

水上交通の整備

　広島城下を流れる太田川水系は福島時代から物資輸送に整備され活用されていた。浅野長晟もこれを引き継ぎ、瀬戸内海の海運の発達もあって規模も拡大し、河口に番所を設けて荷役の管理を行った。しかし舟による運送が太田川本流の山県郡や支流の三篠川で高田郡など上流に伸びてゆくと、下流の舟の所有者が既得権を主張するようになり争いが起こった。そこで藩としては、上流と下流の権益者をつなぐ舟株制度をつくり定着させた。それは出雲街道と石見街道が交わる安北郡の可部（カベ）とその上流の河戸に舟継ぎの場所として藩の米倉を置いて、奥地から荷を積んで下ってきた舟はここで別の舟に積み替えて広島に向かわせるという方法だった。そのため河岸には舟入堀とよばれる櫛状の船を横づけできる施設ができ、豪商が軒を連ねた。
　なお、太田川を往来した荷舟はオオブネと呼ばれる船底が平らな帆付きの舟だったが、操船は広島から可部の間は帆走し、可部より上流は下りは櫂（カイ）や櫓（ロ）を使い上りは人力による曳き舟によった。また上流に

豊富な材木は筏によって運ばれた。

　海運についても、福島正則によって整備された蒲刈島の三之瀬は、幕命により新たに本陣や接待所が整備され船頭や水主が常駐する港になり、1624年には三代将軍家光の就任を祝う第3回の朝鮮通信使が寄港している。尾道も停泊しやすい地形から瀬戸内海最大級の港として続いていた。

　また長晟は着任早々、藩として紀州の商人だった植木小右衛門に大坂との早船飛脚の制を申し付け、1629年には水軍と海運を整備するお触れを出している。

　津和野藩は瀬戸内海を使って大坂などに行ける経路を確保するため、1620年に広島藩から佐西郡廿日市の桜尾城西側に土地を借りて御船屋敷を建てている。

能楽と幕府対応

　浅野長晟は福島正則のこともあって、将軍の徳川秀忠に対しては非常に気を遣っていた。それを示しているのが能楽に対する対応である。

　秀忠は徳川家康が能の支援者であったことからも、自ら江戸城本丸表大広間の前に能舞台を建設し、ことあるたびに能を演じさせた。能は単なる芸能ではなく、将軍家や他の大名家との付き合いの上でも重要なものだった。

　能楽は現在5流派あるが、特に喜多流は金剛流の流れをくむ新興の流派で、長晟が広島に移封された頃、喜多七太夫が将軍秀忠の庇護を得て喜多流の創設を認められた。そのため長晟は能楽の中でも特に喜多流を藩内での振興を図った。喜多流は武士気質の素朴で豪放な芸風で、広島藩主は代々喜多流で城下に能役者の住居が建てられた。

　当時の広島城下や近在の町村の富裕な商家や庄屋の中には、上方の

町役者を師匠として謡などを稽古する者がいた。その多くは観世流だったが、広島藩主が代々喜多流だったことから、次第に藩内で喜多流が広まっていった。

　なお文教面では、長晟は儒学者の堀杏庵を重用し、漢詩で名高い石川丈山を紀州から広島に連れてきている。

寺院対応

　浅野長晟は広島藩に入国してすぐに、寺院の整備を行った。まず浅野家の菩提寺には福島正則が建てた国泰寺を当て、紀州から僧侶を招いて住職とした。曹洞宗の国泰寺は5000坪の境内と400石を得て藩内140寺の中心となった。

　長晟はまた、上級藩士の菩提寺として和歌山城下にあった長覚寺の僧侶慶清を呼び寄せ、広島城京口御門の近くに600坪の土地を与え超覚寺を建てさせた。超覚寺の宗派だが、和歌山にあった長覚寺は安芸門徒と同じ浄土真宗本願寺派だったが、広島の超覚寺は浄土真宗大谷派だった。この理由は豊臣家が大谷派に対抗する西本願寺派だったことによる長晟の幕府に対する配慮とされているが、元禄の頃火事で全焼し資料がすべて灰になっていて不明である。また福島時代に寺領を没収された曹洞宗の洞雲寺は、由緒ある寺院として寺領を与え、堂宇の再建を行っている。

　長晟は信者の多い浄土真宗も重要視し、福島正則が造った寺町の浄土真宗寺院は継続された。『芸藩通史』によると、城下から寺町に直接行く橋がなかったので1623年に現在の空鞘橋のところに渡し舟を始めるという便宜が図られている。

　もう一つ商売の発展を願って建てられたのが法華経の圓隆寺で、城下海側の新開地竹屋村に城の防御を兼ねて約1600坪の寺領が与えられた。寺院だが神仏習合思想で稲荷大明神を祭神とし、稲荷をトウカと音読みして「とうかさん」になり現在に至っている。初代住職は日

音で祈祷の名師だったとされる。

厳島神社と遊郭

　浅野長晟は、広島入城後すぐに厳島神社に対し祭料・扶持米などとして1090石の支給を決めて参詣した。

　一方で1625年になって、広島城下の中島材木町、現在の平和公園で栄えていた遊郭・芝居小屋・見世物小屋などの風俗営業を禁じ、遊郭を全面的に宮島に移転させた。この理由には諸説あるが、幕府が樹立後の不安定な情勢を背景に厳しい風俗取り締まりと治安政策の一環として1618年に江戸の郊外の吉原に公許遊廓を開業したが、広島藩が福島正則の轍を踏まないよう気を使ってこれに対応して行ったとされる。また、かぶき者とよばれる無頼集団を城下から追い出すためともいわれる。これに対する城下の人々の反発はあったが、遊郭を宮島に封じ込めることで客を呼び込む一種の観光政策にもなった。

　宮島では古くから神社関係者の住む西町に対して、中世に商家を中心にした東町ができて拡大していた。江戸時代になって東町の有の浦側の海岸を埋め立てて表参道ができ、それまでの参詣道路が裏通りになった。藩の指令でこの町家通りに新しく遊郭が並び、東町を中心にして春市・夏市・秋市と年に三度の定期市が開かれ、厳島神社を中心に多くの人が集まる観光地へと変貌していった。「宮島に女性連れで行くと女神の嫉妬で別れることになる」とのうわさが広まったのはこの頃からである。

　宮島への来島者の中に良恕親王がいた。親王は後陽成天皇の弟で書画・和歌・連歌を能くしたとされ、1623年に来て『厳島参詣記』を残している。また1632年に浅野家が宮島春市にやってきて黒羅紗・虎皮・白砂糖など外国貿易品を購入したとの記録が残っている。

キリスト教対応

　浅野長晟が紀州から連れてきた家臣の中にキリスト教信者がいて、幕府の禁教令に沿った取り締まりにも屈せず信仰を続け、長晟もある程度穏便に対処していた。ところが将軍が徳川家光に代わって徹底的なキリスト教の迫害が始まると、長晟もキリシタン改めの命令を発し1624年に4名の日本人信者を処刑した。処刑場所は現在の太田川放水路の近くにあった山手川河畔で、キリシタン殉教之碑が残っている。

3.　徳川家光の政治

　1632年に父徳川秀忠がなくなり、28歳になっていた徳川家光は二元政治から解放され親政を開始し、それまで祖父と父親が築いてきた幕藩体制を三代目としてさらに強固なものとして行った。

　家光は父の代からの重臣である土井利勝・酒井忠世に加え、新たに側近にした六人衆と呼ばれる切れ者など優れた家臣がいた。これにより老中・若年寄・奉行・大目付といった幕府の役職の権限を明確にし、裁判の権限を持つ評定所の機構を整備するなど、現職将軍を最高権力者とする幕府体制の強化が進められた。家光の神経質な性格による家臣の恐怖心がこの体制を支えたとも言われるが、このような武力を背景にした家康・秀忠・家光の三代の政治は武断政治と呼ばれる。

　家光は伊達政宗・藤堂高虎・毛利秀元・立花宗茂といった戦国武将たちを招いて合戦の話を聞くのが好きで、特に伊達政宗はお気に入りだった。この政宗は広島浅野藩の始祖である浅野長政と豊臣秀吉の家臣として懇意だったが、気に障ることが重なり1596年長政に絶縁を言い渡し、二人の死後も伊達家と浅野家の絶縁状態が続いた。

　また家光は祖父の徳川家康を尊崇して年期法要を欠かさず、1634年に天台宗の僧の天海に命じて2年間かけて日光の社殿を豪勢に改築

させた。工事は全国から集められた宮大工や多くの職人によって進められたが、それは家光自身の権力を誇示するためでもあった。1645年には朝廷から東照宮という名前が与えられ日光は徳川家の聖地になった。

　こうして徳川家光は、260年続いた江戸幕府の骨格を固めたのである。

大名支配の強化と参勤交代

　徳川家光は大名の支配強化も進めた。江戸城に外様大名を集めて将軍としての権威を示して以降、1633年に諸国巡見使を派遣し、翌年に領地の確認文書を発行して上下関係を再確認し、1635年には『武家諸法度』を改定するなど、次々と諸大名の規制を強化した。

　それまでも大名はほぼ隔年で江戸に参勤することが自発的に続けられていたが、次第に定例化していた。それが『武家諸法度』により参勤交代として義務付けられ、諸大名は一年ごと毎年初夏（旧暦四月中）に国元と江戸を往復することになった。

　一行は大名行列と呼ばれるが、予め幕府に提出した期日までに江戸に到着することが必要で、大名にとっては気を遣う旅だった。さらに大藩の場合は数千人規模の行列になり、その上、家格や石高に応じた体裁をとる必要があった。また途中の宿場の費用だけでなく通過する藩への挨拶もいるし、大井川など橋のかかっていない川を渡る輦台などの費用も高額だった。

　幕府は諸大名の水軍力を削減するため、1609年に500石積以上の安宅船など西国大名の所有する大型軍船をすべて没収していた。参勤交代に当たり西国大名は残った中型軍船で江戸に向かうことを考えたが、幕府としては船で紀伊半島を超えて江戸に近づくことを禁じると共に、改めて500石積以上の大型船の建造と使用を禁止した。そのた

め多くの西国大名は軍用で手持ちの関船を豪華な御座船に仕立てて瀬戸内海を大坂まで行き、そこから東海道を陸路江戸に向かった。御座船は櫓の数が70艇ほどで、大名の乗る上段の間には城のような格天井や襖絵で装飾されていた。

　江戸における大名の義務は、年始や五節句など江戸城で行われる儀式への参列と、月3回の定例日に将軍拝謁のために登城することだった。そのため、登城日には江戸滞在中の約200の大名が行列を組んで江戸城大手門に向かったため周辺は大混雑したが、格式により優先順が決められていた。また将軍拝謁など儀式の行われる部屋や控間においても大名の格付けにより厳しい差別が定められていた。浅野家は外様とはいえ大広間詰という高い格式で、大広間に次いで格の高い白書院に於いて単独で謁見となった。

　さらに大名の正室と世継ぎは江戸に常住するとされたため、実質上妻子が人質となるわけで「入り鉄砲に出女」といわれるように、幕府は江戸から出る街道の関所で諸大名の妻が逃げ帰ることを厳しく取り締まった。多くの藩主は子供時代の大部分を江戸藩邸で過すことになり、幕府による教化や人物評価に使われた。さらに地元で下克上の懸念があるとして、家老など重臣の身内を交代で江戸に置くことが当初命じられたが、これは1665年に廃止された。

　こうして参勤交代は諸大名を江戸と在国との二重生活による経済的な困窮をもたらしたが、幕府にとっては中央集権的支配の確立に絶大な効果があった。

　家光はまた、1644年に全国の大名に城郭を中心にした軍事施設を描いた城絵図の提出を命じた。『正保城絵図』と呼ばれ4〜5年後に提出されたが、幕府書物奉行の記録には157点があったことが記されており、広島城の絵図も現存している。これは幕府が各藩の城の状況を

把握することで、絶対的な権威を諸大名に認識させる意味を持っていた。ただ明治維新で江戸開城の際、その多くが行方不明になったとされている。

江戸城下の整備

当時の江戸は大規模な埋立てが終わり、江戸城もほぼ完成して1636年には赤坂・四谷・市谷・牛込の外堀が完成して城下の町割りも進められていた。各藩は上屋敷・中屋敷・下屋敷・蔵屋敷と離れた場所に江戸屋敷を設け、藩主と共に多くの家臣が分散して滞在した。幕府が離れた場所を指定したのは藩による反乱などの防止策だった。

また300近くあった藩は藩主の考え方や地域特性により多様性を持っていたが、参勤交代により各藩の大名以下多くの家臣などが江戸に長期間駐在したため、礼儀作法、衣服や結髪などの慣例、文章表現などには均一性が生まれた。

当時日本の人口は約3000万人で、そのうち武士は約7％の約200万人とされるが、江戸の人口の約半数は武士だった。このように他国から沢山の武士が集まった江戸では、『大名武鑑』という武家に関する実用書が取引のある町人の間で広まった。これは武家当主の氏名・官位・家紋・石高・役職・内室・城地・格式・幕府への献上品・行列の指物・用人などに関する情報が記されていた。

通貨制度の変更

当時の通貨は安土桃山時代から続く金貨・銀貨・銅銭貨による三貨制度だったが、幕府は金座と銀座を設置して金貨と銀貨を発行して統一を進めた。

金貨と銀貨は高額の取引に用いられたが流通には地域差があり、江戸を中心にした東国では金の小判などが定位貨幣として上級武士を中

心に使用され、大坂を中心にした西国では商人が丁銀や豆板銀と呼ばれる秤量貨幣をその都度秤にかけて取引決済していた。これは佐渡の金山と石見の銀山の位置に起因するとされているが、このような異なる商習慣があると双方からの換金を行うための両替が必要になり、手数料や変動相場により巨利を得た両替商が出現した。鴻池・三井・住友などが名を上げたのもこの頃である。

　一方で銅銭については、中世から用いられていた宋銭や各地の私鋳銭など悪品質のものが強い規制もなく流通していた。そこで幕府は銅の輸出制限などで銅の量を確保したうえで、1636年に寛永通宝とよばれる銅銭の生産を開始した。発行当初は混乱があったものの広く庶民の間でも用いられ、農村での使用も拡大していった。こうして通貨制度が安定して行き、寛永通宝は江戸時代を通して発行された。

朝廷との関係

　徳川秀忠は紫衣事件などで後水尾天皇に非常に厳しく対応し、朝廷の行動はすべて京都所司代の管理下に置かれた。そのため天皇は1629年に女性天皇である明正天皇に皇位を譲って院政による勢力回復をめざしたが、それも許されなかった。

　徳川家光は1634年に上洛した際、一転して後水尾法皇の院政を認めることにした。この背景は、法皇の妃である東福門院が家光の妹、明正天皇は従妹に当たることもあり、家光としては朝廷と協調姿勢をとったとされる。こうして後水尾法皇は明正天皇から霊元天皇まで4代の天皇のあいだ院政を続け、この時建てられたのが比叡山山麓に広大な庭園をもつ修学院離宮である。また家光は、現在見ることのできる姿に清水寺を再建した。

島原の乱

　徳川家光はキリスト教に対する弾圧をさらに強化するため1635年

に諸大名に対しキリシタン宗門改めを命令したが、そのような時に起こったのが島原の乱である。

　これまで島原の乱はキリスト教徒の反乱と考えられていたが、近年になって宗教迫害に対する反乱というより肥前島原半島の島原藩と肥後天草諸島の唐津藩飛び地の領民に対する過重な年貢取り立てや百姓の酷使、さらに飢饉の被害が重なり起こった反乱で、それにキリシタン迫害に対する反乱が加わったとされるようになった。

　キリシタン大名だった小西行長の遺臣など首謀者たちはキリシタンの間でカリスマ的な人気だった天草四郎を担ぎ出して総大将とし、当時改易で大量に発生していた浪人も加わって1637年に乱が勃発した。乱の発生を知った幕府は九州に向けて藩主への使者である上使を送り、九州諸藩の加勢を受けた討伐軍は反乱軍の篭る原城を攻めた。しかし幕府の上使が九州諸藩の大名より格下だったため統率がとれず、落城させるのに手間取ると共に死ぬことを厭わないキリシタンの恐ろしさを知ることになった。事態を重く見た幕府は上使を老中の松平信綱に交代させ派遣した。信綱は九州諸藩をまとめ、同時に西国の親藩である福山藩の水野勝成にも出陣を命じ、幕府軍として計12万の兵を集め、更にオランダ商館に砲撃の支援を求めた。こうして3か月以上かけ1万2千人の犠牲を出してようやく反乱軍を制圧した。

　島原の乱は家光に更なるキリスト教徒の弾圧を決断させ、布教を完全に禁止すると共に1640年に宗門 改 役という部門を設けた。

寛永の大飢饉

　1630年代から40年代にかけて東アジアで異常気象が発生した。日本でも島原の乱が収束してしばらくたった1641年初夏、西日本で日照りによる旱魃、秋には大雨による洪水が発生して寛永の大飢饉と呼ばれる危機的状況になった。そこで徳川家光は諸大名に対し領地での飢饉対策として倹約を徹底するため、酒造統制や雑穀産物の製造販売

禁止など具体策を直接命じた。

　1643年になっても米不足による米価高騰が続き、幕府は大名に対し江戸屋敷では自国の米を使用するよう命じる程だった。さらにこの年、幕府は豪農による貧農からの土地買占めを防ぐために直轄地に対し『田畑永代売買禁止令』を発したが、諸藩もこれに倣った。これは飢饉による農村の社会制度崩壊を防ぐ目的で作られたとされるが、それまで以上に農民から移動の自由を奪うことになり、農村では逃散や身売りなどが頻発し、豪農と貧農の格差が拡大していった。

　幕府の武断政治による各藩の資金不足や年貢米を換金する市場の不備なども重なって、これ以降も毎年のように旱魃・大雨・洪水・冷害・霜・虫害が各地で発生した。

対外政策と鎖国

　徳川家光は徳川秀忠のキリスト教を厳しく取り締まる政策を引き継ぎ、海外との交易を絞っていった。

　幕府はそれまでもカソリック国のスペインとポルトガルに対して布教を禁止していたが、宣教師は布教を諦めず、アユタヤなど日本人町で日本人を改宗させて日本に送り込むことまで行っていた。1620年に商人と偽ってスペイン人宣教師が朱印船に乗り込んでいたことが発覚し、幕府はスペインに対する疑惑を強めた。

　オランダはアジア地域で香辛料貿易を独占するため、1623年にモルッカ諸島のアンナポイナ島にあるイギリス商館を襲撃し商館員全員を殺害した。そのためイギリスは日本など東南アジアから撤退しインドに絞ることになった。

　1624年幕府はついにスペインとの断交を決断した。ここでポルトガルとの交易を続けたのは、ポルトガル船が中国の拠点であるマカオから持ち込む生糸が必要不可欠だったためとされ、当時の日本人が絹

製品に対し特別な思いを持っていたことがわかる。しかしそれでもポルトガル人宣教師は変装して日本に入り込むなどしたため、1633 年に幕府は長崎奉行を通じて禁教を徹底した。さらに 1635 年には日本人の海外渡航と入国を禁じ、これ以降アユタヤなどの日本人町の衰退が始まった。翌 1636 年にはポルトガル人を新たに長崎に造った人工島の出島に閉じ込めるとの強化策を執ることで交易を続け、中国船の窓口も長崎の 1 港に絞った。この決断の背景には、幕府が九州の外様大名が交易により勢力拡大する懸念を持ち、これを阻止する必要があったとされる。

　このような時に起こったのが島原の乱だが、幕府としてはこの乱がキリシタンによって引き起こされたと判断し、キリスト教布教を完全に断ち切るため 1639 年にポルトガルと断交し交易をオランダに絞った。この決断はオランダの植民地の台湾を経由して、中国産の生糸や絹織物を輸入できるとの確認に基づくものだった。

　1640 年にポルトガルは日本へ貿易再開を嘆願する使節を派遣したが、長崎奉行は全員捕えて処刑した。さらにポルトガルは 1647 年に船 2 隻で長崎港にやって来たが、幕府はこれを撃退するため西国各藩に動員を命じ、これ以降は長崎奉行の元で各藩が蔵屋敷を設置するという防衛策がとられた。

　1641 年に幕府は 33 年間続いた平戸のオランダ商館を長崎の出島に移転させた。こうして布教の目的を持たないプロテスタント国のオランダは日本に対するヨーロッパ唯一の貿易国として深く関与して行くことになり、幕末までこの状態が継続されるのである。

　一般にポルトガルと断交した 1639 年をもって鎖国とされている。ただ本来鎖国というのは外国との交流を止めて国際的に孤立した状態をいうが、当時幕府は日本人の出入国は禁じていたが、対外貿易は長

崎を窓口にオランダと中国・朝鮮とに限って行われ、完全に国際的に孤立した状態ではなかった。鎖国という言葉が使われているのは、幕末に開国という言葉に対して使われたためとされている。

　明王朝の滅亡直前だった中国では、1616年に中国東北部にできた後金が1644年に明を滅ぼし満州族の清王朝が成立したが、民間との交易は続けられ幕府も規制はしていない。
　朝鮮では李氏朝鮮が継続しており、対馬藩を通して交易がおこなわれ、家光の時代、1624年・36年・43年と三度の朝鮮通信使を派遣している。広島藩の蒲刈のような使節団の宿舎は当時長崎以外の数少ない国際交流の場だった。

思想政策

　徳川幕府は中世から多くの宗派に分裂していた仏教はそのまま認める一方で、普遍的な思想として上下関係を重視する儒教の中で、主君に絶対服従で礼を尽くすべきとする朱子学を導入した。朱子学は後醍醐天皇や楠木正成が信奉者だったとされるが、徳川家康の時から4代にわたり将軍に仕えた林羅山が朱子学を武家政治の基礎理念とする体系を打ち立てた。羅山は様々な制度や礼儀を定め、学問としては儒教と神道以外を排して朱子学を官学化して諸藩に徹底させようとした。

大奥の始まり

　徳川家光は男色好みで正室とは不仲で女性にも興味がなく、30歳を過ぎても子供がなかった。これに危機感を抱いた乳母の春日局は好みに合いそうな美女を連れてきて、一説には男装させて家光に近づけたとされる。これが大奥の始まりとされ、その結果、1641年に後の四代将軍家綱、1644年に後の甲斐甲府藩主の綱重、1645年に後の五代将軍綱吉など夭折を含めて男児5人と娘1人が次々に生まれた。

4.　二代目浅野光晟の前半

　徳川秀忠が1632年に亡くなった直後、初代藩主の浅野長晟が43歳の若さで急死した。跡を継いだのは次男で15歳の浅野光晟<ruby>光晟<rt>ミツアキラ</rt></ruby>だった。長男の浅野長治を差し置いて藩主になったのは、光晟の母が徳川家康の娘の振姫だったことによる。すなわち光晟は将軍家光と従兄弟の関係で、徳川氏の本姓である松平を名乗ることを許され公的に使用した。

　光晟は先代が固めた藩政を基盤として、これまで以上に徳川幕府に対し忠誠を表明し、藩内における幕藩体制を強化しより確実で安定したものにと心を砕いた。1634年に儒学者の堀立庵を禄100石で登用するなど文政の面にも目を向け、1648年には厳島神社の平家納経外箱を補修している。一方で武断政治の中、光晟は家臣の勝田五左衛門を加賀藩の吉田流の弓術修業に派遣し、1652年に広島城内に京都の三十三間堂に擬した射場を新築している。

　徳川家との関係は1635年には徳川家光の養女16歳の満姫<ruby>満姫<rt>マンヒメ</rt></ruby>を正室としたことで更に深まった。これは満姫が加賀藩主前田利常の娘で母親が父秀忠の次女であることから、家光が自分の養女にしたうえで浅野家に嫁がせるよう命じたものである。満姫は広島城下で洪水が発生した際、復興費用を加賀藩から引き出すなど、浅野家と前田家の間を取り持つなど、その後の両藩の関係を形づくる基礎固めをした。

参勤交代への対応

　1635年に制定された参勤交代だが、藩主の正室と世継ぎは江戸の藩邸に常駐することが定められため、これ以降の藩主は若い時を江戸で過すことになり、地元の藩内での人間関係は希薄になり、特に領民

との接触はほとんどなかった。

浅野光晟も江戸に１年毎に滞在し、不在の間は江戸留守居が幕府との対応を行った。正室の自昌院は江戸に常駐することになり長子は２年後の1637年に生まれた。

大名行列が広島城を出発する際は、外堀の一丁目御門を出て白神筋を南下して干拓地南端の船着き場に向かった。ここは、元安川の向かい側に水軍の基地だった水主町や船の作業場のある舟入がある場所である。水主というのは古くから船員の総称として用いられた言葉である。ここから鷹野橋沖に着けた御座船に乗って瀬戸内海を大坂まで行き、大坂から東海道を通って江戸に達した。

なお、日本海側の大名も海路を利用したため、浜田藩は草津、津和野藩は廿日市に広島藩から借用した屋敷を持ち、そこから出港した。

藩主が将軍に拝謁する際、そのたびごとに献上品を持ってゆくことが決められていた。藩内の特産品が主で、広島藩の場合、正月の干鯛に始まり、西条枝柿・三原酒・茶・塩鮎・干し海鼠・鱶鰭などがあった。また、1690年に銅虫水盤を献上している。

江戸での生活のため、広島藩も幕府により決められた土地に複数の江戸屋敷を建設した。藩主や妻子が住まう上屋敷は江戸城外桜田門南の霞が関で、将軍の娘を正室にしたとき許されたといわれる朱塗りの門、赤門があった。また中屋敷は赤坂、下屋敷は青山、蔵屋敷は西本願寺に近い築地に設けられ、42万石の大名にふさわしい立派なものだった。

将軍に拝謁するために江戸城に登城する場合、広島藩では80人ほどの行列になるが、遅れての参上はこれ以上ない恥辱とされたため、江戸城から近い広島藩の上屋敷からでも2時間前に屋敷を出ていたとされている。

なお広島藩は江戸屋敷だけでなく、1629年に藩邸として京都の五

条松原通りに京屋敷を買い上げて、幕府だけでなく朝廷に対する配慮を示している。その後京屋敷の場所は変わったが幕末まで継続されている。

　藩内の倉橋島には古くから遣唐使船や豊臣秀吉依頼の軍船を建造した匠がいたとされ、藩は倉橋島才ノ木にある田中屋と怒和屋を使って参勤交代に用いる船を建造した。1781年の文書によると，棟梁36人・大工287人・木挽49人・大鋸14人・鍛冶35人がいたといい、ここには他藩からも造船の依頼があった。

　船について幕府は、1635年に500石以上の舟の建造と所持を禁じ没収したが、混乱があり3年後に規制対象は安宅船などの軍船とし、諸藩の運用船を含む商船については例外として許容された。これが後の千石船に繋がってゆく。

幕府対応

　1637年に起こった島原の乱では、広島藩が軍を派遣したとする記録はないが、豊後国の府内（現在の大分市）と江戸を結ぶ船舶の担当を命じられている。これに関連して厳島九右衛門が軍兵用の八端帆廻船を徴用されたという話が残っている。八端帆というのは帆布の使用枚数に基づく船の大きさを表している。さらに翌年には広島藩の砲術家が砲兵を率いて島原に従軍している。

　幕府は1644年に諸藩に城下町の地図の作成を命じた。広島藩も『安芸国広島城所絵図』を提出したが、藩の統制のため、城郭内の建造物だけでなく石垣や堀などの軍事情報、また城下の町割りや川や山も詳細に記載されている。各藩が提出した絵図は江戸城内の紅葉山文庫に保管され、現存している。

　また光晟は幕府から江戸城二の丸の普請に用いる石材1000個の割り当てをうけ、半年後には納め終えている。

徳川家光は家康を祀る日光東照宮を建立したが、各大名に対し藩内にも東照宮を造営することを勧めた。浅野光晟としても幕府へ忠誠を示すために広島城の鬼門（北東）に当たる尾長山に早速建設を始めて1648年に完成させた。広島藩は東照宮に300石を与え、家康の五十回忌の1666年以降は50年ごとに盛大な祭典を催した。

また1643年に日光東照宮の落成祝いとして朝鮮通信使がやって来たが、広島藩としても蒲刈での接待を往復共に行っている。

光晟は絵画についても幕府への配慮を示している。藩の御用絵師は三谷等哲に繋がる雲谷派であったが、光晟は幕府との関係の深い狩野派へ傾倒して行き、狩野宗家の狩野安信を御用絵師とした。こうして1640年に藩内の寺社が保有する名品を模写させたり、1648年に広島東照宮が完成した際には扁額を画かせ奉納している。また厳島神社に奉納した絵馬の多くは狩野派を用いている。

三次支藩の創立

浅野長晟は徳川家との関係から次男を跡継ぎにしたため、長男である浅野長治の扱いに気を配っていた。そのため藩創立時に家老だった浅野知近に与えようとして実現しなかった三次を支藩として長治に与えることを遺言に残した。幕府もこれを認め本家とは別に領地朱印状を与えて支藩としての独立を認めた。支藩というのは藩主の一族が庶子など相続権のない者に分与した藩である。当初家臣団は54人だったが、その後大幅に増加した。

三次支藩は藩庁として三次町に陣屋が置かれ、所領は三次町のある三次郡と東隣の恵蘇郡が中心で、高田郡・御調郡・世羅郡の一部の村、さらに海岸沿いで港湾のある佐西郡草津村、豊田郡忠海村、御調郡吉和村から成っており、33村で合わせて5万石だった。

三次支藩の産業としては中国山地が牛馬の飼育が盛んだったことか

ら、藩の始まりと同時に三次郡十日市で牛馬市が開かれ、春秋２回の市は大いに賑わった。なお広島藩内で牛馬市が開催されていたのは、平安時代に始まったとされる御調郡久井と三次と同じころ始まった賀茂郡白市の３か所だった。

　藩主の長治は三次町の地理的な不便を補うため、忠海に船奉行を居住させ年貢米や鉄・紙などの特産物の海上輸送に当たらせ、広島城下に蔵屋敷を借り草津港と共に他藩との商売を進めるなど行政手腕を発揮した。なお、草津村では港が三次支藩に割譲されたため広島藩からの干渉が少なくなり、村民は自由な雰囲気を享受できたといわれる。

　また現在でも三次で行われている鵜飼いは、長治が参勤交代の途中で岐阜長良川の鵜飼いを見て始めたとされ、鮎を養殖して放流したり鵜を北海道から取り寄せるなど手厚い保護を行った。

地詰の実施

　広島藩として三次支藩の成立は吉報だったが、浅野光晟だけでなく家臣にとって５万石の減石による藩の格付け低下は許容できない事だった。そこで石数を確保して格落ちさせないために地詰（ジズメ）が実施された。地詰とは検地と内容は同じだが、幕府の指示で行うのが検地で藩が独自に行う場合は地詰と呼ばれた。広島藩は慶長検地の際の石高をそのまま用いていたため、藩内での新田開発や農耕技術の進歩により領高を再確認すれば減少分を補填できる可能性が高かったのである。

　こうして1638年から藩直轄の蔵入地に対して寛永地詰が、さらに1646年から家臣の給地や町域に対する正保地詰が実施された。この地詰では生産力が拡大していると予測される場所と、慶長検地の際に毛利遺臣を郷士として優遇した地域に対しては検地奉行を派遣し特に徹底して行われた。『地詰帖』という地詰結果が残っており、田畑屋敷毎に所有主・面積・石高が記載されている。地詰の結果、慶長検地からの修正分３万４千石と新田分の１万７千石を合わせて三次支藩分

5万石の減少分を補塡できる石高を確保し、幕府からも従来の石高42万6千石の継続が認められ、従来の格式を確保することに成功した。

　地詰の結果、大きな石数が確認された村は分割して管理しやすいようにした。これは「村切り」と呼ばれ、当時の村数は大幅に増えて835の多さだったとされる。

　この地詰に関連して、浅野光晟は福島正則が採用していた検見法に代えて、土免法（ツチメンホウ）の採用という税制改正を進め1651年に全面的に採用した。土免法は定免法の変形で、耕作地の土壌の質や過去数年間の実績などを総合的に勘案して等級をつけ、田植え前の春先にその年の年貢率を決めるもので、広島藩・土佐藩などごく限られた藩で用いられた。「つちめん」と読むことについては、1620年に書かれた長晟の書状に書かれていることによるとされる。土免法は藩にとって安定した貢租額が得られ百姓の生産意欲も刺激するという名目で、極端な凶作の年は、村からの申請で税率の変更が可能だったとされる。

家臣の処遇変更

　浅野光晟は堅実な藩運営を進めるため、家老については3万石の御調郡三原の浅野忠長と、1万7千石に加増した佐西郡小方の上田宗箇は引き続き用い、奴可郡東城には浅野高勝の息子の浅野高英に1万石を与えた。こうして三原浅野家、上田家、東城浅野家の三家を世襲家老家として安定化を図り、これは明治維新まで継承された。

　三人の家老に対する知行地は、三次支藩を設立するに当たって東城浅野家の知行地のあった恵蘇郡を加えたために、一部見直しが行われた。三原浅野家には恵蘇郡の代わりに奴可郡と豊田郡の一部が与えられ、上田家には奴可郡など備後4郡の一部と本拠のある佐西郡内の領地に宮内・吉和を組み入れると共に安芸国4郡の一部を加えることで加増した。また東城浅野家には安芸3郡の一部を与え補った。

　家老に対する処遇については、他藩の多くが藩主の権力拡大のため名目上は知行制ながら実質は俸禄制に移行してゆく中で、広島藩では地方知行制が続けられた。ただ藩が家老に知行をすべて任せたのではなく、一つの郡の中に藩の蔵入地と家老の領地を並立させることで、藩の郡奉行が知行地に対しても管理下に置いた。

　一般の家臣に対しては、俸禄制が継続され藩庫に収納された蔵米が家臣団の禄高に応じて支給された。こうして家臣と農民との関係が深まることはなかった。

　また光晟は1642年に勘定奉行を設置して地区内の司法と行政を一本化し、地方の支配に関しては老中をトップに勘定奉行・郡代・代官という系列を明確化した。

領民の統制

　浅野光晟は藩内領民の統制強化を進めるため、1633年には藩内でそれぞれ城下には『広島町法度』、郡内に対して『郡中法度』、漁業者や船舶関係者に『浦法度』を出した。こうして下層民を自立させたり郷士制を廃止するなど兵農分離を推進した。また1634年に厳島神社を手はじめに領内を巡視しており、1640年には家中に対して倹約令を出し、2年後には領内にも倹約に励み耕作に精出すよう命令している。

　広島城下では、天満川と本川に挟まれた広瀬町、本川と元安川間の中島町、元安川と西堂川間の白神町、西堂川と平田屋川間の中通町、平田屋川と京橋川間の新町という5つの町組を組織して統制を強めた。また町奉行はこれまで広島城下と三原城下の2か所に置かれていたが、遊郭を移して人口の増えた宮島にも1635年に置かれた。

　また市場などの機能を持った在町と呼ばれる地域を選んで、有力者を町年寄などの役人に任命し町の運営に当たらせた。これには佐西郡の小方町・廿日市町・草津町、安南郡の海田町・三之瀬町・安北郡の

可部町、高田郡の吉田町、賀茂郡の四日市町・白市町・三津町・竹原下市町、豊田郡の本郷町・忠海町・御手洗町・瀬戸田町、世羅郡の甲山町、三谿郡の吉舎町・三良坂町、奴可郡の東城町・西城町、三上郡の庄原町、恵蘇郡の比和町の 22 地域だった。

　一方で光晟は 1645 年に目安箱を各郡に設置して、町人や百姓などの要望や不満を直接訴えることができるようにした。目安箱は 1721 年に徳川吉宗が設置したことで知られるが、善政ともいえるものの郡奉行らに対しての縛りでもあった。

　さらに 1649 年には「五人組制」を始めている。これは村では本百姓と呼ばれる田畑を持つ百姓、町では地主や家を持つ町人、浦方でも同様な浦人に対し、それぞれ 5 戸前後を 1 組として組頭を置く仕組みである。これにより庄屋の統率で相互扶助させると同時に連帯責任や相互監視を負わす制度で、村役人を加えた五人組帳という帳簿が作成された。

　この制度は年貢の確保、争議の解決、法令の伝達などにも役立つため江戸時代を通じて行われ、日本人が他人を意識して恥をかかないよう心掛けるという「恥の文化」の起因になったとされ、第二次世界大戦下の隣組に繋がってゆく。

　こうして藩主光晟は幕府に従って確固たる広島藩の封建体制を造り上げたのである。

物流政策と大坂蔵屋敷

　藩の財政は主に年貢として徴収した米により運営されるが、すべての経済活動を米で行う訳にはゆかない。そこで米を貨幣に換える必要があるが、大坂登せ米と呼ばれるように当時最も効率よく換金できるのが商人の町大坂で、当時米 1 石が約 1 両というのが相場だった。なお、1669 年に幕府が枡の統一令を出したため、浅野光晟も藩内の枡

を京枡に統一している。

　藩は大坂中之島の堂島川に面した広大な敷地に蔵屋敷を設けて商い
を活発化し、ここでは藩の特産品も扱っていた。大坂蔵屋敷では当初
は蔵役人が務めていたが、1642年に町人である天王寺屋三右衛門・
倉橋屋与一右衛門・淡路屋喜右衛門らに売買代行を行う蔵元として任
すようになった。この蔵屋敷は1995年から発掘調査が行われ、屋敷
の内側に舟入と呼ばれる船着き場があるなど当時の繁栄ぶりが判明し
た。

　1620年に年貢米の輸送負担の増大が問題化したとの記録が残って
いる。そのころ広島藩は、米を全量一旦広島城下に運んでから船で大
坂に運んでいた。これを効率化するため1649年に藩の東側にある賀
茂郡の竹原、豊田郡の三津（安芸津）と木浜（後の忠海）、御調郡の
三原と尾道という海沿いの5か所の港に米蔵を追加設置して、奉行も
置いてそれぞれ近隣から米を集め直接大坂に廻送することとした。こ
の時、蔵元のあった賀茂郡西条と道路でつながる豊田郡三津では、藩
蔵から米を払い下げができたため酒造業が起こった。

　また米を貨幣に有利に交換するには品質管理が重要で、1651年に
各郡の米の質を吟味して上中下の等級を付けている。こうして広島藩
は米相場を巧みに利用して他藩の米まで活用して巨利を得た。

街道と水運の整備

　浅野光晟が藩主に就任した翌年の1633年に、幕府巡検使の広島藩
巡視が決まった。この準備のため藩は街道と駅制の整備を進め、まず
は整備が残っていた広島城下から東側の西国街道の尾道までに一里塚
と街道松を整備し、周辺村人に手入れを命じた。さらに領内25か所
の本陣を増改築し、貴人の宿泊施設である御茶屋を3軒づつ設けた。
光晟は自ら進行状況を視察したが、これが浅野家代々の年中行事と

なった。

　また西国街道と出雲街道の交点として発展していた尾道村と尾道浦を 1638 年に尾道町に格上げした。また山陽道の佐西郡の廿日市と井口間が満潮時に通行不能になるため、1634 年に対策工事を行っている。

　水運については、太田川と可部の下流で分岐する三篠川の整備が進み、川舟が物流の主流として用いられた。広島城下に運ばれた物資は、城の西側を流れ河口の舟入堀へ続く本川と、城下町西側に隣接する元安川に設けられた雁木に舟を着岸させ荷揚げをした。干満の差が大きい瀬戸内海だが、干満にかかわらず積み下ろしができるため河岸には多くの雁木が造られ、城下の町民の水くみや洗濯場としても使われた。

製塩業

　広島藩では塩が主要産業として、瀬戸内沿岸各地に塩田が造られた。最初にできたのは賀茂郡竹原で、当初遠浅の入り江を干拓して畑にしたが塩気が強く耕作に適さず荒れ果ていたが、赤穂藩の薪商人がこれを見て塩田にすることを勧めたのがきっかけとされる。早くから製塩技術を持っていた赤穂藩の藩主が広島浅野家の分家だったことから技術者を派遣し、1649 年に入浜式塩田が造られた。これがうまく行き、10 年も経たないうちに竹原では 100 軒近くの家が塩田を始め、浜旦那と呼ばれる富豪が出現した。こうして竹原の塩は藩内はもとより全国に売り出され、北前船の着く港町としても栄えた。

　一方で、塩づくりが盛んになった地域では、釜焚き工程用の薪炭が大量に必要で、伐採により自然林が減少して土砂災害が発生するという側面があった。

　また漁法の改善もおこなわれた。1636 年に紀州の漁民が佐西郡小方浦の庄屋に依頼し、藩の許可を得て宮島沖の阿多田島の漁場で鰯網

漁をしたところ大漁で、漁民がこの紀州網を使った漁法を学び新しい
漁場が開発された。

災害対策

　広島藩は 1628 年に洪水対策として鉄穴流しを禁止したが、すぐに
効果が出るわけでなく 1631 年に新開地の堤防が決壊して広島城下に
浸水し、元安橋・猫屋橋・小屋橋・横川橋・猿猴橋・京橋と城下の主
要な橋が流失した。光晟の正室の自昌院が里である加賀藩から復興資
金を引き出したとされる程だった。藩は 1632 年に川筋の調査を行っ
て堤防の保強を命じる『堤防取締令』を出し、翌年に河川の浚渫工事
を指示し、1642 年には太田川の上流で鉄鉱石を掘ること自体を禁じ
ている。しかし当時の護岸工事や橋脚工事などは未発達なもので、さ
らに 1654 年と 1659 年にも領内各所で洪水被害が続出した。

　洪水は当然米の収穫にも影響して米不足による餓死者も出たため、
藩としても倹約に励み耕作に精を出すべきとの幕府の命令を領内に伝
えたとされる。しかし効果はなく、救済のため被災民に米や金銭を貸
与する場合もあった。

　自然災害としては洪水だけでなく、1632 年と 1638 年に旱魃が発生
し、1649 年と 1662 年には地震が発生し大きな被害が出ている。また
当時火災も頻発しており、広島城下では 1654 年に大工町から出火し
て比治山町・茅屋町に延焼し民家 300 軒余焼失、1657 年にも研屋町
から出火して革屋町・播磨屋町・平田屋町・新川場町・西魚屋町・鉄
砲屋町に延焼して、侍屋敷 25 軒・町家 233 軒・寺 3 か寺が焼失した
とされる。

　1660 年には家老の浅野高英の所領である東城町が全焼し、復旧の
ため銀 20 貫を借入したとの記録がある。現在の額で約 2500 万円程で
ある。さらに 1669 年には広島城下で大黒町から出火し大工町・比治

山町・茅野町に延焼し民家 136 軒消失、また半年後に紙屋町から出火し横町・白島・塩屋町・鳥屋町など 10 町に延焼し町家が 230 軒消失した。

　当時の消火活動は消防組織や放水装備もなく、延焼を防ぐため家屋を破壊するしかなく、大火になりやすかった。

干拓事業

　干拓事業が引き続き行われ、完成した干拓地は塩分が含まれているなどすぐに田畑としては使えないが、次第に整備されていった。1634 年には広島城下の国泰寺境内から南の海面が埋められた新開地が国泰寺村と命名され、2 年後の地詰により佐西郡に属している。

　さらに広島湾に向けた干拓地での新田開発に伴い、1638 年と 1646 年の地詰を行うことで、藩の財政基盤の拡大に貢献した。

厳島神社

　遊郭を移すことなどで宮島は多くの客が訪れるようになり更に発展した。そのような中、1634 年に浅野光晟は厳島神社参詣を手始めに藩内を巡廻したが、翌年に広島・三原に次ぐ直轄地として宮島に町奉行所を設置して取り仕切ることにした。初代宮島奉行は龍神左次右衛門という有力商家を選び、元締役（モトジメヤク）と勘定役の帳元を置いて市（イチ）や廻船業を保護することで商業を支援した。

　ただ宮島奉行の厳島神社自体への関与は弱く、厳島神社・大聖院・大願寺という 3 つの寺社によって実質的に自治される状態で、厳島神社は棚守を中心に神事、大聖院は島内の供僧の統率、大願寺は寺社の造営修理をそれぞれ担当した。

　宮島は「日本三景」の一つとして知られているが、江戸幕府に仕えた儒学者に林鵞峰が 1643 年に著した『日本国事跡考』の中に松島・

天橋立と共に安芸厳島の三か所を「奇観」と称したことに始まるとされている。その後 1689 年に儒学者の貝原益軒が『己巳紀行』で天橋立を日本の三景のひとつとすると記述したことで、「日本三景」と呼ばれるようになった。

キリスト教対応

　浅野光晟は引き続き厳しいキリシタン取り締まりを行った。このような時、1635 年に幕府は諸藩に対しキリシタン宗門改めを命じ、翌年監督のために使番と呼ばれる巡察使を各藩に派遣した。そこで広島藩も直ちにキリシタンの捜索を行うこととし、各郡に奉行を派遣した。その結果、藩内では 1634 年に 5 名が火あぶりの刑に処され 1636 年には 1 人が過酷な穴吊りの刑に処されている。

　1638 年に終わった島原の乱以降は藩内に切丹奉行を設けて、さらに厳しく地下深く潜行したキリシタンの洗い出しが行われた。1645 年に武家の鳥養三太夫・本郷村庄屋の藤右衛門を、1646 年には宮島の渡部次郎右衛門をキリシタン宗門の容疑者として江戸送りにしている。また 1647 年に幕府は広島藩に対し、三原浅野家の家臣の渡部善左衛門と広島細工町の町人六右衛門がキリシタン宗門との訴があったとして調査を命じている。さらに 1646・1652・1653 年には牢死があり、1654 年には幕府の老中の奉書に従って 7 名の斬首が記録されている。

5. 徳川家綱の文治政治

　1651 年、徳川家光が 48 歳で亡くなると、生まれた時から世継ぎに決められていたわずか 11 歳の徳川家綱が第四代将軍に就任した。幕府はそれまでの三代により基盤が確立され、新しい展開が始まった。

武断政治から文治政治へ

　これまで家康・秀忠・家光の３代は、幕府の権力構築のため『武家
諸法度』などを設けて大名の軍事増強を制圧しながら体制を固めてき
た。これは武断政治と呼ばれ、形としては成功してきた。しかしその
裏では、それまでに外様大名82家、親藩・譜代大名49家が改易され
て多くの浪人が発生し、社会不安が拡大して巷では不満が鬱屈してい
た。

　このような時、将軍がまだ幼いことを知った由井正雪が中心になっ
て幕府の転覆と浪人の救済を掲げて行動を開始した。これは慶安の変
と呼ばれているが、江戸城爆破計画が密告のために事前に露見し計画
は頓挫した。この事件に危機感を持った幕府は、家綱の叔父で熱烈な
朱子学徒の保科正之や大老の酒井忠勝ら前代からの名臣により、これ
までの武断政治から儒教的徳治主義に基づいて社会秩序を保ちながら
幕府の権威を高める文治政治へと転換し、これ以降大名改易に慎重に
なった。また幕府は島原の乱からも武断政治の限界を学んだとされ
る。

　家綱は「左様せい様」と陰口される状態だったが、むしろ幕閣の合
議を経て将軍が決裁する形がこの頃に整ったとされる。こうして家綱
の時代はその後29年間にわたり安定政権だった。1655年には就任祝
いのため、朝鮮通信使がやって来た。

農村に対する施策

　幕府の安定化は進んだが、農村では頻発する自然災害による飢饉な
どで田畑を売り渡す農民が増大して、富農が土地を買い集めることで
強力化し、農村の社会制度が崩壊する恐れが出てきた。そのため徳川
家光は農民間で田畑の売買を禁止する『田畑永代売買禁止令』を公布
したが、この法令では田畑の質入れは禁止されておらず、豪農拡大の

流れは止まらなかった。

　そこで幕府は 1673 年に『分地制限令』を出して、土地の分割相続による零細化で年貢の納付や諸役の負担が難しくなるのを阻止しようとした。「たわけ者」という言葉は「田分け者」が語源とされている。これは庄屋の場合 2 町歩以上、一般農民は 1 町歩以上の土地所有者を除き土地所有権の分割を禁止する法令であるが、現実にはあまり守られなかった。当時 1 町歩（10 反）当たり約 10 石の米が生産されていた。

　1628 年に分不相応な贅沢を禁じる『奢侈禁止令』が発せられたが、これを更に強化するために 1642 年には農民が襟や帯への絹の使用、農民の妻も紬の使用を禁じ、さらに紬が許された層でも長さの制限と共に服装の色で紫や紅梅色の使用を禁じるなど、その後も繰り返された。

武士や町人への施策

　幕府は農民に対してだけでなく、武士や町人に対しても農民ほど厳格ではないものの贅沢を禁じるお触れを出した。1663 年には『女中衣類直段之定』ができ、当時の女帝である明正上皇に対してまで衣装代などの制約をかけた。また呉服屋に対して価格の上限を決めたり金紗や刺繍物などの高級品の販売を禁止し、町人に対しても衣服に関して制限した。

　幕府は秀吉の時代に行われた武器所持の禁止政策は継承しなかったため、当初は農民や町人も武士を真似て刀や脇差を帯びる者が多かった。これが次第に派手になって長い刀などが流行すると、幕府は 1668 年に祭りなど特別なとき以外に脇差を除き刀を差すことを禁じた。さらに 1683 年には常時禁止としたため、これ以降、刀は武士と町人の識別手段になった。

明暦の大火

　1657年に江戸城下で明暦の大火が発生した。江戸城天守閣が炎上し江戸市中も6割を焼き尽くし10万人ともいわれる犠牲者が出た。幕府としても江戸城を中心にした過密状態を改めるため、市街地を拡大させる改造を進めた。まずは大名などの屋敷や寺社を郊外にも分散させるために沼地などの干拓を進め、主要道路の拡幅やそれまで認めてなかった橋の建設も進めて1660年には隅田川に両国橋が架橋された。

　以前から大名火消とよばれる消火組織が作られていたが、大火の翌年に江戸城の防火などを目的とした幕府直属の定火消がつくられた。これが現在の消防署の始まりとされている。また火災の延焼を防止するため建物を破壊消火に適する構造にするよう命じている。

本朝通鑑と寛文印知

　日本における公式の歴史書は901年に成立した『日本三代実録』以来編まれていなかった。先代の徳川家光は林羅山に命じて『本朝編年録』を編纂させたが、明暦の大火で焼失してしまった。そこで徳川家綱は1663年になって羅山の息子の林鵞峯に再編纂を命じ、7年後に『本朝通鑑』として完成した。編纂に先立ち幕府は諸大名・朝廷・寺社に対して901年以降の古記録を収集した記録や諸国の地名の由来などの提出を求め、各藩に来歴にふさわしい地名に戻すことを命じた。

　これと並行して家綱はそれまでの幕政の集大成のため、大名などに個別に発給していた所有権などの証書である安堵状を全面的に見直して、将軍家として与えた所領の具体的な国郡村の名称と石高を明記した同一書式の書類を作成した。これは『寛文印知』と呼ばれるが、まず1664年に全国の大名に、1665年には公家・門跡・寺社などに公布された。

　地名というものはその土地の歴史を伝えているが、この寛文印知に
記載された地名のなかで郡名は、その歴史的由来から本来あるべきと
する名称が採用され、幕府は以後これを使うことを求めた。これには
『本朝通鑑』の編纂を通じて得られた情報と共に、1644年に先代家光
が諸大名に対して命じて作らせた領内絵図・郷帖・城絵図が参考にさ
れた。なおこの絵図は1里を6尺（21,600分の1）に描くという全国
共通の縮尺が採用され、家綱はこれらを使って井上政重に日本総図を
作成させた。

　こうして家綱は日本の歴史を集大成すると共に、大名領知権と日本
全国の土地支配権を名実ともに確立したことが、文治政治と呼ばれる
所以ともなっている。

宗教対応と檀家制度

　当時日本には70万人、人口比で5％弱ものキリスト教徒がいたと
されるが、徳川家綱は家光の対キリスト教殲滅政策をさらに強化する
ため、1661年にキリシタンの密告を求める高札（コウサツ）を出した。高札とい
うのは法令を板面に書いて往来などに掲示するものだが、当時の識字
率の高さを示している。さらに1664年に諸藩に宗門改（シュウモンアラタメ）制度と専任
の役人を設置し、翌1665年には諸藩に『宗門改帖』の作成を命じた。
これは武士・農民・町民といった身分にかかわらず日本全国の住民に
対し地域の寺院に名前と住所を届けさせ、寺院の住職は檀家であると
いう証明として寺請証文を発行するという制度で、事実上すべての住
民が仏教徒になることを義務付けることになった。ただ調査方法は各
藩で異なっていた。

　幕府はこの制度を徹底するため、他派信者の受け入れを固辞した日
蓮宗の不受不施派に1669年に追放措置をとった。さらに1671年には
『宗門人別改帖』として定期的に調査を行うことを命じたが、これは
寺請制度と呼ばれ戸籍管理の始まりである。

この制度は寺院と住民の固定化を進めることになり、図らずも仏教の国教化の流れを作り檀家制度へと発展して行った。こうして全国の村々に檀家寺ができて仏壇の設置が強制的に行われ、寺院としても彼岸の墓参りや年忌法要などが義務付けられた。こうして寺院は改築費用など様々な布施を得ることで安定し、次第に布教より葬儀主体に変質してゆくのである。

　また幕府は1665年に『諸社禰宜神主法度』を制定して、吉田神道に全国の神社神職に対する全任免権を与え、統制に従うことを義務付けた。これを聞いた後水野尾院は烈火の如く怒ったという。吉田神道は室町時代に京都の吉田兼倶に始まる神道の一派で、反本地垂迹説とこれまでの本地垂迹と違い神道上位の思想だった。これは将軍家綱の補佐役だった保科正之が吉田神道を継承していた吉川惟足に心酔していたためとされている。

　明王朝から清王朝に代わった頃の中国に隠元という高名な禅僧がいた。中国と唯一の窓口だった長崎には中国人が航海安全を祈念して建立した興福寺があったが、この寺の要請で1654年に隠元が来日した。この報により中国人だけでなく、日本の禅僧や皇室・武家など多くの人たちが教えを請い、危険視した幕府が一時制限するほどだった。1658年には徳川家綱と会見し、山城国の宇治に黄檗宗萬福寺が創建された。隠元は中国では臨済宗を習得したが、日本の臨済宗は変質していたため、混乱が生じないために黄檗宗と称したとされる。なお、インゲン豆は隠元がもたらし、煎茶道の開祖ともされ、現在広く使われているフォントの明朝体は隠元が持ち込んだ一切経を起原としているとされている。

　中国で清王朝に代わる際の戦乱により、中国の陶磁器生産地の景徳鎮も被害を受けヨーロッパに輸出され人気を博していた陶磁器の輸出が絶えた。そこで長崎オランダ商館が佐賀藩有田での商品化をすす

め、伊万里焼として欧州輸出が活性化した。

家綱政治の終結

　徳川家綱は生まれつき体が弱く病弱で 30 歳半ばになっても跡継ぎが無く、将軍継承問題が懸念されていた。死の直前に堀田正俊の勧めを受けて末弟の館林藩主である松平綱吉を養子に迎えて将軍後嗣とすることを決め、その直後に 40 歳で死亡した。

6. 浅野光晟の後半治世

　幕府で徳川家綱が四代将軍になった頃、広島藩では浅野光晟の在任中頃で、光晟は幕府の変化に対応すべく藩内の引き締めを行い、幕府に対する服従を強めた。こうして光晟は浅野長晟から継承した広島藩体制の確立に成功した。

統制強化と幕府対応

　幕府で文治政治が始まっても、浅野光晟はさらに藩内の統制を強めた。1653 年には城中や城下で火災が発生した際の処置方法について触れを出し、1655 年に喧嘩口論の取り締まりで罰則を定め、翌年には鍛冶屋と大工の取り締まりを命じている。さらに 1661 年には『留守中法度』により家老の政務や月番制や禁止事項を定め、1663 年に『広島町中法度』で 17 条に渡り引き締めた。

　幕府は 1653 年に広島藩に対し投獄中のキリシタン 16 人の処置を命じたが、これを受け藩は 7 人を処刑している。このように光晟はかなり強硬な手段でキリシタン弾圧を行い、これ以降の藩内のキリシタンはほぼ消滅したとされる。

　また 1665 年に幕府が各藩に『宗門改帖』の作成を命じたが、広島藩はすぐに作成に動いている。『諸社禰宜神主法度』に対しても藩は

郡奉行と町奉行に対し寺社統制の書付を出し、神職を集めて説明している。

　1667年に幕府は諸国に巡見使を派遣するが、広島藩には陸地巡見使と浦辺巡見使の2組が周防国側から入っている。このように幕府は常に諸藩に目を光らせていたのである。

　当時の徳川家が別格だったことがわかる話が残っている。筆頭家老である三原浅野忠長の息子浅野忠真（タダマサ）が江戸にいた時、徳川家光の御落胤と言われる月姫が一目ぼれし1652年に側室として膨大な持参金と共に三原に輿入れした。その時豊田郡本郷村の大善寺を月姫の祈願所として5千石の御化粧料が下賜されたため、3万石の三原浅野家は財政的にも潤い「五千三万石」と呼ばれ他藩から大変羨ましがられた。1656年に三原浅野家を継いだ忠真は翌年に広島城下水主町の下屋敷に万象園と呼ばれる回遊式庭園を造っている。

寛文印知による郡名変更

　1663年に出された『寛文印知』の中に、広島藩においても郡名で当時使用していた地名ではなく古い地名が記載されたところがあった。それは佐西郡を佐伯郡、佐東郡を沼田郡、安南郡を安芸郡、安北郡を高宮郡への変更である。これらは平安時代末期に佐伯郡が東西に、安芸郡が南北に分離されて出来ていた郡名であるが、『日本書紀』にもでてくる由緒正しい地名である安芸や佐伯を復活させたのである。また沼田も高宮も古代からの地名である。

　もう一つ三次支藩に関してだが、当時三次ではなく三吉氏との関係から三吉と書かれることが多かったため、それを古代から用いられていた三次にすべきとしたものである。

　歴史を重視する幕府の文治政治の表れで、広島藩としてもこの幕府からの通達を無視できず、これ以降はこの地名を採用することになっ

た。こうして幕府の権威のおかげで歴史上有意義な地名を残すことができたわけで、近年行われた安易な地名変更の歴史軽視が案じられる。

経済統制

広島藩としては継続して大坂蔵屋敷を使った経済活動を重視し、米だけでなく藩内の物産の販売にも力を入れた。また 1655 年に長崎の中尾長三郎を貿易品関係の御用商人に指定し武家の需要を調べて調達させている。1664 年には絹・布・木綿の規格を定め、1668 年には問屋をしている商人に米穀・酒・油の所持量を毎月藩へ報告するよう命じるなど管理を強めている。

酒造りは西国街道沿いの町などで続けられていたが、1657 年に幕府が酒造りを管理して課税するため酒造株と呼ばれる制度を定めた。藩としてもこれに従って、将棋の駒の形をした鑑札である酒造株を持つ蔵元だけが生産と流通を行うことを許した。また藩境を越えた移動を取り締まったため蔵元は限られ、藩主の保護下で発達した広島城下が藩内の最大の産地になった。広島城下では三原屋や伊予屋という屋号が残っている。

こうして浅野光晟の治世は約 40 年の長きにわたり、藩内統制強化、税制整備、街道整備、埋立ての推進など藩政の基盤安定に貢献した。一方で財政面では放漫になり終盤の 1670 年頃には広島城下で米穀が逼迫し、家中に倹約令を発する事態になった。

藩の文化振興

この時代、藩主は藩政を担うに必要な知識や教養を身に着けることが必要とされ、先代浅野長晟も儒学者の堀 杏庵や石川 丈山を高待遇で登用していた。浅野光晟も文知政治の気風を盛り上げるためこれを引き継ぎ、京都の儒医の黒川道祐を 400 石で登用して 1663 年に地誌

『芸備国郡誌』を編纂させた。また堀杏庵の長男で京都在住の儒学者の堀立庵も登用している。

　光晟の長男の浅野綱晟もこの雰囲気を受け継ぎ、江戸藩邸にいたとき将軍の縁者であることを生かし幕府に仕える儒者の林鵞峰に「鑑（カガミ）になる古人の逸話」をまとめるよう依頼した。そこで鵞峰はまず簡単な広島藩の『本朝人鑑』を編集し、将軍家綱から命じられた国史『本朝通鑑』を終えて、続編の『続本朝人鑑』を作ったとされている。

　この綱晟は1663年に広島城下の隣にある新山村に別荘を建て、近隣の景色を楽しんで『新山八景』を選ぶという優雅な生活をしている。このような文化振興は藩の格付けの上では貢献したが、反面財政面では大きな負担を強いることになった。

自然災害と疫病

　この時期も自然災害が頻発した。1653年には広島城下を台風が襲い各所の堤防が決壊し田畑が流された。藩は罹災民救済のため米や貨幣を貸与し、また翌年には防水対策として洪水時の家臣の役割分担を決めている。当時の税法では田畑流出の際は再検地のうえ年貢や課役を免除された。さらに1659年にも城下周辺で洪水による堤防決壊が起こり藩内各所で堤が決壊し橋が損壊し、また1654年に旱魃、1662年に大地震が発生している。

　1661年から翌年に渡り広島城下で原因不明の疫病が流行り多くの民衆が亡くなった。城下の廣教寺の増誉南柳上人（そうよ）が本尊の阿弥陀如来に代えて薬師如来に祈願したところ疫病は影をひそめた。そのため僧の名前から町の名前を柳町にしたとされる。また1669安芸郡に疫病が発生している。

　火災であるが、1654年に広島城下の大工町から出火し比治山町・茅屋町に延焼して民家300軒余が焼失した。1669年には大黒町から出火して大工町・比治山町・茅屋町に延焼して民家136軒が焼失し、

直後に紙屋町から出火して横町・白神一丁目・同二丁目・同三丁目・塩屋町・島屋町など10町へ延焼して町家230軒が焼失した。

干拓事業と塩田

　干拓事業は継続して行われ、広島城下周辺では1661年ころに水主新開と吉島新開が開発された。また東部でも干拓が始められ、1660年に大洲新開と蟹屋新開、1661年に海田近辺の干拓、1662年には現在の黄金山である仁保島の北側の干拓が完成した。また竹原などは1652年より塩田に関連して干拓が行われ、1660年に松永新開の開発が始まった。

　1660年頃、藩の蔵入地である佐伯郡五日市村の海老山西側干潟を干拓して塩田を造った。このように藩が設けた塩田は御手浜（オテハマ）と呼ばれる。さらに1677年に、広島藩の御用商人である富嶋浄友が御調郡向島の富浜村に天満屋新開とよばれる塩田を開発した。

檀家制度

　1665年の幕府の宗門改めの命令で、広島藩も郡奉行と町奉行による調査と帳票作成が行われた。上級武士はそれぞれの菩提寺の登録ということになるが、一般の人たちの多くは各地域にある寺院で、広島城下では寺町にある浄土真宗寺院の檀家になった。広島近隣の村で寺院のないところも寺町の寺院の檀家になったとされ、藩の方針と思われる。こうして広島藩の檀家制度は、浄土真宗主体になっていった。

　一方で、宮島では『霊地法度（ハット）』により浄土真宗が禁止され、江戸時代を通じて守られた。この法度・禁止令は、宮島での穢れを嫌う風土により厳格に守られたとされる。

　浅野光晟の正室の自昌院は、幼い時育てられた祖母から引き継いで、日蓮宗の信者だった。結婚後は江戸住まいが続いていたが、光晟

は 1665 年に広島城下にあった日蓮宗の曉忍寺を国前寺と改名して自昌院の菩提寺とし 200 石を与え、自昌院が立派な本堂を、その他諸堂は光晟が建立し直した。

　ちょうどその頃から幕府は『宗門改帖』の作成を進め、日蓮宗の不受不施派の弾圧が始まった。国前寺は不受不施派であることを表に出さず継続していたが、内部で争論が起って不受不施であることが明らかになったため、自昌院は自ら天台宗に改宗し、国前寺にも改宗を命じた。しかし国前寺がこれを拒否したため 1692 年に寺領が没収され没落に向かった。当時広島城下に正室の菩提寺となる天台宗の寺院はなく、光晟は賀茂郡にあった天台宗の阿弥陀寺を牛田に移し国前寺の 200 石を与え日通寺と改号し菩提寺とした。その後 1699 年になり、日通寺は不受不施を否定した日蓮宗に改宗して繁栄した。

広島仏壇

　初代浅野長晟が紀州藩から連れて来た職人の中に、金具細工師・檜などの薄板を加工する檜物（ヒモノ）細工師・簪（カンザシ）や刀の鍔（ツバ）を造る錺金具師・漆塗師などがいた。檀家制度が始まって庶民の間にも仏壇を持つことが広まって行くと、これら職人により藩のお抱えで仏壇が造られ始め、広島城下の西国街道に沿った堀川町・斜屋町（チギ）・銀山町に仏壇問屋街ができた。さらに熱心な安芸門徒により浄土真宗の推奨する金仏壇が多く生産されるようになり、広島仏壇の始まりとなった。

厳島神社とお陰参りの始まり

　それまで武士や有力商人には藩が通行手形を発行して旅行が許されていたが、広島藩としては農民が村を捨てることを恐れ、基本的に平民の旅行を禁じていた。

　島原の乱が終結して社会が安定化してくると、武士だけでなく平民も名所旧跡を訪ねてみたいとの欲求が高まっていった。特に東国の諸

藩では天皇を祀る伊勢神宮への参拝を妨げると神罰が下るという信仰があり、役所としても通行手形を与えざるを得ないようになったとされる。そのため1638・1650・1661年には江戸を中心にお伊勢参りは「お陰参り」や「抜け参り」として大きな流れが起こった。中には親や主人の許しを受けないで家を抜け出し手形なしで伊勢参りに行く者も黙認された。通行手形を一旦入手すればどこへ旅しても許されたことから、参詣を済ませた後は色んな観光地を訪れた。そのため日本三景の一つとして名高い宮島には、近隣だけでなく遠方からの来島者も増加し始めた。

　こうして宮島は厳島神社の門前町と内海交通の港町として栄えた。人形浄瑠璃は1700年代になって集大成され上方を中心に全盛期を迎えるが、宮島では浅野光晟の時代に興行が始まったとされ、上方より早く行われていたことになる。また芝居興行も江戸時代以前から行われていたようで、祭礼に合わせて厳島神社周辺に幕を巡らせた仮設小屋で興行していた。光晟も宮島の繁栄を期待したようで、1666年に毎月ひと晩108基の灯篭に点灯するようにと10石を厳島神社に寄進している。

　また宮島奉行は藩として大きな収入となることから、大束と呼ばれる宮島特産の薪の束を販売するとの名目で富籤を実施した。これは口数と同一の番号の記された預かり証と木駒を買って、公開の場で桶の中に木駒を入れて穴から錐で突いて、突き当たった木駒を当たりとして預かり証で現金化するもので、内容は年と共に複雑化した。

　日本での賭け事は一貫して禁じられてきたが、それでも当時日本中で富籤の流行が過熱したため、1692年に幕府は禁止令を出している。

光晟晚期

　1672年、55歳になった浅野光晟は長男36歳の浅野綱晟に家督を

譲って隠居した。ところが綱晟は翌年になって江戸藩邸で疱瘡により死去したため、急遽綱晟の長男でまだ14歳の浅野綱長が継ぐことになった。

　そのため光晟は祖父として20年という長期間にわたり綱長を後見した。この間、光晟は主に江戸屋敷に居たようで、当時の江戸における諸大名の動静について書かれた『土芥寇讎記』の中に、藩主の綱長より多く記述されている。それによると光晟は隠居の身ながら政治の表舞台にいるとの批判と共に、短慮で家臣に対する態度が傲慢と受け取れる記載がある。

　また1681年と1685年に将軍に能を披露しているように能に長じており、猿楽・歌舞・義太夫が趣味だった。財政逼迫状態の広島藩にとって能は財政を揺るがすような趣味だったが、傲慢な光晟を諫める家臣はいなかったのである。1693年に亡くなるが76歳という当時では長寿だった。

7.　徳川綱吉の政治

　徳川家綱は病弱で男子がいないまま1880年に危篤状態になった。家老の堀田正俊の勧めにより末弟で館林藩主になっていた松平綱吉を養子にしたが、その直後に40歳で亡くなった。こうして徳川綱吉は34歳で五代将軍になった。1682年には朝鮮通信使がやって来ており、将軍就任祝いが慣例化していた。

天和の治
　徳川綱吉は堀田正俊を大老に登用して積極的に諸藩の政治の監査などを行い、家綱時代に下落した将軍の権威の向上に努めた。
　1683年には『武家諸法度』を刷新し、文武忠孝に励み礼儀を正すべきことが特記された。これは儒教の考えに基づいたもので、学問好

きで儒教を重視する綱吉は林鵞峰の子供の林信篤を大学頭に任じて湯
島聖堂を建てさせ、新井白石・室鳩巣・荻生徂徠・雨森芳洲・山鹿素
行ら多くの儒学者を輩出させた。また勘定吟味役を設置し有能な人材
を発掘するなど幕府財政の改善に努め、農政においても幕府領の代官
の引き締めを行うことで年貢未達を解決させるなど大きな成果を上げ
た。

　皇室に対しては朝廷の儀式を復活させるなどして礼を尽くした。そ
の反面中央集権化の一端として、これまで朝廷の専管事項だった暦の
設定で、渋川春海が作成した和暦を貞享暦と命名し全国で使用する
よう命じた。

　綱吉は能楽が好みに合ったようで、将軍就任間もない頃から能の会
を催し自らが演じる程だった。喜多宗能が指南役だった喜多流の能に
耽溺し、さらに拘りが強まり諸大名にも能を舞うことを強制するよう
になったとされる。浅野綱長は 1696 年に綱吉の命で能のシテを務め、
嫡男の浅野吉長も翌年シテを務めている。当時の世相とはかけ離れた
将軍と大名の関係が分かる。

　こうして綱吉の治世の前半は基本的には善政とされ、この時代の年
号から天和の治と称えられ、家綱の代から始まった文治主義を押し進
めてた。

廻船航路の開拓

　明暦の大火の後に江戸では米不足が顕著になり、天領だった出羽産
米の輸送を効率化して量拡大の必要性が増して、幕府は河村瑞賢に廻
船輸送の改善を命じた。従来は出羽国からは阿武隈川を使って内陸を
川船で陸前河口まで行き、そこで海船に積み換えて利根川河口まで運
び川船に積み替え利根川を上って江戸に運んでいた。瑞賢は 1671 年
に利根川は使わず下田から直接江戸に着ける東廻り航路を開いて期待

に応えた。

　さらに翌1672年、瑞賢は出羽国の酒田から日本海を下り、下関・瀬戸内海・大坂・紀州沖・遠州灘・下田を経て江戸に入る沖乗り航法を使っての西廻り航路を確立した。幕府が航海中の寄港地を定めて入港税免除や開港の水先案内船の設置を行った結果、従来に比べ大幅な日程短縮と費用の節減が実現された。

　この西回り航路は徳川家綱の時始まったが、徳川綱吉の時代になって定着して北前船による物流の大動脈が完成した。こうして価格競争による経済の発展は天下の台所の大阪をさらに発展させた。

　西廻り航路で使用された船を、大坂や瀬戸内の人たちは北前船と呼んだ。また大坂と江戸を結ぶ定期船は、積荷の落下防止で菱形の垣を設けていたことから菱垣廻船といったが、灘の日本酒を速く江戸に運ぶ目的で樽廻船が別に作られた。

　船の大きさは通常500石から1500石までだが、中には2000石の大型船もあった。千石船で積載量は150トンといわれる。中には大小200艘もの船団を持つ船主がいたといわれる。

　それまでの地乗り航法での船は櫓漕ぎが主体で大型化は難しかったが、このような大型船を可能にしたのは、帆の改善による帆走性能の飛躍的な向上によるところが大きい。それまでの帆は藁や藺草などを編んだ筵をつなぎ合わせて造られていたが、木綿帆に取って代わったのである。

　また沖乗り航法が急速に発達したのは、航海用の羅針盤の一般化に負うところが多い。中国では紀元前から磁石はあったが、羅針盤として使われたのは12世紀初頭の北宋からで、水に浮かべた磁針だったとされている。日本には室町時代以降に入ってきたが広く使われることはなかった。一般化したのは、1650年頃に長崎に来たオランダ人医師が当時のヨーロッパの測量技術を伝え、それを基に1655〜57年

ころ測量家だった金沢清左衛門が航海用の羅針盤を考案したことに始まる。これは和磁石と呼ばれ、日本中で広まり輸出するまでになった。

生類憐みの令

　1684年に剛直な性格の堀田正俊が恨みにより刺殺されたが、これ以降、徳川綱吉は大老を置かず側用人として柳沢吉保を重用した。吉保は綱吉の異常な寵愛を受け昇進したため悪辣な策謀家と評されたが、実はさほどの悪人ではなく、愚直なほど誠実に綱吉の意に従った結果、政治を牛耳って長く将軍に奉仕することになった。

　綱吉は頑固で毀誉褒貶の甚だしい人だったようで、大局的な政治から次第に離れてゆき、家臣も直言できる雰囲気はなかったとされている。このような状況で綱吉は仏教に帰依したことから『生類憐みの令』と呼ばれる法を順次強化していった。綱吉が犬公方と呼ばれるように特に犬を保護したとされるが、鳥や魚から虫に至るまで生類すべての殺生を禁じた。また綱吉は長女の鶴姫を溺愛するあまり鶴の字や紋の使用を禁じるというお触れまで出している。さらにこれを迎合する取り巻きによって、江戸の町民にとって非常識な事態が発生した。

　俳句で名高い松尾芭蕉が奥の細道へと江戸を旅立った1689年はこのような時代だった。

経済の悪化

　当時経済の発展により貨幣の需要が増えたが、佐渡や石見の産出が激減すると共に海外にも金銀が流出したため貨幣の供給不良が発生した。この対策として幕府は1689年に密貿易を取り締まるため長崎出島の対岸に唐人屋敷を造って出入りを監視した。

　さらに1695年には金貨銀貨の市場流通量を増やすという名目で、慶長の金貨・銀貨より質を落とした元禄小判・丁銀の鋳造を始め、

1698 年には領内に金銀銅の鉱山を持つ大名に採掘を命じている。こうして徳川綱吉は勘定奉行に荻原重秀を用いて貨幣不足対策を進めたが、酒税を設けるなどしたことが更に物価高騰など経済混乱を引き起こし、悪代官と御用商人の話はこのころから始まった。

また 1697 年には酒造株の制度をさらに厳しくして、財政基盤の改善に努めた。これはまた、元禄太平の世で風紀が乱れ、庶民が酔いしれることへの引き締めでもあった。

この改善努力の足を引っ張ったのが自然災害である。1695 年の奥州の飢饉、1703 年の元禄地震、1707 年の宝永地震と富士山大噴火などと続き、市中では君主に徳がないために起こった天罰と噂された。

当時の日本全体の人口は約 3 千万人で、1695 年の江戸の人口は、武家 40 万、町方 35 万、社寺 5 万で総人口が 80 万人とされており、20 年間で人口が倍になるほどの発展を示していた。他地域に比べ武家が突出しており、男女比率も 2 対 1 で特異な場所だった。

元禄文化

生類憐みの令は特に江戸城下で厳しく取り締まりが行われたが、上方での影響は限られていた。当時上方では経済活動の中心が京都から大坂に移って活発化し、町人を中心に武士階級出身者も加わり各種の文芸・学問・芸術などの文化の華が咲いた。小説の井原西鶴、浄瑠璃の近松門左衛門、日本的な装飾画の尾形光琳、浮世絵の菱川師宣、音楽では生田流箏曲・長唄、演芸では人形浄瑠璃・歌舞伎・狂言などが展開され、元禄文化といわれた。

一方、水戸黄門で知られる水戸藩の徳川光圀は、幕府の編纂した『本朝通鑑』に対抗して 1869 年に神武天皇から第百代の後小松天皇までの本紀である『百王本紀』を完成した後、以降の歴史の作成を後に託した。これは水戸藩で継承され 1906 年に尊皇論で貫かれた『大日本史』として完成した。

8.　四代目藩主浅野綱長

　1673 年に藩主になった浅野綱長は江戸生まれの 16 歳で、朝廷から
安芸守を下賜された後、初めて領地の広島に入った。当時の政治状況
を解説した『土芥寇讎記』によると静かで悠然としているが、若く
して家督を継いだため広島藩での政は家臣が支える体制がとられた。
綱長の治世の時期は将軍綱吉と重なっており、自身も学問を好んで文
知政治を推進して元禄文化を謳歌した。

　ただこのような状況でも藩の幕府に対する服従は絶対的で、1701
年に広島藩が水害による広島城の石垣修復の許可を申請しているが、
福島正則の件もあることから神経を尖らせて、正則が関与したとされ
る石垣には全く手を付けなかった。この申請書に添付された「安芸国
広島城図」が現存し、広島城の全容が詳しく描かれている。

　こうして商品経済が発展して消費も拡大した一方で、年貢の収納の
頭打ちや文芸費に大量に流れたこともあって、藩財政はますます悪化
して行った。

文治政治

　浅野光晟の後見で成長した浅野綱長は学問を好み、津村久敬や堀正
修といった朱子学者を側近に置くなど、将軍の文治政治に合わせた政
策を進めた。華やかな文化も取り入れ、歴代広島藩主の中でも書画に
優れ、特に絵の具を使った技に長じていた。また味木立軒や寺田臨川
といった儒者を登用して家塾を開設させ、武士などの就学を奨励し
た。

　一方で綱長は、貫心流剣術を代々家秘とする築山依通を家臣とし、
築山家は広島藩で貫心流を伝承した。

北前船と街道運送

　瀬戸内海の航路は地乗り航法が主体だったが、川村瑞賢が北前船で活用した沖乗り航法が導入され、最短で通過する新しい航路ができた。それは伊予国津和地から倉橋島の最南端にある鹿老渡（カロウト）の南側を通り、大崎下島にある御手洗（ミタライ）から大三島と伯方島（ハカタジマ）の間の鼻繰瀬戸（ハナグリセト）を経て、岩城島・弓削島・田島の沖を進み福山藩の鞆へと進む航路である。ただ干満の大きい瀬戸内海航路は潮の流れや風向きを読みながら進む必要があり、御手洗と鹿老渡は瀬戸内海航路の中央部の風待ち・汐待ち港として栄えた。

　広島藩は御手洗・宮島・尾道の３港だけに対し他国との米取引を認可した。この中の御手洗は元々少しの農耕地があるだけの寒村だったが1666年に住民からの街路整備の歎願により港の整備が始まったとされ、北前船より少し前から沖乗り航法が始まっていたことがわかる。御手洗には1691年にオランダ商館付の医師であるエンゲルベルト・ケンプェルが将軍の徳川綱吉に謁見するため江戸に向かう途中で停泊したことが自身の『日本誌』に記述してある。

　一方で、従来から街道沿いの陸路と海路を繋ぐ玄関口であった尾道には、交易港として北前船も立ち寄った。尾道では特産の備後畳表や近隣で生産される塩・綿製品・酢・燈篭や狛犬などの石材加工品・錨などを積み込み、米・干鰯（ホシカ）・材木・昆布・鰊（ニシン）・鮭・数の子・鰤（ブリ）など各地の特産品が持ち込まれ、これらは藩内の港に運ばれ消費された。こうして尾道は大いに栄えて豪商が出現し、海岸通りには豪華な屋敷が軒を並べ、山麓部には航海安全と商売繁栄を祈念して寄進された寺院が多く建てられた。

　北前船は立ち寄らなかったが、広島と三原の城下にある港は年貢米を集荷し大阪に向けて積み出す港として、宮島は廻船が寄港し商品を売買する港町として、それぞれ公用交通の寄港地として栄えた。広島の場合は、水主町の本川側に藩船が直接着岸出来るように川岸に雁木

と船着き場が造られ、藩内各港から城下に運び込まれる物資の集散地になった。また三之瀬も朝鮮通信使の寄港地として継続された。

　広島藩の大坂蔵屋敷もさらに拡充され、藩内から船で運ばれた物資が荷揚げされ売りさばかれた。当時、蔵屋敷内の船入に厳島神社の大鳥居に似た鳥居があった。

　北前船の発展に伴い陸路の運搬量も増加し、運搬に使用される牛馬の取引も活発化した。広島藩は牛の生産は藩の主産業だったため、1680年に三原の北方にある御調郡の杭の庄を藩公認の牛馬市に指定した。杭の庄牛市は伯耆国の大仙市、豊後国の浜の市と共に日本の三大牛市の１つに数えられ、近隣だけでなく関西や四国九州からも人が集まり芝居小屋や行商でも賑わった。後に杭が久井という地名に変

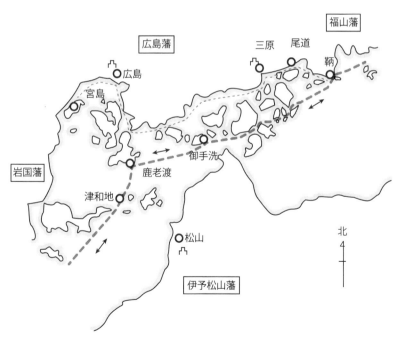

図Ⅱ-2　北前船の沖乗り航路

わった。

　藩内ではそのほかに賀茂郡の白市と三次郡の三次も牛馬市として栄えたが、宮島と共に白市と三次は市が立つごとに歌舞伎の公演が認められ、白市では長栄座という芝居小屋の名が残っている。

財政悪化への対応

　広島藩は財政悪化に伴っていろいろ手を打った。1675年には家老を除き、家臣に与えていた土地をすべて代官支配で俸禄制にすると同時に、功績がなければ家督相続時に減元する仕組みを採用し事実上藩士の禄を削減した。

　しかし借金が必要な事態は継続し、1695年には藩内に厳しい倹約令を発し、主要な特産品に対して営業税に当たる運上金を課したり、1696年の鉄座、1706年の紙座の設置により鉄や紙を専売制にして冥加金を取った。1707年に増税策を打ち出したところ領民が広島城下に集まり廃止を迫ったため、翌年には撤回するという混乱状態だった。

　大坂蔵屋敷に関連する業務も改善の試みが行われ、藩内から大坂までの運送担当を1672年に船手方から蔵奉行、さらに1683年に船奉行へ変更して管理を強めている。また1692年に大坂の豪商二代目鴻池善右衛門を大坂借銀方御用と江戸為替御用にし、1696年には京都商人の辻次郎右衛門を江戸為替御用に任じている。為替であるが、この時代遠隔地に送金する場合、現金を運ぶ危険を避けるため両替商から現金で買った為替手形を送り、送り先で指定の両替商で換金する仕組みが出来上がっていた。広島藩としても江戸藩邸や藩主が関わる能役者などがいる京都への送金が必要だった。

　こうして世の中が安定し全国的に商品経済が発展し消費も拡大したが、これが更なる藩財政の悪化につながった。

藩札発行

　幕府の三貨制度によって貨幣の流通は安定していたが、流通実態は大坂・京都・江戸へ集中する状況だった。しかも商品流通が拡大するにしたがって貨幣の需要も増大し、地方では貨幣不足が慢性化し、広島藩も同様だった。

　貨幣不足の対策としては藩札の発行がある。藩札とは藩が幕府の認可の元で幕府貨幣との兌換を前提に、自藩内だけで流通できる通貨である。西日本では主に銀貨が流通したため、広島藩では1704年に初めて額面は5匁・1匁・5分・3分・2分の5種類の銀札を発行した。担当したのは勘定奉行の管轄下にある藩の御用商人の辻次郎右衛門・三原屋清三郎・天満屋治兵衛で、このような有力商人の信用力が円滑な流通の条件だった。印刷は広島城下白島にあった火薬庫で行われ、製紙のために山県郡の紙漉き農民を呼び寄せた。

　また、藩札は幕府貨幣との兌換が原則のため、札場と呼ばれる銀貨と藩札の交換所が広島城下の革屋町、尾道、三次に設けられた。

　ただ藩の藩札発行の真の目的は、藩内に流通する銀貨を吸い上げて財政補塡に用いることだったため、貨幣の流通量は増えたものの、兌換は順調に行われず次第に藩札の価値低下が引き起こされた。そのような時、幕府は1707年に正貨流通促進を目的として藩札の使用を一時禁止した。その結果、財政難の藩は兌換の準備不足のため銀貨に戻したのが4割にとどまり、残る6割は大坂蔵屋敷で発行した切手とよぶ証書によった。

鉄産業の発展

　鎌倉時代末期に隠岐国守護だった佐々木氏が戦に敗れて隠岐を脱出し、佐々木氏の一部が安芸国の山県郡加計に土着した。その末裔が江戸時代になって加計隅屋との屋号で寺尾銀山を開発し、鉄産業の経営を始めた。1628年に広島藩が鉄穴流しを禁止したため、加計隅屋は

石見国各地から砂鉄を購入して馬で運び、鑢製鉄（タタラ）で純度の高い鉄を作って鉄製品の生産を進めた。

　広島藩はこの鉄産業が藩の財政改善に役立つと考え、1680年に鉄座と呼ばれる専売制度を作ったり、1696年に広島城下の元安川畔に鉄座を置くなどしたことで鉄産業は発展していった。当時広島藩で産する多彩な鉄製品として、最後に「り」のつく言葉を集めて「安芸十利」と呼ばれた。すなわち、ヤスリ・イカリ・ハリ・クサリ・キリ・モリ・ツリバリ・カミソリ・ノコギリの10製品である。

　また製品だけでなく市場に流通する板状の割鉄にして、太田川を川舟で下って広島から船で運び、大坂の鉄座で販売し全国に知られた。加計隅屋は江戸時代後期には日本で最大手の鉄山師で、芸北一帯を統率する大庄屋となった。

　また広島藩では江戸時代以前から佐伯郡廿日市・世羅郡宇津戸・豊田郡忠海の3か所で鋳物が造られていた。廿日市では厳島神社建設の際この地に住み着いた山田貞則から継承されており、山田家は厳島神社の庇護の元、神社用具だけでなく近隣住民の日用器具類も造り続けた。江戸時代になると庄屋や本陣を務め、鋳物業は次第に副業となった。

　宇津戸は尾道から石州街道で三次に行く途中にある交通の要衝であるが、鋳物師の丹下家や坂下家によって寺院の梵鐘や住民用の鍋釜や農具が造られた。また忠海では小早川氏の城下だった三原から移った森田家が多くの寺院の梵鐘を造っている。

農業関連産業の拡大

　広島藩では豊富な水のおかげで、和紙の原料である楮（コウゾ）しか育たない山地の多くが和紙の産地として知られていた。中でも佐伯郡の木野川流域である大竹・小方・木野は盛んで、始まりは諸説あるが1600年

前後とされている。藩は 1646 年に紙方を設置して、原料の仕入れの補助やできた紙を庄屋の元に集めて検査する体制を作り、1700 年には小方に紙座をつくって管理を強化した。さらに 1706 年には製品すべてを広島城下の三川町に作った紙座で買い取り、自由な取引を禁じる完全専売制を敷いて生産増強を図った。このように広島和紙は厳格な品質管理により名声をあげ生産量も拡大した。

　また麻は江戸時代前から広島藩内の川沿いの地で生産されていた。特に太田川沿いの沼田郡古市では麻の表皮を撚って麻糸にする製法が考案され、雲石街道に沿っていたこともあり集散地として発展し、麻縄・麻紐・麻袋・畳縁・蚊帳・魚網など麻の古市として全国にその名を知られた。

　木綿も江戸時代以前から瀬戸内海沿岸部で広く栽培されていたが、城下周辺に干拓された塩分を多く含む土地は綿花の栽培に適し、盛んに生産されるようになった。1626 年には他藩に販売するために品質を守るため綿座が設けられて税も課された。1697 年には広島城下中島本町に綿花から種を除去する繰綿を行う請所、1710 年には検査する改所が設置され、藩の重要産業に成長して行った。

　1696 年に明治以前の最高の農書と評価される『農業全書』を著した農学者の宮崎安貞は広島藩出身である。

　一方で藩は、1676 年に災害などで飢餓状態にある農民に対して食用米や種米を 2 割の利息での貸付制度を始めているが、財政難が進むに従って利息を 3 割にして村々に強制的に貸し付けて、翌年に全額返済させる増税策に変質していった。

広島牡蠣の始まり

　佐伯郡草津村では 1670 年代になって小林五郎左衛門による牡蠣の篊建養殖が始まった。また安芸郡海田市村・矢野村・仁保島村でも篊

建養殖の記録が残っており、仁保島村淵崎の吉和屋平次郎も始めている。簀（ヒビ）というのは海中に建てた竹材でこれに牡蠣が付いて成長する。

　草津は港を持たない三次支藩に広島藩から交易港として提供されていたが、三次支藩にとって草津は藩用として大坂へ物品を運搬する重要な港だった。当時大坂が牡蠣の主要な市場になっていたが、広島の牡蠣は販路がないため商売としては成り立っていなかった。そのような時、業者が殻付き牡蠣を袋に詰めて船で大坂に直行し、船を橋に繋いで客の前で牡蠣打ちを実演して人気を得たといわれる。そこで草津村の役人たちが三次支藩に対し請願書を出して、1700年に草津村の牡蠣業者は大坂での独占販売権を獲得した。相次ぐ凶作などの影響で財政難に苦しんでいた三次藩にとっても、牡蠣の振興は多いに助かった。

　1707年に大坂で大火が発生したとき、居合わせた牡蠣業者が幕府や藩の命令を知らせる高札を焼失から守ったことから、大坂で手広く牡蠣の販売ができる特権を獲得した。こうして草津だけでなく仁保島から、35艘あったとされる牡蠣船で大坂へ大量の牡蠣を運搬し、販売量も拡大して広島牡蠣の名声が高まった。また江戸時代後期になると、川に船を係留して牡蠣料理を提供するようになり、最盛期には100隻近くもあったという。

　牡蠣以外の海産物だが、1660年ころ広島湾の仁保島でうすく伸ばして乾燥させた海苔が作られ始め、3年後には浅野家に献納したとされており、1717年の幕府の巡見使が領内名物と記述している。江戸時代後期になると、簀（ス）と木枠を使って生海苔を乾燥させて作る板海苔が広島で作られるようになり、海苔産業は大きな発展を見せた。

　漁業が盛んになると漁業権の争いも起こり、1694年には賀茂郡阿賀浦漁民が佐伯郡地御前浦の漁民の宮島沖での漁を認めるよう藩に訴えたが、2年後に却下されている。

干拓事業と自然災害

　藩の事業として干拓やその土地の造成作業が更にすすみ、比治村・竹屋村：舟入村・段原村・大須賀村などができた。

　この時代ひきつづき自然災害が発生した。1673年に雨が続き広島城下の被害は甚大で死者も多数出た。翌年も春から洪水が発生し夏には台風で被害が出た。1676年も洪水で橋や堤の破損が多発し1000軒以上の家屋が流出した。1681年は天候不順による凶作で、1689年と1691年にも長雨による洪水で田畑の被害が発生し、1702年には2度にわたり台風の来襲があり多くの被害があり、三原城の損壊も出た。1704年は台風、1705年には大雨、1707年は台風で被害が出、この年には数度の地震で広島城などに損壊が起こった。

　火災については、浅野綱長の時代に藩内の大きな発生はなかったが、1692年に藩が防火の制度を定めて藩内に4組の消防組を組織している。

赤穂事件への対応

　1701年3月22日（旧暦2月4日）、赤穂藩主の浅野長矩^{ナガノリ}が江戸城本丸の松の廊下で吉良義央^{ヨシヒサ}に刃傷に及び、即日改易され切腹となる事件を起こした。34歳だった。

　この事件は、幕府から天皇の勅使の饗応役に任じられていた長矩が、儀式の直前に吉良義央を背後から切りつけたものである。この原因は吉良家が幕府と朝廷の儀式作法を教える家柄だったことによる長矩との確執説のほか、賄賂無認識説・儀式予算出し惜しみ説・赤穂藩の塩田利権説など諸説がある。ただ、幼少時に藩主になり藩政は家臣任せで、頭を下げることを嫌う長矩の性格からくるストレスが背後にあったとされる。

　将軍の徳川綱吉は、朝廷との儀式を台無しにされたことに激怒し、

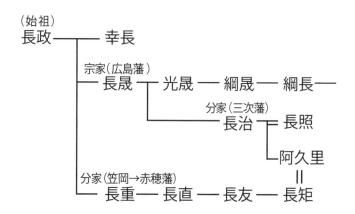

図Ⅱ-3　浅野家略系図

当時の法の原則だった喧嘩両成敗を無視して、即日長矩の切腹を決定し義央にはお咎めなしとした。この情報を赤穂城で受けた筆頭家老の大石良雄は、この不公平な処断に不満を持つ藩士をまとめて盟約をとりつけ、一か月後には城の明け渡しを済ませた。また路頭に迷うであろう家臣に藩に残った財産を分配したとされる。この上で吉良義央に制裁を与えるべきとの動きが静かに進んだ。

　この事件を知った広島藩主の浅野綱長は、浅野宗家が一族の連座など責任を取らねばならないような事態になることを非常に懸念した。それは赤穂藩浅野家が広島藩浅野家の分家で、長矩の正室は三次藩主の浅野長治の娘阿久里だったように、深い関係だったことによる。そこで綱長は苦しい財政状況の中、赤穂藩の藩札回収に多額の支援することになり、大坂の鴻池家からの借財の拡大につながった。さらに赤穂藩の親族を次々派遣して盟約の切り崩しを図ったり、長矩の弟の浅野大学を広島藩で預かるなど、敵討ちをやめさせるよう収拾に力を尽くした。

　しかし1703年1月30日（旧暦12月14日）、大石良雄は堀部安兵

衛など四十七士を率いて吉良邸を襲った。その結果、無事吉良義央を
打ち取って泉岳寺にある主君の墓前に首を供えた。幕府は世情を重ん
じ、武士の体面を重んじる切腹という処断とした。

　この結果、世間で赤穂浪士が英雄化されると、浅野綱長としては幕
府の目を気にすることが無くなり、豹変して赤穂藩の旧臣を召し抱え
るなど、浅野家の宣伝に利用するという老獪さを示したとされる。

三次支藩の困苦

　1632年に支藩として設けられた三次藩初代藩主の浅野長治は、多
くの実績を残し名君とされた。ただ播磨国赤穂藩主の浅野長矩に娘の
阿久里を正室として嫁がせたものの、跡継ぎの男子が無かった。そこ
で1657年に本家を継いだ弟の浅野光晟の次男の浅野長尚を養子にし
た。しかしすぐに病気になり翌年死去したため、三男の浅野長照を新
たに養子にした。

　長治は1675年に亡くなり長照は翌年初めて三次に入って支藩を継
承した。しかし当時の三次は度々水害があって財政が逼迫し、1686
年には藩士の一部を人員整理で広島藩に預けるような状態だった。長
照本人も病弱で嫡子がなく1682年に広島藩主綱長の弟浅野長澄を養
子に迎えた。長澄は養子になった後も江戸で幕府奥詰を務めるなどし
ていたが、1691年に長照が隠居して長澄に家督を譲ったので、長澄
は初めて三次に入った。当時は財政難が続いていて、長澄は藩政改革
として年貢率の引き上げを試みたが、農民の反発は強く一揆が発生し
た。

　このような時、親戚の赤穂藩主浅野長矩の刃傷事件が発生したので
ある。長澄は長矩の正室である瑤泉院（阿久里）を江戸赤坂にある三
次藩下屋敷に引き取ったが、瑤泉院はそこで剃髪し夫を弔うと共に、
赤穂の塩田から上がった運上銀を大石内蔵助に託すなど仇討ちを陰で
支えたとされている。

厳島神社とお陰参り

　東国から始まったお陰参りの流行により日本中で名所旧跡や盛り場を訪れる旅が庶民の間で広まり、宮島もその流れに沿って発展した。ただお陰参りは広島藩ではまだ許されていなかった。

　歌舞伎は1603年に出雲のお国が始めたとされ、その後江戸歌舞伎と関西歌舞伎に分かれ発展し、宮島には京や大坂からやって来て興行が始まった。井原西鶴が『浮世草子』の中で、宮島を金毘羅と備中宮内と並んで西国三大芝居の一つと称したのもこの頃である。また相撲興行も行われた。藩主の浅野綱長も厳島神社に関心を持っていたようで、1680年に腐食が激しくなった福島正則の造営した能舞台を現在の姿に造り直している。

　管弦祭は平清盛が始めたとされるが、1681年に綱長は自ら御座船を造り厳島号と命名している。当時は夏市の中心行事の船管弦として厳島神社の祭礼の様式も定まって、瀬戸内海の各地から多数の船や参詣者が集まった。その中で1701年の管弦祭の時、台風の来襲により御座船が遭難するという事故が発生した。この場面で賀茂郡阿賀村の鯛網船と沼田郡江波村の伝馬船が救助したことにより、現在に至るまで阿賀と江波の船が管弦船を曳航することが慣例になった。

　1692年には宮島奉行の要請で宮島三月祭礼市を開いている。一方で、宮島奉行は1695年に『宮島中法度』を厳島神社と町内の有力者に発して、衣類・火の用心・来島者・芝居・遊女に関する注意書きを伝えている。また綱長は1702年に狩野常信が三福神と楓鹿を描いた絵馬を奉納している。

　宮島に関する書物も発行され、福岡藩の儒学者である貝原益軒による『安芸国厳島勝景図』が1689年に著わされ、広島城下白神組の町役を務めていた小島常也が宮島に通い詰めた情報をまとめ『厳島道芝

記』を 1702 年に出している。また 1684 年には『日本行脚文集』を出
版した俳人の大淀三千風が諸国行脚の途中広島から船で来島してい
る。

綱長の末期

　浅野綱長は在任 35 年間におよび、文政面では色んな実績を残した
が、反面で財政の悪化はますます進み、有効な財政再建策は出てこな
かった。

　このような時、1707 年に宝永地震が発生した。南海沖を震源地と
した大地震で、記録に残る日本最大級の地震とされている。広島藩に
も被害が及び、特に酒屋や醤油屋の樽の破損による被害が大きく、広
島城の石垣が崩壊し堀の水があふれて路上に溢れたとされる。

　この翌年早々、綱長は享年 50 歳で病死した。

9.　徳川綱吉の後継

　徳川綱吉は嫡男を失ったため、1704 年に兄綱重の子で家光の孫に
あたる甲府徳川家の豊綱を徳川家宣と改名し養子とし後継将軍に決定
した。この 5 年後に綱吉は天然痘により 64 歳で亡くなり、48 歳の家
宣が第六代将軍に就任した。

家宣の政治

　徳川家宣は綱吉に重用されていた柳沢吉保を罷免して、旗本で朱子
学者の新井白石を政治顧問、間部詮房を側用人として幕政を進めた。
その間正徳の治と呼ばれる一時代をもたらし、生類憐みの令を順次廃
止したり酒税を廃止して江戸庶民を喜ばせた。

　またこれまで幕府が多くの藩主を改易したことで浪人が巷に溢れ社
会不安を引き起こしていたことに鑑み、できるだけ藩を廃絶しないよ

う方針を変え、藩主の交代は幕府の役職就任による徳川系大名の転封が主流となった。

　その中で先代から勘定奉行の荻原重秀は、1707年に幕府発行の貨幣の流通が滞るとして藩札の使用を禁止した。これは幕府が行っている金銀含有率の低い宝永金銀の流通が滞るのを防ぐためで、その後も発行し続けた。こうして一時的な財政改善が見えたものの貨幣の改悪は物価上昇を生んだ。

　家宣は役人に賄賂を贈ることを固く禁じ、庶民の政治批判の落書も不問としたが、裏では荻原重秀が御用商人からの収賄による巨額な利益を得たとされる。これに対し白石は家宣を挟んだ暗闘の末、1712年に重秀の罷免に成功し結託して暴利をむさぼっていた銀座関係者を遠島や追放にした。

　ところがこの直後、家宣は当時流行していた風邪をこじらせ50歳で死亡したのである。現在のインフルエンザとされる。わずか3年間の将軍就任だった。

徳川家継の時代

　徳川家宣を継いだのは、兄が皆早世したため4男でまだ3歳の徳川家継だった。政治は引き続き新井白石が中心に、正徳の改革が続けられた。幕府は幕内の金権体質の阻止のため、1714年に慶長金銀貨と同品位の正徳金銀貨にして質向上することで金融引き締めに踏み切った。しかし金や銀の生産が進まない中、質を落とした宝永金銀などの回収に頼らざるをえないため貨幣の数量が増えないだけでなく旧貨幣との交換も進まず、銀の相場が急騰して上方からの商品の流入が止まり江戸の物価は上昇した。この中で改鋳益金によって華美な奢侈的生活をしていた銀座年寄の中村内蔵助らの粛清を断行した。

新井白石

　新井白石は幼少より非凡な才能を示したが気性は激しかったとされる。1686 年に朱子学者の木下順庵に弟子入りし頭角を現し、順庵によって甲府徳川氏に推挙された。幸運にもこの甲府徳川氏から徳川家宣が徳川綱吉の後継に選ばれると、白石は将軍の学問の師として幕政を主導する立場になった。

　1708 年にローマ法王からキリスト教布教を命じられたイエズス会宣教師のシドッチが、屋久島に潜入して捕らえられた。白石は江戸に護送されてきたシドッチの取り調べに当たったが、尋問の中で宗教・歴史・天文・地理など多岐にわたるヨーロッパの情報を得た。これをまとめたのが『西洋紀聞』と『采覧異言』である。

　1710 年に白石は『武家諸法度』を具体的な条文を加え、幕藩体制の根幹をなす身分制度を正当化する朱子学の思想を取り込んで文治政治の理念を明瞭化するよう改定した。

　翌年に徳川家宣の将軍就任祝いで朝鮮通信使来訪の連絡が来た。白石はこの接待が幕府にとっては膨大な経費がかかることから招聘に反対したが、老中首座の土屋政直が従来通りを主張したため白石も折れて、結局大幅に簡素化した接待になった。しかし、幼い徳川家継の就任祝いでは朝鮮通信使の招聘は行わなかった。このように幕府内の革新派と旧守派の鬩ぎ合いが続いた。

　1715 年に白石は放漫財政と奢侈な風潮を引き締めるため、中国への金銀の流出を防止する『海舶互市新例』を発した。これは金銀に代えて物産の輸出を奨励するもので、干鮑や鱶鰭など俵物と呼ばれる俵に詰めた海産物の乾物は中華料理の高級食材で清国国内での需要が高く輸出が増加した。一方で、日本国内での生糸や漢方薬などの需要が活発で、それを入手するための金銀の流出はなかなか改善されなかった。

　また欧州輸出が盛んだった伊万里焼は、中国の景徳鎮の復興もあり

輸出が中止された。

徳川宗家の断絶

　新井白石と間部詮房は幼い徳川家継を盛り立てながら幕政を進めたが、蚊帳の外に置かれた譜代大名とは次第に軋轢が生まれていった。このような時、就任4年後の1716年に家継は風邪が悪化して夭折してしまった。急性肺炎とされ享年8歳だった。

　家継には叔父にあたる上野国館林藩主の松平清武がいたが、清武自身には将軍職を継ぐ野心はなかったとされ、嫡男も1724年に早世した。こうして徳川秀忠から繋がる徳川宗家は断絶したことになった。

Ⅲ
江戸中期の広島藩

　徳川吉宗から徳川家治に至る時代は、幕府の改革が繰り返された時代で、広島藩も浅野吉長、浅野宗恒、浅野重晟の三代に渡って幕府に従って藩政を行った。

1. 徳川吉宗の継承

　幼少の七代将軍の徳川家継が危篤になって徳川宗家の中に候補者不在になると、このような事態に備えて徳川家康が定めた徳川御三家の出番となった。御三家で候補者の筆頭は尾張徳川家の当主である徳川継友で、次が紀州藩主の徳川吉宗、水戸徳川家は格外とされていた。この中の継友は関白太政大臣の近衛家熙の次女安己姫と婚約しているなど朝廷との関係も深く、側用人の新井白石らにも支持され、次期将軍が確実視されていた。

　ところが徳川家宣の未亡人で大奥の実力者だった天英院によりそれが覆り、吉宗が選らばれたのである。天英院がなぜ吉宗を選んだかについては諸説あって、吉宗家臣の根回し説、反新井白石派による策略説、将軍位を争わないという尾張徳川の家風説、継友の人格不適切説などがある。

徳川吉宗とは

　徳川吉宗は1684年に紀州藩主の徳川光貞の4男として生まれた。1705年に父と2人の兄が相次いで亡くなり、22歳で紀州徳川家を相続し吉宗と改名した。藩主になってからは悪化した藩財政を再建するために藩政機構の簡素化を始め、家臣の給与削減や藩札の停止、さらに自らも木綿の服を着るなどして質素倹約を推進した。こうして幕府から借りた父親と兄の葬儀費や宝永地震での災害復旧費などにより悪化していた藩財政の再建に成功した。また訴訟箱の設置や文武の奨励、孝行への褒賞など、人間味のある改革にも努めた。このような情報は幕府内にも伝わり、将軍就任にも影響を与えたとされる。

　こうして1716年に徳川家継が亡くなって将軍として江戸城に入城する際、吉宗は紀州藩士を40人程度しか従えず、その藩士も禄の少ない者から選ぶなど、幕府内での混乱が起こらないよう配慮したとされる。なお吉宗は将軍就任にあたり、それまでの慣例とは異なり紀州藩を廃藩とせず存続させた。

吉宗の幕府体制

　徳川家宣・家継の時代、新井白石など側用人による側近政治がはびこっていたが、徳川吉宗はまず側用人を排除し、老中は置いたが重用しなかった。この措置はそれまで白石に不満を持っていた旗本や譜代大名には好感をもって受け入れられた。さらに吉宗は白石が中心になって定めた朝鮮通信使の対応や武家諸法度などを覆し、白石が家宣に提出していた膨大な政策資料や著書などすべて廃棄したとされる。こうして1719年に就任祝いの朝鮮通信使を新たな接待方法で受け入れている。

　また吉宗はそれまで重視された理念的な朱子学より実学を重んじ、朱子学を否定する儒教の一派である山鹿素行に繋がる古文辞学派の儒者を近くに置いた。特に荻生徂徠には、将軍としての大局的な視点を

学ぶために政治的助言を受けた。徂徠により献上された『政談』には政治・経済・社会の問題点と具体策が示されており、吉宗の政策に大きな影響を与えた。

更にこの時代、幕府として平民に道徳意識を与えることが重視され、平易で実践的な道徳の教えとして石門心学が採りあげられた。石門心学は思想家の石田梅岩を開祖とする倫理学の一派で、神道・儒教・仏教の三教合一説を基盤とした無心で仁義を実践すべきとの教えで、一般民衆に心学者が教えるため全国に心学講舎がつくられた。

対外政策であるが、新井白石は財政引締めのため中国への物産の輸出を奨励したが、徳川吉宗もこの政策を引き継いだ。その中で1729年に輸出製品はすべてを長崎奉行に所属する長崎会所の専売として自由な売買を禁止し、一方でキリスト教関連以外の書物の輸入制限を緩和した。

享保の改革

当時新井白石などを中心に行われた正徳の治が破綻をきたし、通貨供給量が減少し藩札通用停止令もあってデフレが進行していた。そこで徳川吉宗は紀州藩での体験を基にして幕府財政の立て直しに着手した。

吉宗は財政改善のために年貢を増やす手段として、米価を高めに導き安定させることを基本方針とした。米価の安定は武士の俸禄が安定するだけでなく農民にとっても受け入れ可能と考え、自らが範を示すため質素倹約に努めると共に幕府の支出を切り詰めることから始めた。

直轄地の農民に対しそれまで4公6民だった年貢率を5公5民に増税すると共に、1718年に幕府直轄地に対し、従来の検見法から多くの藩で採用されていた定免法へ切り替え、安定した年貢の確保を狙った。さらに租税の基本となる検地について、1722年に『新田検地条

目』を定め、新田の検地に適用した。また 1722 年に諸藩に対して石高 1 万石につき 100 石の上米と呼ばれる上納金を納めるよう求めた。

　なお吉宗は飢饉の際の救済策として、青木昆陽に命じて江戸近辺と上総国や下総国でサツマイモの栽培を試作させた。これが次第に普及して飢饉で多くの命を救ったとされる。

　さらに吉宗は 1721 年に江戸城前に目安箱と呼ばれる訴状を入れる箱を設置し民衆の声を聴こうとしている。ただ幕府の財政を潤沢にして改革に貢献した功労者とされる勘定奉行の神尾春央が、「胡麻と百姓は絞れば絞る程出るもの」と言ったとされ、吉宗の思いとは違う幕内の状況を示している。

　こうして幕府財政は特に米相場の安定により改善に向かい、上米は 1730 年には終了させた。そのため吉宗は米将軍と呼ばれている。ただこの一連の動きは土地の売買を制限付きながら認めることになり、貨幣経済の発達を受け入れて封建制度の変質を引き起こした。

元文の改鋳

　享保の改革で世の中が安定した反面、増税によって経済に活気がなくなり江戸を中心に深刻な不況に向かっていった。これに追い打ちをかけたのが享保の大飢饉である。1732 年の夏、西日本各地で長雨による冷夏のため害虫が発生し稲作が大凶作となって、250 万人以上が飢餓に苦しんだといわれる。さらに翌年には江戸にまで波及した米価高騰により享保の打ちこわしが起こった。

　徳川吉宗はこの不況を乗り越えるために、1736 年ころから貨幣改鋳により品位を低下させ、通貨量を拡大させるとの政策を採らざるを得なくなった。吉宗は町奉行の大岡忠相と勘定奉行の細田時以を最高責任者として、小判と丁銀の金銀含有率を大幅に下げ市場に導入した。この際、旧貨との引替には割増金をつけたことで、新通貨の急激な増大につながった。当初はインフレに見舞われたが、次第に物価や

金銀相場は安定し、長く続いたデフレからの脱却に成功した。

　これは元文の改鋳とよばれ、経済全体に好影響を与えた数少ない改鋳の一つで、吉宗は幕府中興の名君として名を残した。

支配強化

　この頃の農村は貨幣経済が浸透してきて、自給自足が原則だった農民の間にも商品の流通が行われ始めた。そのため土地を抵当にして金銭を借りる者も出て、徳川家光の定めた『田畑永代売買禁止令』にもかかわらず、証文による土地の移動が盛んにおこなわれるようになった。これは封建制度を根底から揺るがすもので、幕府は質流れになった土地の所有権を元の持ち主に戻す『流地禁止令』を発し農民を農地に留めようとした。しかしこの措置によって農民の金繰りに支障を来して各地に混乱を引き起こしたため、幕府は翌年この法令を取り下げざるを得なくなった。

　徳川吉宗は財政改革の一環として、農民の移動を防ぐため各藩に命じて 1721 年から 6 年ごとに人口を把握できる人別帖を作成させた。これによると日本全体の人口総計は約 2600 万人で、江戸の人口は約 110 万人だったと推定されている。これは当時ロンドンが 70 万人、パリ 50 万人、ウィーン 25 万人であることから、江戸は世界最大の都市だったことになる。江戸の身分別人口は武家 50 万人、町方 50 万人、寺社その他 10 万人だった。

　また 1718 年に町奉行の大岡忠相が町火消を組織して江戸の火災を守ったが、町人の 5 人に 1 人が火消だったとされる。

　さらに吉宗はそれまでにも出されていた奢侈禁止令の徹底を図ろうとし、1713 年に贅沢品の生産を止めて新商品の開発を業者に命じ、1718 年には町奉行に町人の下着に至るまで贅沢な振る舞いが無いように監視を命じた。

公事方御定書

　徳川吉宗は 1742 年に『公事方御定書』を作り上げ運用を開始した。これは吉宗自身が 1737 年に編纂に着手したもので、それまで禁止事項などを触書という形で個々に出していたものを体系的に法律としてまとめたものである。その後も吉宗の亡くなるまで 5 回にわたって増補と改定が行われた。この御定書では、それまで罪を犯すと多くが死刑か追放に処されていたものが、更生させるという考え方が取り入れられており、吉宗の意向とされている。このような幕府による刑法や民法は幕府領内だけで効力を有するが、御定書は日本国内における統一法のようになり、多くの藩で取り入れられた。

　一方でこの時代、いろんな決まりが守られない状況だったようで、奢侈禁止の違反が頻発するため 1745 年に、町人が絹・紬・木綿・麻布以外の物を着ていたら没収するよう、商人に対して特に厳しく当たっている。

皇室との関係

　幕府はこれまで朝廷の対外的な権限を徹底的に奪うことを進めてきたが、徳川吉宗はこれを見直して天皇の権威向上に努めたといわれる。1735 年に即位した桜町天皇との関係でも、それまで途絶えていた天皇の即位に伴う元号の変更を行い、享保を元文とした。1738 年には中断していた大嘗祭を再開して朝廷の儀式の復興を図った。さらに 1743 年には、諸国の神社に位階や神号などを授ける権限を吉田神道から皇室に取り戻すことに成功した。

　その後、桜町天皇は 1747 年に桃園天皇に譲位して院政による更なる天皇の権威向上を図ろうとしたが、3 年後に 31 歳で病没しこの流れは断たれた。

参勤交代の変化

　幕府は 1722 年に諸藩に上米の上納を求めたが、その代償として参勤交代の江戸に滞在する期間を 1 年から半年に短縮した。参勤交代制度は何度か変更されているが、この変更が最も大きなものだった。吉宗は諸藩を 4 つのグループに分けて、在府期間を半年、在国を 1 年半に改めた。藩の規模により差があるが、参勤交代の経費が藩収入の 4 分の 3 程度を占め、その中でも江戸での滞在費が諸藩の財政に大きな負担を強いるという状況に基づいていた。

　西国の大名の参勤交代は、海路で大坂まで行きそこから東海道を通って江戸に向かうのが一般的だった。ところが 1725 年に萩藩主の毛利吉元の船が遭難し多くの死者を出す事件が起こった。それまでも海路は天候などで難儀することもあり、さらに財政負担が大きいこともあって、これを機に陸路を利用する藩が増えて行った。陸路に変えることができたのは、山賊の出た危険な場所への対応などで街道の安全が増したためでもあった。

文化振興

　徳川吉宗は享保の改革で殖産振興を進める一方で、中国の薬物学である本草学を推奨し、役人を全国に派遣して各地の産物で薬材となる植物を徹底調査させるなどした。

　吉宗は海外にも非常に興味を持っていたとされ、中国商人に象を注文したところ献上されることになった。日本への象の渡来は室町期にあったが、1728 年に長崎に到着し陸路で江戸まで運ばれ、途中で大ブームを引き起こした。広島藩を通る際、藩主も象を見物したとされる。京都では中御門天皇や霊元法皇に拝謁し、江戸でも熱狂的な歓迎を受けた。吉宗は江戸城に象を召し出し、その後も呼び寄せて見るのを楽しみにしたとされる。

このような中、それまで信仰や伝説で恐れられていた妖怪などに対する人々の接し方が変わってゆき、妖怪は実存しないとの考えが常識になった。すると逆に人々は妖怪を娯楽として楽しむという流れが生じた。これが江戸を中心に起こった妖怪ブームで、妖怪は浮世絵・芝居・落語などの題材としても盛んに使われるようになった。

　当時の市井の学者として名高いのが石門心学の石田梅岩である。独自の哲学を樹立し、身分差は人間の価値を示すものではなく職分の違いに過ぎないとし、商人の支持を集めた。1729年に自宅に講義場を設け、最盛期には門人が400人に上った。

　1717年に岩国藩から82冊からなる『陰徳太平記』が出版された。これは輝かしい過去の栄光を持つ毛利家の思いが綴られた歴史書だが、内容は毛利家に都合のいいように事実が曲げられているとされている。

　また同じ頃佐賀藩士によってまとめられたのが『葉隠』である。武士のあるべき姿が論じられ「君主に対して陰の奉公を重んじ、自分の功績を競うべきでない」とされた。

　絵画の世界は、幕府の御用絵師になった狩野派の繁栄が続いていたが、一方では保守的な狩野派に飽き足らず新しい表現を求める画家が輩出した。その一つが中国の文人画の影響を受けた南画と呼ばれる一派で、祇園南海・柳沢淇園・彭城百川などを先駆として，池大雅や与謝蕪村らが日本独自の様式に大成した。その後、京や大阪で浦上玉堂・青木木米・田能村竹田など、江戸では谷文晁・渡辺崋山らが独特の画風をつくりだし、多くが藩の御用絵師としても活躍した。

2. 広島藩五代目の浅野吉長

　1708 年に浅野綱長が病死し、跡を継いだのは長男で 28 歳の浅野吉長だった。当時の幕府は、徳川綱吉から将軍が徳川家宣に代わり、すぐに幼少の徳川家継へと代わる不安定な時代だった。

　広島藩も宝永地震の被害が残り財政面でも困難な時期で、翌 1709 年に広島藩が大坂の豪商である鴻池善右衛門から貧民救済に施す米である合力米と称する 300 俵の米の支援をうけ、この返礼として 1712 年に善右衛門父子を宮島に招待している。

　当時 1715 年の広島藩の人口は、55 万 4 千人とされる。

浅野吉長の政治

　浅野吉長は父側が豊臣家だけでなく徳川家康や前田利常からの血統を引いており、母も尾張藩主徳川光友の三女、正室は加賀藩主前田吉徳の姉節姫と、押しも押されぬ君主だった。吉長はこの強い立場を活用して広島藩における改革を始めたのは、幕府が徳川吉宗による享保の改革を始める 8 年前のことだった。

　吉長は藩政改革を進める中で、学問と政治の一致という理想を追求するため藩士の武芸を奨励し、甲州流軍学の祖である小幡景憲の子孫を広島藩に招き教授させ、武具奉行を置いて武器や武具の充実に努めた。

　こうして吉長は江戸の七賢人の 1 人に数えられ、当初は広島藩中興の祖とたたえられた。

藩内の体制改革

　浅野吉長の就任当初の広島藩では、藩政を推進すべき家老は世襲による名誉職となって硬直化し、改革など望めない状況だった。吉長は

自身の舵取りで合議による政治を志向したとされ、家老を顧問役として政務から外した。その上で、格式にとらわれずに有能な人材を抜擢して4〜5人を年寄役にしてその中の1人を年寄上座に任じ政務を統括させた。さらに将来の年寄候補の人材を近習頭とよぶ藩主の秘書役に登用した。その上で、各役職の服務規定を決め、藩政機構の職務の分掌と責任領域の明確化を急速に進めて行った。こうして官僚制度が出来上がったのである。しかし一方では、それまで君主やその代行者の独断で政治が行なわれ、人事も世襲されていたのに対し、柔軟な人材登用が出世をめぐる派閥争いを激しくした。

吉長は1713年に年寄に向けた21か条にわたる心得書をつくり、儒教に則り民衆を慈しみ、職務に忠実で修練により平穏な世を目指すとした。またそれまで行政業務は役人の自邸で行っていたが、合議の場所として御用達所、行政の府として御用屋敷を城内に設置し、公私の別を明確にして公正を期した。

広島藩は藩主吉長に男子の誕生を祈念するために、1716年に鬼門の方向にある明星院に祈祷堂を建立することになった。そこで僧の暾高が京都と大坂に行って高度な仏壇仏具製造の技術を持ち帰り、城下の仏壇職人に祈祷堂を製作させたことで広島仏壇の技術が磨かれた。効果があったのか、翌1717年9月に長男で後の浅野宗恒が生まれている。

郡制改革

広島藩はそれまで農民に対し倹約令を出して貢租の増額を図ろうとしていたが、浅野吉長は税を確実に収得するための構造改革を実施した。それは1712年に発布した『郡方新格』で、各郡に配置している武士階級の代官を廃止し、割庄屋に代えて有力な庄屋の中から抜擢した所務役人とその下に2名の頭庄屋を置いて、上意下達の仕組みを徹底させて農民を抑えようとした。所務役人は郡当たり2〜3人の計

40人で、名字帯刀が許され農民ながら俸給も与えられた。また目安箱を町村に置いて役人の不正を監視しようとした。

　こうして上層農民を藩の機構に組み入れることで、農民支配の強化を図った。こうして当時の年貢率は50〜60％と過去最高になったとされる。さらに吉長は藩内の規律を引き締めるため、1719年に武家屋敷や寺社における賭け事を禁止した。当時流行っていたのは三笠付とよばれる賭博の一種で、俳句のような五七五の文字の組み合わせを当てるもので変種もあった。

三次藩の終焉ともののけ

　当時の三次藩主の浅野長澄は浅野綱長の弟だが、1718年に三次陣屋で亡くなり三男の浅野長経が相続した。ところが長経は半年後に11歳で亡くなったため、弟で7歳の浅野長寔を跡継ぎにしようとした。ところが幕府には認められず、三次浅野藩は本家に一旦還付された。その後広島藩主の浅野吉長が長寔を跡継ぎとして認められるようにと将軍に拝謁させるため江戸に入ったが、長寔は急病になり亡くなってしまい、以後三次藩が再興されることはなかった。

　三次藩が本家である広島藩に併合された後も元三次藩士は地元待機となっていた。その中の1人である稲生正令は、1749年に妖怪にまつわる体験談を『稲生物怪録』としてまとめた。江戸に於ける妖怪ブームが伝わり、当時の三次藩士の鬱屈した状況が妖怪の体験談を生んだと思われるが、その後も多くの人がこの話に興味を持ち、江戸後期の国学者の平田篤胤が話を広め、明治以降も泉鏡花・稲垣足穂・折口信夫などが作品化しており、また三次では現在も三次物怪まつりが行われている。

　三次支藩が廃藩になって10年経った1730年、浅野吉長は浅野家の後継が絶えるのを防ぐため、弟の浅野長賢に藩の蔵米3万石を与えて

広島新田藩として支藩を復活させた。支藩は他の大藩でも新たに開発した田畑を分家に与えることで運営していたが、広島新田藩の場合、与える土地は特定せず、藩が相当分を支給するという方式をとった。藩主は参勤交代を行わず江戸の青山にある上屋敷に常在したことから、青山浅野家と呼ばれた。

享保の一揆

　浅野吉長は、1716年に地詰の触れを出して準備を進めさせたが、結局は実施せず蔵入地など一部に定免制を採用した。地詰の触れはそれまでに実現した高い年貢率を維持するための目眩ましだったとされる。これにより藩から任命された所務役人と頭庄屋は、吉長の狙い通り徹底して農民から高率の年貢を取り立てた。

　吉長は自分の理想を追求する姿勢を続けたが、藩内の農民の不満は次第に鬱積していった。このような時、三次支藩や福山藩で農民の不満による一揆が発生すると、これに誘発されて1718年に広島藩でも福山藩に接する三上郡が発端となって一揆が起こり、さらに甲奴郡や世羅郡さらに豊田郡・安芸郡・佐伯郡へと飛び火した。一揆の原因は、吉長が自信をもって推し進めた庶務役人の任命や年貢の増額などの郡制改革に対する不満で、あっという間に藩内全体に広がった。

　この状況を見た藩は、所務役人と頭庄屋を罷免して農民に自重を求めたが一揆は続き、他地域にも波及し総勢30万人といわれる一揆となった。これら一揆に加わった農民が本百姓であったことから、結局藩としても年貢率を下げるとの農民の要求を呑んで、『郡方新格』を取り下げざるを得ず、頭庄屋は元の割庄屋に戻した。また先代の実施していた米の強制的な貸付制度も1719年以降もとに戻された。

　こうして吉長の郡制改革は失敗に終わり、制度は旧来に戻され定免制も元の土免制に戻された。しかし一揆が鎮静化すると、藩は面子を

守るため首謀者を次々に逮捕して処刑した。藩全体で斬首獄門など極刑が 49 名、入獄したもの 129 名、その他逃れて隠れ住んだ者は多数に及んだとされる。一方で打ちこわしに会った所務役人や頭庄屋などに対しては、郡内で損害に応じた弁償が行われた。

　このように吉長は首謀者を処罰したものの、一揆そのものに対しては強硬策をとることができなかった。これは封建制の元で藩主は領民に対して絶対的な権限を持っているが、領地から生み出される年貢が権力の根源であるため、年貢を生み出す農民に対して慎重にならざるを得なかったことによる。また、藩は幕府の享保の改革に応じて 1726 年に厳しい倹約令を発していることが藩の苦しい立場を示している。

芸州政基と地概<ruby>地概<rt>ジ ナラシ</rt></ruby>

　広島藩では浅野光晟が地詰を行ってから百年も経っており、長期にわたり検地が実施されなかったため農民間に年貢や諸役の賦課率に不平等が生じ田地を離れる没落農民を発生させていた。そのため 1733 年に広島藩の農村支配の状況と展望を論じた『芸州政基』が成立し、この中で検地の実施や土免制から定免制への変更の必要性を論じており、その後長く藩農政の指針とされた。ただこれはあくまでも藩としての視点で、農民側に立ったものではなかった。

　これを受けて、1736 年に藩は地概<ruby>地概<rt>ジ ナラシ</rt></ruby>を実施した。地概というのは、“概”が“あらまし”とか“ならして一様にする”という意味をもつことから、正規に地詰を行うのではなく問題のある地域の簡易的な見直しを行ったと考えられる。しかし実際は年貢の確保が狙いで、従来から固定された村高を再配分するだけだったため、これも農民の反対によって撤回することになった。そのため村と藩の合意により小規模の地概は多く行われたが、これ以降広島藩における地詰が行われることはなかった。

一方で浅野吉長は儒教に学んで徳政を意識してか、冷夏による危機に面した塩田に対し運上銀を減額したり、1751年に木綿が不作になった際に安芸郡15か村に米200石を貸付けるという善政も行っている。

藩札発行と財政悪化

　幕府は1730年に享保の改革による諸藩の財政悪化を救済するため、藩札使用停止を解禁した。広島藩としてもすぐに幕府の許可を得て藩札発行を再開した。藩は領内で回収した銀貨を藩庫に吸い上げて藩の財政補填に用いるため、藩内での銀貨の通用を停止して藩札の使用を強制した。

　ところが広島藩は急遽実施したため兌換に必要な銀貨が十分に準備できていなかった。ちょうどこの頃、西日本を中心に享保の飢饉が発生して諸物価が急騰すると、藩札を銀貨に交換しようと人々が広島城下の革屋町にあった交換所に押しかけ、準備金の不足により恐慌を起こす事態が発生した。さらに藩の財政の悪化は続き、1733年に浅野吉長が参勤交代で帰国する際の費用調達に窮し、町方と郡中に御用銀とよぶ臨時の税を課している。

　同じ1733年に広島藩は広島の豪商13名に資金調達を命じ、大坂で藩の債権を発行し大坂商人から銀貨の融通をうけることに成功した。こうして大坂商人からの借金によって経済混乱は鎮静化したが、藩は1735年に再び藩札を発行し総発行高は約70万両になった。1737年には藩の大坂蔵屋敷で米の入庫がないのに保管証明書を多量に発行して騒動を起こし、1741年になると家臣団に貸すため大坂の岩井屋仁兵衛から融資を受けており、翌年には家臣と町人の貸し借りを禁止している。

　このような藩財政の悪化に伴い家臣の困窮も進み、1743年の広島藩の大坂での借金は40万両にのぼったとされる。吉長もこの状況を

憂い、1745年に家中の士風の衰えを戒めるために引き締めを行い、同時に御用銀の利下げを行っている。さらに翌年には、金銭の貸借に関連する訴訟が増大して奉行所での対応が困難になり、当事者同士で解決するよう通達を出している。

御手洗の発展と運輸交通

　当時、商人同士の競争が激しくなり藩を超えた物流は効率化のため沖乗りによる海運が主流になって行った。広島城下の水主町の船着き場は沖乗りの港と物流が増えたことで拡大し、1733年に浅野藩の船の守護神として住吉神社が建てられ信仰された。

　このため地乗りで繁栄していた尾道は停滞するようになり、藩は1715年に尾道奉行を新設して、町の行政だけでなく寺社や陸海の輸送関係などを管轄下に置くことで梃入れをはかった。特に1740年に奉行に就任した平山角左衛門は、藩の事業として尾道の住吉浜を埋め立てて係船用雁木を築造する工事を陣頭指揮して完成させた。さらに商人間の秩序を守るための掟を明文化し、問屋仲間を藩公認にして商品の代金を立て替える機関を設けるなどして尾道を繁栄に向かわせた。

　一方で沖乗りにより、大崎下島の御手洗や倉橋島最南端の鹿老渡での取引量が上がった。御手洗の発展を後押ししたのが薩摩藩である。薩摩藩は1610年から琉球王国を幕府も認めて実効支配していたが、この頃から強力な専売制を敷いて琉球の奄美大島で産する黒糖を、御手洗を中継基地として大坂で販売し利益を得ていた。御手洗には広島藩からの借用地に薩摩藩の施設が設けられ、1717年に当たる「享保二年」と記された薩摩藩の家老を勤めた二階堂行登の墓が残っている。広島藩と薩摩藩は幕府の許可を得ないまま、御手洗での関係を深めて行ったようだ。

当時、全国的に港町には遊郭があったが、広島藩内でも宮島の他に、尾道・忠海・木ノ江・鹿老渡に藩公認の遊郭があった。御手洗にも1724年に藩の認可を得て若胡子屋という待合茶屋ができ、おちょろ船とよばれる船上での商売も盛んで、その後も遊郭が増えるなど賑やかになって行った。

　広島藩は街道の整備にも力を入れ、1717年には浅野吉長自身が佐伯郡・山県郡・高宮郡の3郡を廻って、街道沿いに設置した一里塚の修復や国境に設置した坑木の整備を命じている。また翌年には、各村からの請願を広島城下に送る場合、定期飛脚便を設けて村の負担を軽減した。

新しい産業
　1718年ころ佐伯郡大野村の漁民が舟で海底を浚い海鼠（ナマコ）を捕る網を考案したとされ、それが小方・地御前・井口・草津・能美島へと伝わり藩の重要な産物となった。幕府による輸出振興が進む中、広島藩では俵物（タワラモノ）としての海鼠の乾物を輸出品に加えることになった。俵物とは輸出のため海産物を乾物にして俵に詰めたものをいう。
　また、この頃から牡蠣養殖と同じように、篊（ヒビ）を浅海に立てて海苔の胞子を付着させ成長させる海苔養殖が始まった。一方で竹原における製塩業は1720年ころに最盛期を迎えたが、その後各地に塩田が乱立したため生産過剰になり衰退していった。

湯の山温泉
　佐伯郡和田村には古くから温泉が湧いていたが、1748年にその湯量が増して噴出するようになり、湯の山温泉とよばれ湯治宿が37軒建つほどににぎわいを見せた。これを聞いて喜んだのが藩政への意欲をなくしていた浅野吉長で、藩の湯治場として湯屋を建て自らも入湯し

に訪れた。さらに 1750 年には湯の山神宮の本殿と拝殿を再建し、燈篭や金の幣を奉納している。

　湯の山温泉には多くの文人などが訪れて、国学者の渡辺正任が『水内紀行』、藩の儒学者の堀正脩が『霊泉記』に記している。また 1787 年になって藩のお抱え絵師である岡岷山が『都志見往来日記・同諸勝図』の中に風景写生を残している。

文教政策の推進

　浅野吉長は歴代藩主の中でも好学で知られ、将来の藩を背負う藩士の子弟に儒教に対する理解を深めることを求めた。先代につづき儒学者を大切にし、1725 年に城下白島町に稽古屋敷を設置して講学所と武術練習所と呼ばれる藩校を創設し、儒学者の寺田臨川を教授に登用し子弟教育を始めた。藩財政の困窮により 1743 年に一旦閉鎖したが、吉長にとって仁政や忠孝といった儒教の徳目を政治の規範とする姿勢は、終生変わらなかった。

　なお、平民の子弟のための学校である寺子屋は、1700 年代後半に一般に普及し 1800 年代に拡大したとされている。広島藩では藩士の子弟教育には積極的であったが、一般庶民に対しては消極的で特に農民の子弟に対しては、暗にその勉学を抑制したとされる。

　幕府は徳川家光の時代から修史事業に着手しその後も継続していた。浅野吉長はそれまで幕府に提出していた情報を整理して『浅野家譜』を編纂し、藩士に対し家の来歴や系譜の提出を求め、1723 年に藩校の寺田臨川に命じ『諸士系譜』を完成させた。このような経緯から吉長は、本格的な修史事業として浅野家当主の浅野長政から浅野綱長までの事績を編纂し 50 巻余りの『御代記』を編纂し、その後も続けられた。

　1745 年に広島城下のガイドブックである『広島独案内』が刊行さ

れている。これには広島城の門から出て入り組んだ通りを歩いたり、堀で水鳥が飛び交うさまなど色んな風景が紹介されている。

災害の頻発

この頃藩内での火災が頻発した。広島城下では1729年春に白島の北方から出火し侍屋敷など350軒ほど焼失した。藩は火災対策として城堀の門の変更や侍屋敷の移転などを行ったが、この年の秋には比治山町で出火し800軒を焼いた。1733年春にも220軒、夏には城下東側の町家990軒を焼失している。このような度重なる火災から守るため城下3か所の稲荷神社を火災の守護神として奉った。

1739年にも藩内各地で火災が発生し、春に三上郡庄原町が全焼し賀茂郡竹原も近隣の140軒、夏には高宮郡可部町で130軒が焼失、冬になって山県郡加計町が全焼し、三原城下で200軒が焼失するという状態で、夏には台風が来るなど散々な年だった。

さらに1744年には広島城下の稲荷町から出火して土手町が全焼、1746年春に段原町的場から出火した大火があり、年末にも茅屋町から出火して40軒余りが焼失した。

自然災害もしばしば発生した。1732年の夏には稲の害虫であるウンカが大発生し、藩領の田畑収量損失は藩の石高42万石の約7割にあたる31万石余りに達し、餓死者が8600人余りに上った。幕府としても黙っているわけにゆかず、西国各地に勘定方から役人を派遣して調べさせ、東国の米を西国に送ることを認めている。広島藩も飢饉救済のため各郡に救援米を支給している。

社倉の検討

広島藩は財政を揺るがすウンカ被害を経験して、藩の執政である岡本大蔵が凶作や災害などに備えるための備蓄の検討を進めた。大蔵は

市井の儒者である加藤友益に具体策の立案を指示したところ、友益は中国の儒学者の朱子が考案し、会津藩の保科正之が日本で最初に造ったとされる社倉を用いることを1735年に進言した。

　社倉とは飢饉などに備えて穀物を貯蔵する倉庫だが、その運用は自治的な管理の元で、農民が自己の収入や財産に応じた量、または富豪などの寄付を集めて貯蔵し、それを貸与して利息をとり、飢饉の際はそれを放出して支援に充てる仕組みである。ただ藩としては提案を受けたものの、当時の藩財政の状況から実施に至らなかった。

　1738年に梅雨の長雨による洪水で、藩内の流出家屋が1000軒を超え、収量損失も5万石を超え、1743年にも同様に560軒の家屋流失と2万石の収量損失があった。さらに翌年には台風による洪水で、1000軒の家屋の流失と約5万石の田畑の被害が出た。

　このような状況で社倉のことを知った安芸郡矢野村の尾崎八幡宮神主の香川正直は加藤友益の指導を請い、1749年に自分の村に社倉を設けて麦を貯えた。さらに2年後には同じ安芸郡の押込村・苗代村・栃原村にも社倉が設立された。これが広島藩における社倉の始まりである。

干拓の継続

　これまで藩として大規模な干拓事業を行ってきたが、この頃には一段落した。そこで裕福な町人や農民が投資して小規模な干拓が行われた。ただ干拓による田畑拡大の恩恵を受けた一方で、埋め立て深さが不十分で地盤も緩いため水との闘いが繰り返えされた。

　当時出来上がったのが、比治山の西側で京橋川の対岸の桃木新開と打出新開である。広島城下の道路は、河岸を除き整然と設けられていたが、この新開地では小さな区域が徐々にできたため折れ曲がっており、現在もその姿を残している。

また佐伯郡・安芸郡・賀茂郡・豊田郡の瀬戸内海沿岸部では河口部に小さな平地があるだけの地域が多かったが、小規模の干拓が継続的に行われて田畑も増えた。

厳島神社と観光客拡大

　広島藩では農民の湯治の旅は別にして旅行することに厳しい制限が続いていた。しかしお陰参りが全国的に定着してゆくと、藩としても神社や寺院への祈願や慰霊の旅は許さざるをえない流れに変わっていった。檀家制度の整備により旦那寺や庄屋に往来手形の発行を許すことにより、物見遊山に出かけることは許さないとの条件で行われた。

　この頃の宮島は門前町と内海交通の港町として島の人口も増加していた。1715年の家数が981軒、人口が3590人との記録がある。遊郭も全国に知られたようで、当時全国遊郭番付に前頭3枚目に格付けされている。そのためか藩は1729年に藩士子弟が遊郭に行くことを禁止している。

　早くから始まった人形浄瑠璃に加え歌舞伎や芝居の興行も許され、1731年の市が立ったとき京都の歌舞伎役者の山下又太郎が来演したとか、1751年には上方役者が来て町年寄りと組頭が興行を引き受けたなどの記録が残っている。芝居小屋は小さい演芸場から歌舞伎が上演される大型の建物まで色んな規模があり、それまでは組み立て式の仮設だったものが、この頃から次第に常設小屋が建設されていった。

　なお当時の広島藩で宮島の他に歌舞伎の興行が許されていたのは、牛馬市のあった賀茂郡白市と三次藩十日市の2か所だった。市の開催期間中は近隣から見物客が押し寄せ、白市には長栄座という芝居小屋の名前が残っている。

　また宮島では相撲の興行も行われ、1727年には関取の厳巻善太夫

が広島城に登城して年賀の挨拶をしている。このような中で宮島では富籤興行が行われていた。賭け事は従来から禁止されていたが、特産品の薪の束を入札するという名目で宮島奉行の管轄の元で継続して行われ、大人気だった。しかし運上金を課していた藩としても風紀の乱れに目をつぶるわけにゆかず、1740年に領内の富籤を全面的に禁止している。

浅野吉長は1713年に狩野永叔の田植えを描いた絵馬を厳島神社に奉納している。厳島神社の大鳥居は、建造以来155年経過していたこともあり1717年に腐食により自然倒壊した。吉長の命で藩儒の寺田臨川が再建にあたり楠は藩内で調達できたが、1736年に水害があったりして建造が遅れ、1739年にようやく完成した。

ところがこの年、土石流で神社境内が埋まってしまった。平清盛が厳島神社建設の際、弥山から流れ下る2つの川による土石流対策として、社殿の裏に御手洗川を造ってそこに逃すようにしていた。それまでも何度か発生していた土石流は御手洗川で被害が防止されていたが、この時は土手を乗り越えたわけである。この土砂の処理は1741年に御手洗川の河口を延長して海側に盛り上げ堤防を造ることでおこなわれた。広島城下の豪商である野上屋・鉄屋（クロガネ ヤ）・三国屋・満足屋などが私財を投じて協力しそこに108基の石灯篭を寄進した。これが現在の西の松原である。

宮島の光明院の僧の恕信ら宮島の文化人は、京都の公家に依頼して宮島の見所を選定し、1739年に挿絵と共に和歌や漢詩が添えられた『厳島八景』を刊行した。八景とは中国の『瀟湘八景（ショウソウ）』に倣って選ばれたもので、厳島神社の灯明、大元の桜花、蛍の舞う白糸の滝、客神社脇の鏡池に写る秋の月、谷が原の鹿の群れ、御笠浜の雪景色、客船で賑わう有の浦、弥山の神烏である。この編纂作業は京都に明るく和

歌に優れた熱田神宮祀官の林守行が中心に行われたが、守行は当時断絶していた上級社家の一角を占める上卿職を与えられ、これ以降、林家は上卿を継承した。

吉長の後半

　理想を追い求めて積極的に改革を進めた浅野吉長だったが、それが農民一揆により頓挫すると、落胆して自暴自棄になった。こうして藩政からも遠ざかってしまい、私生活でも大いに乱れたとされる。正妻の節姫は夫の堕落ぶりを諫めたが、吉長は無視して参勤交代で広島に戻ってしまった。そのため 1730 年に 51 歳の節姫は遺書を残して潔く切腹して果てたとされる。ただこれが幕府に知れると処分をうけるため病死と届け、吉長はその後丁重に節姫を弔った。

　こうして吉長は 1752 年に 72 歳で亡くなるまで 45 年わたって藩主を続けたが、後半は改革などとは無縁で、藩政は家臣に任せ表に出ることはなかった。

3.　九代目将軍の徳川家重の時代

　徳川吉宗は還暦を過ぎた 1745 年に、33 歳になった長男の徳川家重に将軍職を譲った。吉宗が家重を後継者に選ぶにあたっては、家重が言語不明瞭だったため次男の徳川宗武や 4 男の徳川宗尹^{ムネタダ}を押す家臣も多かった。しかし吉宗は才能などで長男以外に家督を相続させると、長幼の序を乱して親族や派閥家臣により後継者争いが起こり権力の乱れが生まれるとの考えにより家重を選んだとされている。

　一方で吉宗は徳川家康の御三家設定に倣って、将軍家に跡継ぎが無い場合に御三家に次ぐ家格として、弟の宗武と宗尹をそれぞれ家祖とする家を創設した。宗武には江戸城田安門内に邸宅を持たせたので田安家、宗尹には江戸城一橋門内で一橋家と呼ばれた。吉宗の死後、家

重が1759年に元服した次男で江戸城清水門内に住んでいた徳川重好に徳川姓を称することを許したため、田安家・一橋家・清水家は御三卿と呼ばれるようになった。

家重の治世

　徳川家重は言語が不明瞭で政務に支障を来したとされるが、幼い時から仕えていて家重の言葉を唯一理解できたとされる大岡忠光を重用した。徳川吉宗は家重に将軍職を譲った後も、1751年に亡くなるまで大御所として実権を握り続けた。

　この時代、吉宗が推進した享保の改革の余韻が残っており、倹約のため勘定役による会計検査の制度を作り幕府各部門の予算制度を導入するなど独自の経済政策を行った。しかし増税路線の影響は大きく、1755年に起こった凶作により一揆が続発した。この対応のために家重が取り立てたのが後に権勢を振るう田沼意次で、一揆の裁判などに当たらせた。

　また家重は吉宗が亡くなるとすぐに、大岡忠光を吉宗により廃止されていた側用人に取り立てた。異例の出世を遂げた忠光は決して奢ったり幕政に口出しすることはなかったとされる。1760年に忠光が死ぬと、50歳の家重は長男の徳川家治に将軍職を譲って大御所と称したが、翌年に田沼意次を重用すべきとの遺言を残して死去した。

4. 浅野宗恒の政治

　70歳になった浅野吉長は1752年の初めに広島城内で亡くなった。跡を継いだのは江戸藩邸にいた35歳で長男の浅野宗恒だった。宗恒は参勤交代の決まりで江戸での滞在を続け、幕府の許可を得て広島にお国入りしたのは翌年春のことだった。

　広島藩の財政は吉長の後半から特に悪化しており、その上幕府の命

で延暦寺堂塔の修復に 15 万両出さねばならない非常事態だった。宗恒は年寄に寺西藤蔵・浅野外守・奥頼母・山田兵太夫を任じ、合議体制によって宝暦の改革と呼ばれる財政改革に着手した。

宝暦の改革

　浅野宗恒は自ら倹約に励むと共に、藩政における政務の簡素化、経費節減、家臣団の引き締めなどを推進した。1754 年には家臣に対して 7 年間 25％の献上米を課し、翌年には世襲で固定制にしていた家禄を能力により増減させるなど、徹底した緊縮政策を実施した。さらに役人の不正を摘発して裁判制度を公正化し、先代が成功しなかった地概を実施し、郡村の債権の廃棄や整理を断行した。これにより年貢負担の不平等は改善したが、村高は変えず中途半端に終わった。また広島藩は莫大な経費の掛かる船による参勤交代を続けていたが、宗恒は 1754 年ころから他藩に倣って陸路に切り替えた。

　このよう宗恒は様々な藩政改革を実施し、次第に倹約政策の効果が現れて財政の改善が見えてきた。これは宝暦の改革と呼ばれる。

自然災害

　浅野宗恒にとって、先代からつづく雲霞や台風の被害で農作物の生産低迷による農民の逃避を防ぐ手立てを講じることが急務だった。そこで 1753 年に広島近郊の木綿不作による困窮救済のため年貢米を免除し、翌年には佐伯郡の村々に借米銀の返済を延期した。1755 年には凶作で恵蘇郡さらに高田郡でも農民による割庄屋などに対する打ち壊しが発生し、山県郡にも波及して年明けには三次郡・高田郡・高宮郡の農民が一揆を起こした。そこで宗恒は足軽を送って鎮圧した際、一揆に加わらなかった者に褒美の銀を与えている。さらに 1757 年には藩内で 5 万石以上の田畑が台風被害を受け 2700 軒の家屋が流失し 91 人の死者が出た。このような状況を切り抜けるため、藩は鴻池家

を始めとする大坂商人からの膨大な借入をしている。また幕府も非常時にそなえて備蓄を命じていた米を1年分放出している。

　藩は大坂商人と借入金の返済法について交渉し、年毎に大坂蔵屋敷に送る年貢米で返却するとの交渉に成功している。これにより1758年には藩内で銀の蓄えが復活し、翌年には大坂商人から新規の借銀を要請される程で、改革をほぼ成功させた。

宝暦の大火

　宝暦の改革は問題を含みながらも財政は改善に向かっていたが、これにブレーキを掛けたのが宝暦の大火である。この時代、特に広島城下では火災が頻発している。1753年に水主町から出火し船頭や水主屋敷が100軒、1756年に小屋新町から出火して100軒余りが焼失した。さらに1758年には城下町ができてから最大といわれる宝暦の大火が発生した。これは白神五丁目から出火し、城下東半分を3日間にわたって焼き尽くした。城下の町家が3500軒余り、武家も1000軒以上が焼失し被害は城内や縮景園にも及んだ。さらに同じ年には、新開の愛宕町が全焼し、1760年には再び愛宕町から出火し荒神町に延焼し400軒近くが焼失した。この復旧に藩は莫大な出費を余儀なくされた。

　広島城下以外の火災でも、1754年の庄原新庄町が全焼し、1757年には安芸郡海田市一帯が焼失、1759年に北前船停泊地の豊田郡御手洗で出火し100軒以上が焼失、その後佐伯郡草津村から出火し200軒以上焼失した。1760年は安芸郡宮原村の呉で200軒以上、1763年に賀茂郡竹原で200軒以上が焼失した。

　1760年にも台風により9500石の田畑が被害を受けている。なおこれらの災害を通じて藩としても社倉の必要性を認識したとされる。

藩札発行の停止

　広島藩では藩札を発行して殖産事業を奨励してきた。中でも木綿や紙などに対し専売制を敷いて製品を買い上げて大坂で販売し利益を得ていた。

　1759 年に幕府は、藩札を発行したことのない藩に対し、新規発行を禁止した。ところが、広島藩は発行の経験があるのに、多くの人が発行停止になるものと思い違いしてしまった。そのため銀貨への交換を急ぐ騒動が起こり、藩は藩主や御用商人からの借米銀の返済を 30 年賦とする触れを出している。

　これは幕府の指令に対する広島藩の過剰反応で、藩は事態収拾のため藩札の通用を停止し、1762 年には厳しい倹約令を出すなど混乱の収束に努めた。その結果、1764 年には藩札の発行ができる状況になり再開し、民間の信用も高まり、1800 年代の初めまでは安定した状態が続いた。

城絵図の作成

　浅野吉長が製作を命じていた『諸国当城之図』154 枚と『諸国古城之図』177 枚が 1753 年に完成して武具奉行から宗恒に提出された。江戸時代には城絵図は機密事項であった一方で、軍学・兵学が盛んになると共に築城・攻城の研究のために作成された。

　当城之図は現存しており、徳川家光が約 100 年前に作らせたが現存していない『正保城絵図』に相当するものと考えられている。古城之図の方も残っており、一国一城令などで廃城になっていた東国を中心に全国の城の配置を示す城絵図である。

厳島神社と華美禁止

　宝暦の改革に伴って、藩は厳島神社管弦祭の御供船の華美な船飾りや囃子を禁止し、博打・富籤・雛飾り・花嫁衣裳・盆燈篭・辻相撲な

ど町人の娯楽、さらに諸行事や贈答進物の禁止を強制した。

　一方で浅野宗恒は、多発する災害を鎮めるため厳島神社での祈祷を続けた。1753年には祈祷と共に舞楽を奉納し、神社のお守りを藩内に配布した。さらに1760年には厳島神社で五穀豊穣の祈祷、1762年には雨乞いの祈祷を行ない、市が立つ際に厳島神社で宝物を展示して庶民にも拝観を許している。

宗恒の隠居

　浅野宗恒は1763年に46歳の若さで長男の浅野重晟に家督を譲って隠居した。隠居の原因は宗恒自身の執着心のなさとされるが、次のような話が残っている。

　江戸城内で諸国の大名とお国自慢をしあっている時、秋田藩の佐竹義敦が太さは竹のようで葉は傘のようだと秋田大蕗（フキ）を自慢したのに対し、宗恒がそんな有り得ない話をすることは武士として恥ずかしいことだと言ってしまった。立腹した秋田藩主が直ちに地元から大蕗を取り寄せて話が事実だったことを皆に示したため、宗恒は面子が立たなくなって隠居せざるを得なくなったのだという。

　宗恒は隠居後に宝暦大火など頻発した災害が再発しないようにと、広島城内に三之丸稲荷社を造営した。これは維新後に府中町の多家神社に移築され宝蔵として残っている。

5.　徳川家治と田沼意次の時代

　1760年に23歳で将軍に就任した徳川家治は、幼少より聡明で祖父の徳川吉宗の期待を一身に受けて帝王学を伝授され、文武に明るい人物だったとされる。ただ、父親の徳川家重の遺言を守って、田沼意次（オキツグ）を重用して幕政を任せるようになった。

　なお、1764年に家治の将軍就任祝いとして朝鮮通信使が来日した

が、これは使節が江戸にやってくる最後になった。

田沼意次の政治

　田沼意次の父親は紀州藩の足軽だったが、徳川吉宗が将軍就任の際、江戸における幕臣として紀州から登用した一人だった。意次は紀州系幕臣の江戸で生まれた第二世代として、徳川家重の小姓に抜擢され信頼を得た。徳川家治も実務能力が高く人間味のある意次を重用し、1767年に側用人に、さらに1772年に相良藩の藩主に取り立てると同時に老中とした。側用人から老中に出世した初めての人物とされる。

　徳川吉宗の享保の改革の後も、幕府の財政危機は継続していた。幕内権力を一手に握った意次は、危機を乗り越えるためには幕府の根幹として米経済に頼っている体制を、商品経済を重視した貨幣経済への転換が必要であると考えた。それまでの緊縮財政を一気に積極財政への方向変換で、農本主義から重商主義への切り替えでもあった。

　意次はまず米以外の食料生産を奨励し、商人に専売制の同業組合を結成させて儲けさせて、営業税に相当する運上金や冥加金を納めさせることで税収を増やした。これはそれまで農家中心の課税を、商人にも広げた画期的な制度だった。また印旛沼や手賀沼の新田開発にも投資させるなど商人達に力をつけさせた結果、大名貸とよばれる豪商による大名への融資が盛んになり、これに伴い賄賂政治が横行するようになった。

　このような風潮により、一部の豊かな農民・町人・医師・僧侶などに対しても武士並みの待遇が与えられ、農民の子弟が医学を学んで、幕府や藩に召し抱えられることも多く出現した。一方で、農村に住む武士は格下げされて郷士とよばれ、村役人や地主になる者が多く出た。

　意次はまた、海外交易による税収拡大策を進めた。新井白石が推進した俵物の清国への輸出は、長崎に俵物の請方問屋が設けられるなど更に拡大しており、これに目を付けた意次は、干鮑や鱶鰭の産地である蝦夷地、現在の北海道の松前藩を使って俵物の独占集荷体制を強化して莫大な税収を得た。

　さらに経済面での改革として、意次は貨幣制度の改善に取り組んだ。徳川家光の始めた貨幣制度における東国と西国間の相違は依然継続しており、貨幣経済の活発化により東西の交流が頻繁になるとその不便さが増大して行った。そこで意次は1772年に勘定奉行の川井久敬の提案により、南鐐二朱銀と呼ばれる定位の銀貨を発行して流通の効率化を実現した。これは意次の政策として特筆される。しかし意次の急激な改革は、朱子学を重視し旧秩序を重んずる保守的な幕臣の離反を招いた。

天明の大飢饉

　田沼意次の財政改革が進んだが、天明の大飢饉など数々の天変地異が意次の改革の足を引っ張ることになった。1772年の江戸の大火と東北地方の旱魃に始まり、列島縦断の台風、コレラやインフルエンザの流行、1778年の三原山大噴火と続いた。さらに1782年に始まった天明の大飢饉が、翌年発生した浅間山の噴火によって拍車がかけられた。噴火による火山灰が関東一円に堆積したため冷害が5年間も続いた。そのため1770年に300万両あった幕府御金蔵高が、1789年には81万両に減少したとされている。

田沼意次時代の終焉

　田沼意次は伝統的な緊縮財政策を捨て、幕府がそれまで採らなかった商業資本を利用した積極政策を取った。そのため政治腐敗を起こし

賄賂政治とも言われたが、一方では、当時曲がり角に差し掛かっていた経済を革新的な構想で対処した政治家との評価もある。また賄賂政治とされたのは、意次から老中首座を継いだ松平定信が元々意次を嫌っており、世論操作のために賄賂政治家論を展開したためともいわれている。

　1779年に徳川家治の世継ぎとされていた徳川家基が18歳で急死すると、徳川吉宗が設定した徳川御三卿の出番となり、家治は御三卿の中で田沼意次の弟が家老を務める一橋徳川家当主の徳川治済（ハルサダ）の長男、後の徳川家斉を自分の養子とした。

　ところがこの治済は反田沼派の黒幕で、次期将軍の父親としての地位を生かして意次の抑え込みを始めた。1784年に江戸城内で警備役だった佐野政言が意次の息子で若年寄の田沼意知に対し刃傷に及ぶという事件を起こすと、動きが表面化した。将軍の徳川家治は将棋などに没頭する状況で意次を支援する意欲はすでになく、1786年に脚気による心不全で死亡してしまった。

　こうして家治の死が隠されている間に治済は意次の大老職を罷免し、家斉が将軍職に就くと意次の所領没収のうえ蟄居に処し、田沼派を一掃した。意次は苛烈な末路を迎え1788年に享年70歳で死亡した。このようなことから反対派の意向に基づいた記録だけが残されたため、意次は後世の評価も低くなってしまったとされる。

宝暦・天明文化

　田沼意次が推進した重商主義は、金銭の扱いは本来身分の低いものがするもので武士にあるまじき行為であるという朱子学の考えに代わって、井上金峨・片山兼山らが提唱する古学・朱子学・陽明学それぞれの長所をとった折衷学派が台頭した。

　しかしそれまで幕府内の学問の主流だった朱子学を信奉する者に

とって受け入れがたいことで、次第に意次に対立する勢力として表面化していった。

　この時代の自由な雰囲気を反映して、多くの名高い画家を輩出した。中でも円山応挙は写生画を大成したといわれ大衆にも認められ多くの名画を残し、当時の京都画壇の大勢を占め円山派門人は千人に達したといわれる。応挙の弟子の長澤芦雪は師とは対照的に大胆で機知に富んだ画風を展開した。曽我蕭白は水墨画の名手であると共に観る者を驚かせる強烈で奇想の絵師だった。また伊藤若冲の極彩色で即興的な表現が特徴の水彩画は日本美術史上でも異彩を放っている。

　さらに、美人画を中心にした鈴木晴信、鳥居清長、喜多川歌麿といった名高い浮世絵師が生まれたのもこの時代である。浮世絵は木版画により安価に作成されるので、大名の参勤交代での江戸土産として全国に広まった。

　また有名な学者も多数輩出した。平賀源内は高松藩に生まれた本草学者・蘭学者・発明家・美術家・浄瑠璃などの文芸家・鉱山師など多芸多才な人物で、田沼意次とも親交があった。

　1774 年に刊行された『解体新書』は、前野良沢と杉田玄白により書かれた西洋医学書の日本語への翻訳したものである。日本における医学の発展に寄与しただけでなく西洋の文物に対する関心が深まり、オランダ語の習得の気風が生まれた。

　1775 年にオランダ人のカール・ツンベルグが商館付きの医師として出島に赴任してきた。長崎で水銀療法により多くの梅毒患者を治療し、翌年江戸で徳川家治に謁見して江戸滞在中に桂川甫周や中川淳庵などの蘭学者に医学や植物学を指導した。帰国後『日本植物誌』『日本植物図譜』『日本紀行』を著し，日本紹介につとめた。

6. 七代目浅野重晟の前半

　浅野宗恒の隠居により、1763 年に長男で 20 歳の浅野重晟が広島藩主を継いだ。幕府では田沼意次が積極財政を展開した時代であるが、重晟の広島藩政の前半は、対照的に緊縮政策が継続された。

　重晟の正室は尾張藩主である徳川宗勝の娘の邦姫を 1760 年に迎えたが 2 年後に亡くなり、邦姫の妹の陽姫を継室にしたが次期藩主になる浅野斉賢を生んですぐに死亡した。

浅野重晟の政治

　浅野重晟は父の意を汲んで宝暦改革を継承し、年寄を使った藩政を行って自らも質素倹約を実行しながら藩士に模範を示したとされる。1764 年に藩札として銀貨に相当する銀札を発行開始すると、当初は少額貨幣の需要に支えられ好評で、緊縮財政の中で順調に流通した。

　重晟は筋金入りのケチだったとされ、1765 年に贈答禁止や絹物着用禁止など詳細な規定を盛り込んだ倹約令を発布し、1769 年には絹座を設置して養蚕や絹織業の振興を図った。このような緊縮財政政策や自給化政策によって、藩財政はふたたび回復を示した。

　ケチと言われた反面、1769 年に広島藩が大坂の鴻池家の当主である 24 歳の六代目善右衛門幸行を招待した時はとにかく別格の扱いをした。一行は総勢 33 人で広島城下に 25 日間滞在して、城中での藩主や家臣による連日の接待や、厳島神社や隣藩の錦帯橋見物にも出かけた。このような接待の翌日には必ずお礼に高価な品物を贈るという商人を熟知していたといわれるが、藩と鴻池家との関係がわかる。

　また、これまで財政上の問題から見送っていた凶作や飢饉の対策としての社倉の建設を進めた。重晟は 1770 年に藩独自の法を制定して農村部を中心に奨励したが、容易には進まなかったため 1779 年に強

制的に推進し、翌年には藩内全域に社倉が設けられた。

災害による財政の変転

　一旦財政改善に向かったが、依然として災害が発生し続けた。1765年には広島湾の江波島で出火し100軒弱が焼失、翌年は広島城下の茅屋町で出火し200軒が焼失した。さらに1768年に安芸郡海田市で100軒余り、高田郡吉田で100軒、さらに賀茂郡下市村から出火し周辺に延焼した。1769年には広島城下広瀬村から出火し100軒余りが焼失し、同じ年に発生した旱魃は1771年にも起こり、1773年には疫病が発生し多数の死者が出た。1774年には広島城下の水主町で出火し水主の屋敷など多数が焼失し、1776年には再び江波島で出火し番所など100軒以上が焼失、翌1777年には安芸郡仁保島丹那から出火し町家など140軒足らずが焼失した。このような状況で藩は家中救済のため、大坂鴻池家から再び融資を受けている。さらに1778年になって台風による洪水で広島城下の大半が浸水した。堤防の決壊が95kmに及び、家屋損壊は5000軒以上で広島藩の石高の半分にも相当する21万石以上の田畑被害が発生した。

　これにより藩財政は再び悪化したため浅野重晟は銀札の増発など再度緊縮財政政策を進め、制度の簡素化や綱紀粛清を図った。こうして再び藩の財政は安定化に向かった。

産業に対する統制強化

　煎海鼠の俵物は引き続き輸出向けとして盛んに生産されていたが、幕府がそれまで長崎会所の専売としていたものを1785年に長崎会所の直接仕入れとして統制を強化した。これに対応して広島藩は特定の商人に藩内の俵物を一手に集荷させて長崎に送ることにしたため、公定値段が極度に抑え込まれて漁民にとって輸出の恩恵が行き渡らなくなった。そこで漁民は買い付けの値段を引き上げるよう訴え、幕府は

幾度かに渡り引き上げたが十分ではなかった。

　そのような時、岩国藩柳井村遠崎の者が広島藩沿岸にやって来て仲買に前払い金を渡して煎海鼠を集荷する動きを起こした。これも広島藩の買い付け値段が低いことが原因だが、その後もこのような抜け売りが続発し、生産意欲も減退し生産量は低下していった。

　また引き続き麻が広く栽培して商品化され、副産物も壁土に混ぜて使われた。

参勤交代の経費削減

　街道の整備により参勤交代が経費の低い陸路化が進んだが、街道の通行量はそんなに増加しなかった。その原因は西国大名が経費節減のため必要最小限の人数で大坂まで行って、そこで幕府の決めた人数を雇って江戸入りしたためとされる。なお、街道の整備事業は当初藩が行っていたが、財政の窮乏により次第に農民の負担に転嫁された。

　一方で大名飛脚は早道の制が敷かれ、足軽格の者が広島と江戸間をリレー方式で走り、1768年には毎月2回の定期便ができた。当時最速の継飛脚で江戸大坂間を約10km毎に交代しながら3日かかったとされ、広島からだと江戸まで5〜6日で走ったと思われる。

藩校の復活

　浅野重晟は学問や教育に熱心で、当時藩内に多くの学者を輩出した。重晟は閉鎖されていた講学館を再開するため、儒学者の頼春水や香川南浜（ナンピン）などを抜擢し再開の準備に当たらせ、1782年に学問所として藩校を復活させ、後に修道学園となる。藩は学ぶ意志のある者は、武士の身分に関わらず学問所の講義への出席を認めていたが、武士以外の入学はなかなか許可されなかった。

　学問所では朱子学と朱子学を否定する儒学の一派の古学、さらに朱子学の一派ながら神道を重視する闇斎学（アンサイガク）などの学閥に分かれていた

が、1785年に頼春水の提案で藩学は朱子学を軸とすることが決定された。それに対し古学を奉じる香川南浜はこの方針に抗議して自分の著作を仁保の海岸で焼き捨てたとされる。頼春水は町人を中心に学問が盛んだった賀茂郡竹原の出身で、二人の弟と共に「三頼」として全国にその名を知られた。

　藩として農民や町民の学問については引き続き消極的で抑制的だったが、一方で読み・書き・算盤といった実用的な学習は望ましいと考えるようになり、町人学者や神官僧侶などを教師とした寺子屋を作って読書・習字・修身なども指導した。

神棚おろし

　広島藩内の庶民の間では浄土真宗が神仏混交と共に定着する中で、僧侶の中には開祖親鸞の「神祇不拝」という教えを徹底したいと願望する者が出てきた。1760年代後半、城下寺町の住職の慧雲は門徒に神棚を撤廃させる「神棚おろし」を推進した。

　当時神棚の設置を強制するという動きもあり、お伊勢参りの流行などと合わせ、浄土新宗側としての防御策だったともいわれる。

厳島神社とお砂返し

　お陰参りの全国的な拡大により広島藩でも庶民の旅行が盛んになり、1770年頃には再びピークを迎えた。当時の旅は危険と隣り合わせだったため、広島藩では旅に出発する前に厳島神社に安全祈願をして社殿下の砂を頂いて旅に出かけ、無事に戻るとそれを元に戻す「お砂返し」という風習が生まれた。

　こうして厳島神社の発展は継続したが、浅野重晟も厳島神社にいろいろ配慮した。1771年には竹村随翁の画いた大絵馬を奉納し、また財政改善のため幕府が禁止していた富籤の興行を1774年には年2回

まで許可している。1776年に天皇からの使者のために造られた太鼓状の反橋を再建し、また藩のお抱え絵師の岡岷山に『厳島図』を描かせた。

　一方で広島藩は1772年に管弦祭の御供船の飾りが華美になるのを禁止しているが、重晟が1777年に御供船を見てその飾りの豪華さに腹を立て、翌年に船の簡素化した仕様を定めたとされている。1776年に神社の大鳥居に落雷があり炎上して倒壊し、また1779年には高舞台の修復を行っている。

　地理学者で漢学者でもある長久保赤水が1767年に大坂から長崎に旅行し宮島にも寄ったことを『長崎行役日記』に記している。また地理学者の古川古松軒は1783年に山陽道から九州を巡り『西遊雑記』を著し広島城下や宮島について記しており、医師の橘南谿が『西遊記』、頼山陽も『東遊漫録』に残している。山陽は頼春水の息子で、源平時代から徳川氏までの武家盛衰の歴史書である『日本外史』は広く愛読され、幕末の尊王攘夷運動にも影響を与えた。

　これまでも宮島の市では色んな商品が取引されたが、島内で製造される物はなかった。それを知った宮島の浄土宗光明院の僧である誓真が、弁財天を祀る大願寺の関係から弁財天の持つ琵琶の形の杓子を厳島神社参拝の土産として売りだすことを勧め、"敵をメシ取る"縁起物として今に続く宮島しゃもじを作る木工技術が生まれた。

　誓真はまた1784年に水不足に悩む町衆のために幸町に井戸を掘り、それ以降町内各地に掘られた井戸は誓真釣井と呼ばれた。また雁木の設置にも力を尽くしたとされ、島民から崇められた。

IV

江戸後期の広島藩

徳川幕府が始まって 200 年近く経過したが、その間に幕府の権力機構は安定感を増した。その一方で、天然災害などによる飢饉が発生して貧民層が拡大し、逆に貨幣経済の進展と共に豪商が出現するなど貧富の差が拡大した。これを統治する各藩も経済的に困窮する藩もでてきて経済的格差も拡大した。

1. 徳川家斉の前半・寛政の改革

徳川家治の死により、1787 年に一橋徳川家から養子に入っていた徳川家斉が 15 歳で第十一代将軍に就任した。家斉は知略に富み独立心が強く、徳川家康を祀る日光東照宮には行かなかったとされる。

この若年の将軍を補佐したのが田沼意次追放にも参加し老中首座となった松平定信だった。定信は幼少の頃から聡明で朱子学に傾倒しており、家治の次期将軍候補ともされる家柄だった。祖父にあたる徳川吉宗の享保の改革を理想とし、農村の再建・飢饉など非常事態への対応・倹約の徹底を柱にして幕府財政の安定化を目指し次々に改革を進めた。これは「寛政の改革」と呼ばれ、意次の行った幕政を徹底的に否定していった。

重農主義への転換

　寛政の改革として松平定信がまず進めたのは、田沼意次が行った商業の活発化により国を豊かにするとの政策を転換して、流通の進展に伴って解体し始めた農業を本来の姿に戻すとの政策だった。

　当時の農業は貨幣経済と融合し、生産技術の発達もあって豪農と貧農の格差が拡大していた。豪農は土地を買い集めたり中には商業に転換する者もいた反面、多くの農民が土地を失って仕事を求め江戸に流れ込んだため幕府の税収である年貢の減少が顕著になった。このため1790年に定信は資金を与えて帰農を進める『旧里帰農令』を発した。しかしこの法令には強制力がなく費用の交付も十分では無かったため、ほとんど効果がなかった。

　また飢饉のような非常事態の場合、藩同士の行政の繋がりがなく、物資を緊急に配分するための流通網も未発達で被害が大きくなり、農村では百姓一揆、都市では打ちこわしが起きた。幕府は各藩に飢饉に備えて社倉を建設して穀物を備蓄させる『囲米の制』を命じ、町民には『七分積金』制度で町費などを節約して浮いた7割を積み立てさせ、貧民の救済などにあてさせた。しかし積立の額が過大すぎるとの不満の声が上がった。

武士の救済

　寛政の改革のもうひとつの柱は倹約の徹底だった。これを推進する前に、松平定信は米の仲介業者である札差から金を借りて財政難になった御家人や旗本を救済するため1789年に『棄捐令』を発し、6年以上前の借金は帳消しとし、5年以内の借金については利子を引き下げるように命じた。当初、札差から借金をしていた旗本・御家人や徳川御三家・御三卿付きの武士などは喜んで、定信の株は大いに上がった。しかしこの政策が倹約には繋がらなかっただけでなく、更なる借金ができず再び生活に困るようになると、棄捐令に対する不平が

募った。

　棄捐令は拡大してきた商人の力を弱めることも目的だったが、貸し倒れにより多くの札差が破綻するに至ったのである。そのため財政難の幕府としても助成せざるを得なくなり、結局は商人達の結束力を強めさせ、幕府に対抗するようになった。

寛政異学の禁と治安対策

　朱子学を重視する松平定信は、田沼意次の時代に衰えていた朱子学を再興するため、1790年に朱子学以外の学問の講義を禁止し、1797年には湯島聖堂を幕府直轄学校として昌平坂学問所を開設した。一連の動きは寛政異学の禁とよばれ、当初朱子学を官吏登用試験の科目にするなど、異学は圧迫された。こうして朱子学は復興し多くの諸藩もこれに見習ようになり、藩校を持った。

　寛政の改革を進めるのに、定信としては当時の社会全般の華美で退廃した気風を引き締める必要があった。そこで文化や風俗の取り締まりの強化する一方で、諸藩に命じて孝行者や善行者を調査して報告させ、その行状を手本にさせるため1789年に『孝義録』を出版した。

　また定信は長谷川平蔵の提案により、1789年に江戸の石川島に人足寄場と呼ばれる職業訓練設備を建て、増加した無宿者や前科者の自立を促進した。平蔵は池波正太郎の小説『鬼平犯科帳』で名高い火付盗賊改役である。

　さらに幕府は浮世絵師で戯作者の山東京伝などを風紀を乱すとして処罰したが、その反動として東洲斎写楽という奇抜な役者絵を得意とする浮世絵師が出現した。

松平定信の対外政策

　徳川家斉が将軍になった頃、ヨーロッパでは1789年のフランス革命から1799～1815年のナポレオン戦争、アメリカでも1775年の独立

戦争から 1783 年の米国独立と、世界の情勢は大きく変化して自由貿易時代に突入した。更に 1787 年の海戦でオランダ艦隊はイギリスに敗れオランダは植民地の大部分をイギリスに明け渡したため、早速イギリスは東アジアの商圏を奪うため艦隊を派遣した。ロシア帝国も北ドイツ出身のエカチェリーナ 2 世が即位し自由経済を進めた。

　こうして寛政の改革が行われている最中、当時の日本は長崎におけるオランダとの交易に絞られた状況が続いていたが、日本近海にはしばしば貿易を求めたロシアやイギリスの軍艦など外国船が出没することとなった。幕府は外国船への対応を迫られ、松平定信は伊豆や相模を巡検して江戸湾防備体制の構築を練ったとされる。

　1790 年に林子平が『海国兵談』により島国の日本は外国勢力を撃退するため近代的な火力を供えた海軍を充実化させ沿岸に砲台を建設すべきと海防の必要性を説いたが、これに対し幕府は幕閣以外の者が政治に口出すのはご法度として出版統制令を出した。
　1792 年に最上徳内は幕府に命じられて樺太調査を行っていたが、この頃伊勢国の船頭の大黒屋光太夫ら 6 人は嵐のためアリューシャン列島の島に漂着した。ロシアのエカチェリーナ 2 世は軍人のラクスマンを通じて 1793 年に松前藩に漂流民と引き換えに交易を求めてきた。松平定信は田沼意次が積極的に蝦夷地の開拓を計画していたのに対し蝦夷地の支配は松前藩に任せる方針をとっていたので直接関与することを否定したが、世界情勢の変化を感じたようでラスクマンに長崎への通行証を渡した。
　当時の中国清朝は乾隆帝の世で隆盛を誇ったが、以降その浪費のため衰退し始め、イギリスなどの侵略の対象となりアヘンが広まって行った。

松平定信から松平信明へ

　寛政の改革により幕府の税収は増えて、傾いていた財政は一時的に回復した。しかし松平定信の真面目一方の性格により改革を徹底的に進めるため、世の中は次第に定信から離れて田沼意次の時代を懐かしむ風潮が強まっていった。それは武士や商人だけでなく、大奥の女性たちからも経費の大幅削減が猛反発を受けている。

　そのような中、徳川家斉が実父の一橋治済に対して大御所の尊号を贈ろうとしていたが、定信は自分の政敵である治済が大御所として権力を握ることに危機感を抱いたため、定信はこれを止めさせた。そのため両者の関係は悪化してゆき、結局1793年、家斉は外国船対策で出張中の定信を罷免して一旦決着をつけた。

　こうして寛政の改革は終わったが、徳川家斉は定信の後任としてそれまで定信の下で幕政に携わってきた松平信明を老中首座に任命し、戸田氏教・本多忠籌ら定信が登用した老中たちが支えるという体制をとった。彼らは北方問題には積極的に推進し蝦夷地の開発を進めたが、基本的にはそれまでの幕政を継続したため寛政の遺老と呼ばれた。ただ財政負担が大きく1802年には方針変更している。

　ところが信明はさらに権力強化を図ろうとしたため、将軍家斉と軋轢が生じ1803年に一旦老中首座を辞職した。しかし後任の戸田氏教は3年後に死亡し、引き継いだ牧野忠精は外交政策の経験が乏しく、1804年に長崎出島に来航し通商を要求したロシアの外交官レザノフに対する対応など、幕臣から難局を乗り切れるか疑問視された。

　結局1806年に家斉は信明を老中首座に復帰させた。しかし対外問題による防衛強化策などにより更に支出が増大し、1815年ころには幕府財政は危機的な状況になった。そのため各方面から資金調達を強行したため、特に諸大名の不満と不信が高まった。そのような中1817年に信明は在職中に死去した。

この頃、当時使用されていた宝暦暦は、日食や月食の予報が度々はずれて評判が悪かった。そこで幕府は改暦に取り組み、1798年から寛政暦の使用が始まった。

松平信明の対外政策

　松平定信が失脚した翌年の1804年、ラクスマンを継いだレザノフがロシア皇帝の親書を持って長崎に乗り込み、交易の具体化を求めた。ところがこの間幕府の対ロシア政策は一変していて、レザノフは出島付近に留め置かれ幕府は通商を拒絶し続けた。これに怒ったレザノフは武力を持って開国させるしかないと考え、1806年に部下に樺太や択捉島の日本側拠点を襲撃させた。幕府もほっておけず奥羽諸藩に出兵を命じ約3,000名が蝦夷地警固に当たった。

　この頃幕府は日本に立ち寄った外国船に対し飲み水や燃料の補給を認める『薪水給与令』を発布したが、レザノフの攻撃ですぐに中止した。ところがレザノフの軍事行動がロシア皇帝の許可を得てなったことから1808年全軍撤退となり、一応終結ということになった。そこで幕府は1808年に最上徳内を樺太詰に命じ、会津藩兵約800名を樺太に派遣するなど蝦夷地の警備を固めた。

　1808年、イギリスのフェートン号がオランダ船を装い長崎港に入港し、出迎えたオランダ商館員を捕らえる事件が発生した。警備担当の佐賀藩などが人質を救出しようとしたが、出島を襲撃するという噂が流れたため戦闘回避を図った。結局、人質解放と水・食料・燃料の交換で決着したが、日本側の警備体制の脆弱さが露呈し、幕府の外国に対する警戒心を大いに高める結果になった。こうして外国を撃退して鎖国を通そうとする攘夷という排外思想が拡大していった。

徳川家斉の生活

　15歳で将軍になった徳川家斉はもともと文武両道で反田沼意次の政策を真面目に取り組んでいたが、幕政を家老たちに任せるうち少しずつ変わっていった。

　家斉は正室とした薩摩藩主の娘のほかに、50年余りの将軍在職中に一説では40人もの側室を持ち、53人の子供を儲けたとされる。家斉は自分の子供を各藩に送り込んで中央集権を強め、緩んできた封建制を立て直そうとしたとされる。ただ、当時は幼児の死亡率が非常に高く成人したのは約半分で、徳川家の血筋を増やすまでにはいかなかった。

　当時の江戸城大奥はそれまでにない豪華絢爛を極め、家斉は贅沢で自由気ままな生活をして大奥に入り浸って行き、幕府は膨大な出費を強いられた。正室を出した薩摩藩主の島津重豪は、外様大名で唯一の将軍の舅になり権勢を誇った反面、出費が嵩んで藩の財政は異常事態に陥った。

皇室との関係

　後桃園天皇は1779年に21歳の若さで崩御したが、皇子がいなかったため世襲親王家である閑院宮当主の典仁親王の子でまだ9歳の光格天皇が選ばれた。ところが『禁中並公家諸法度』では親王の序列が摂関家より下であり、天皇の父が臣下である摂関家より格が低いとの事態が生じた。そこで1788年、天皇は父親に上皇の尊号を贈ろうとして幕府に通達した。これを受けた松平定信は徳川家康の定めた法を破ることはできないと拒絶したため朝廷と幕府の論争が続いたが、定信も典仁親王に千石の加増をする等の待遇改善することで一応の決着がつけられた。しかしこの事件の影響は尾を引き、やがて尊王思想を助長する結果となった。

　定信がこのような行動をとったのは、同じころ徳川家斉が実父に尊

号を贈ろうとしたことを止めさせていたため、朝廷に対する尊号贈与も拒否する必要があったとされる。

伊能忠敬と日本地図

伊能忠敬はこの頃登場した人物である。下総で醸造業を営んでいたが、1795年に50歳で隠居し、江戸に出て幕府の天文方に弟子入りして天体観測や測量の勉強に励んだ。

当時ロシア人の択捉島上陸などのため蝦夷地の状況把握の必要性が高まっていた。こうして忠敬は幕府の事業として1800年に奥州と蝦夷地を測量して地図を作製した。幕府としても高く評価し、その後1816年の江戸府内の測量まで10次にわたり総距離約4万kmを歩いて回り全国の測量を行うことになった。忠敬は1818年に73歳で亡くなり『大日本沿海輿地全図』が完成するのは1821年になってからである。

2. 浅野重晟の後半と浅野斉賢の前半

幕府で寛政の改革が始まった頃、広島藩では浅野重晟の政治が継続されており、次の浅野斉賢の前半まで続いた。

重晟後半の経済状況

一旦改善した広島藩の経済だが、1786年になって雨が降り続いて冷害が起こり台風も来た。そのため広島藩の田畑の損耗は12万石余りに達し打ちこわしが発生した。浅野重晟は再度悪化に向かった経済を改善するため、これまで実施してきた倹約令を1791年に更に厳しくし、藩内産物の生産性向上と技術改良、新製品開発や販売奨励、藩営事業の拡大、株仲間の活用、さらに広島へ寄港させた他藩の商船と交易するなどあらゆる方策を進めた。こうして藩財政は再度立ち直

り、重晟は後世「浅野家累世中の名君」といわれた。

米価高騰への政策

　藩では米の卸売取引や藩士への俸禄を現物の米ではなく一種の有価証券を用いるようにした。しかし全国的に米価が高騰すると米価と証券価格に乖離が出て、藩は証券を米に替えることを抑制する措置を取ったが、証券の売却によって生活している藩士にとっては困窮を意味した。米価高騰のため 1792 年、藩は米穀商に他国の米の買い付けを奨励し、貯蔵していた 200 石の払い下げを行い米価の調整を図った。

　当時の広島藩の産物に燈油があり、広く栽培されていた菜種を原料にして油搾場で造られていた。灯油の需要が次第に拡大し江戸への供給に問題が発生したため、幕府は製油を統制するようになった。そこで広島藩は 1798 年に城下鷹匠町・安芸郡上瀬野村・高宮郡狩留家村に藩営の油搾場を設けて保護し自給を図った。

朱子学の重視

　浅野重晟は当初から朱子学を重視していたが、幕府の動きに敏感で 1790 年の寛政異学の禁を受けて藩内に朱子学を強制した。さらに寛政の改革に合わせて藩内の道徳心を高めるため、1791 年ころ平易な道徳書の『教訓道しるべ』を発行して城下に配り、村役人などが読み聞かせたり寺子屋の教材にも利用させた。これは明の洪武帝の説く六諭（リク）を基にしたもので、父母に孝順・目上を尊敬・郷里に愛着・子孫を教訓・正業に精励・違法行為の禁止から成り、後に教育勅語にも影響を与えた。

　また 1793 年に広島藩の記録集である『事蹟緒鑑』を編纂している。

この時代の広島藩の代表的な絵師に岡岷山[オカミンザン]がいる。岷山は狩野派の勝田友溪に手ほどきを受けた後、写生的な花鳥画の技法である南蘋派[ナンピン ハ]の名手とされる宋紫石に学んだ広島藩の御用絵師である。藩主重晟も岷山の指導により花鳥画に優れた作品を残しており、歴代藩主の中でも最も書画に秀でているとされる。また岷山は藩内各地を巡って写生し多くの風景画を残し、藩内諸家の求めで多くの絵を画き指導もしている。

またこの時代、広島城下で生まれた二人の著名な医者がいた。ひとりは吉益東洞で、漢方医学の法典とされる『類聚方[ルイジュホウ]』を著し、もうひとりの星野良悦は我が国最初の人体骨格標本を作り臨床医学に貢献した。

縮景園の復旧

1758年の宝暦の大火で焼失した広島城下の復興が進められたが、その一環として浅野重晟は縮景園の復旧に情熱を傾けた。重晟は1783年から4年半かけて京都から庭師を呼んで、上田宗箇の作意を尊重しつつ中国趣味を取り入れながら、現存する池や島、跨虹橋[コ コウキョウ]など変化に富んだ優雅な庭園に仕上げた。さらに重晟は中国趣味を取り入れ、頼春水・梅園太嶺・岡岷山らに命じ園内の名勝や建物に中国風の名称を付けさせた。

倹約を強力に進めた重晟が大規模な造園を行ったことは、相矛盾するように見えるが、側近が記した『竹館遺事』によると、重晟は藩としての誇りを家臣に伝えたいとの意識が強く、庭の手入れなどには質素を守ったとされる。

長州藩との境界争い

佐伯郡大竹村を流れる小瀬川は古代から安芸国の隣国との国境だったが、大内氏や毛利氏の支配もあって長く境界の争いはなかった。し

かし江戸時代になって毛利氏が長州藩に移封され小瀬川の対岸に家臣の吉川氏が支配する岩国藩ができると、長い年月の間に小瀬川の河口に生まれていた大きな砂州が農地拡張に繋がることもあり、大竹村と岩国藩和木村の村人の間に藩境の意識が芽生えた。

　まずは和木側が干拓による新田開発に乗り出し、初期に干拓されたところは開拓者の名前をとって「与三開き」とよばれた。岩国藩の吉川氏が検地を行い正式に領地とし、さらに大竹側に拡大して行ったのに対して、大竹村でも干拓を進めたが地質などの関係でうまくできない状況が続いた。そして1655年に和木村が更なる拡大を始めると、大竹側はこれを阻止するため村人が押しかけ大乱闘になった。その後も争いが続き1752年には死亡事件も発生した。

　そのため広島藩も大竹村の干拓工事の支援をしたり藩境の警備を強めたが、1791年には吉川氏の鉄砲隊が出る騒ぎになった。こうして広島藩が吉川氏に直接談判を始め、1801年にようやく和議が成立した。その後大竹村でも干拓が進み、現在の大竹市の繁華街の大部分はこれ以降の干拓によってできている。

　なお小瀬川であるが、この名は長州側で用いられ広島側は主に木野川と呼んでいた。この他に大竹川・御境川など幾つもの呼び名があったが、1968年に国により小瀬川に統一された。

八代目浅野斉賢への継承

　1799年、56歳になった浅野重晟は隠居して、27歳になった息子の浅野斉賢に継がせた。斉賢は寛政の改革とその後の引き締めにより立ち直っていた藩財政を受け継いで緊縮財政を継続した。ただ幕府の公役出費は6万5千両にも達し、藩財政に少なからぬ負担となった。

　1806年における浅野家中の総人数4,138人で、侍士1,033人、歩行組725人、御役者から諸職人まで2,380人だった。

　斉賢は正室に皇族の有栖川宮熾仁親王の長女の織子を迎えていたが

藩主になる前に死亡したため、公家の徳大寺実祖の娘である泰君を継室としている。

隠居した重晟は緊縮財政の中、1801年に広島城下の水主町に藩の別邸造営を開始した。これには与楽園と呼ばれる広大な庭園を持ち、完成したのは死後の1826年だった。

斉賢時代の特産品開発

当時の藩政は浅野斉賢の力がただ決裁するだけに弱体化し、当初4～5人だった年寄りが7人に増加し、実質的には1810年に年寄に就任した関忠親を中心に年寄役の合議によって行われるようになった。

藩としては特に藩特産品の開発に力をいれ、他藩での販売ルートの開発など営業にも力を入れた。広島城下近郊では沿岸地域での綿、太田川流域での麻苧・紙・竹細工・野菜、広島湾では海苔・牡蠣などの生産が継続され、多くが城下に集められて大坂へ積み出された。新しい産物としてはアベマキの樹皮から作る造船用コルク材、イ草を編んだ莫蓙・菅笠・草履それに線香などだった。また藩営事業としてサトウキビの栽培、黒砂糖の製造、はぜ・楮・桐などの植林、藍玉の製造販売などがあった。

産物以外にも、藩札発行の増加、他藩商品の販売制限、年貢米流通の統制、家中からの上米など積極的な政策を推進することで利益を追求し財政の充実を図った。家臣の給与である石高の1%程度を徴収する上米は、名誉にかかわる石数の減額ではない形での減給である。

その結果1811年には藩として12万両の貯蓄ができたとされ、関忠親の藩における勢力が拡大した。1817年には、領内の産品を買い占めて、江戸・京都・大坂へ持ち込んで販売したほか、産物の開発への資金貸与や助成などを行なった。

当時の儒学者で経済学者である海保青陵が1813年に出した『稽古

談』の中で「芸侯の商売上手」と評している。これは広島藩が港を開放して周辺諸藩から米を割安で買い入れて大坂の米相場で有利に売り払うという藩の伝統が富国の理由と紹介している。

農村の格差拡大

　広島藩では歳入と歳出の均衡がとれた時期が比較的長かったが、ここにきて藩の貢租収入は頭打ちの状況になった。それは浅野光晟以来、地概を一部実施しただけで1世紀半にわたり地詰を実施せず、田畑の税を初期の土免法による税制を継続し、その後の干拓や開墾による農地の拡大や肥料など農耕技術の向上さらに三次支藩の統合などが反映されていなかったためである。

　そのため実質的に年貢率が下がり、藩から任命された所務役人と頭庄屋は徹底して農民から高率の年貢を取り立てた。しかし、実際の生産石高は公式の石高42万6千石を大きく上回っていたとされ、公称の3〜4倍だったとの研究もある。そのため農民の負担はそれほど重くなく、更に商業的農業や農村工業の展開もあり、全体としては農民の暮らしは余裕があったとされる。

　一方で農民間の格差は拡大していた。江戸時代が始まった時、農村では原則的にはすべての農民に農地が与えられた。上下関係は当初から存在したが、時代を経るごとに自作農の中には地主になる者もいれば小作農に零落する例も見られ、農民の中での貧富の差は拡大してゆき、庄屋の中には苗字帯刀を許される者もいた。例えば佐伯郡玖島村の山林地主で酒造業や醤油醸造業を経営していた東屋は、庄屋や割庄屋を勤め小田姓（後に八田）を名乗る豪農だった。

　このような格差拡大を引き起こしたのも地詰が行われなかったのが原因のひとつで、全体として農家に余裕ができたのに、この流れに乗れずに没落し農地を失う者が続出した。

　当時の地主・自作農・小作農の大雑把な割合は、15％・25％・60％

とされ、小作農の多さが目立つ。町人も同じで、家屋敷を所有して店を構えたり貸したりする裕福な者は町政や公事にも参加したが、反対に使用人や浮浪者になってしまう者も出た。

藩士の頼 杏坪 <small>ライキョウヘイ</small>

　頼三兄弟のひとり、頼杏平は理想を追求する朱子学者として1783年には浅野斉賢の教育係として儒官に迎えられた。

　杏平は1810年に年寄からの諮問に応えて藩主になっていた斉賢に意見書を提出した。この中で膨張し続ける財政支出を専売制など藩の利益優先の産業政策や大坂商人からの借入金で切り抜けようとする当時の藩の財政政策について、歳入に合わせて歳出を削減して健全財政を目指すべきと提案した。ところが斉賢は当時の藩財政はまだ好調だったことから提案を採用することはなかったが、しばらくすると、杏平の提案の正当性が表面化していった。

広島藩での伊能忠敬

　日本周辺を異国船が頻繁に出現するに至り、幕府は各藩に対して警戒を命じた。これに対応して、瀬戸内海に面している広島藩としても無視できず、1808年ころから海岸防御の整備を始めた。

　このような状況で、幕府は伊能忠敬による日本地図作成に必要な測量に各藩が協力するよう指示することで推進した。1805年に始まった第5次測量では岡山周辺の測量の後、瀬戸内海沿岸を測量しながら西に向かい1806年に入って尾道・御手洗・広島・宮島などに寄って測量し、その後赤間関に向かっている。この時の御手洗での測量の様子を描いた絵が残っており、広島城下南の江波島に宿泊し、宮島では大願寺に本陣を置いたとされる。

　1811年出発の第8次測量では、九州を調査したあと赤間関から周辺を測量しながら陸路を広島城下に来て、その後大森街道を通り松江

に向かっている。

文教振興政策

　浅野斉賢は文教振興も前代を継承し、藩校だけでなく家老が独自の教育施設を設立するなど、私学や家塾も盛んに行なわれた。その中で道徳が重視され、幕府が諸国に命じて孝義者の調査をまとめた『孝義録』に倣って、頼杏平らによる『芸備孝義伝』を1801年に出版し、その後1843年まで藩内で親孝行などの善行を行った全部で830人を紹介している。

　また斉賢が藩主になったころ描かれたとされる『広島城下絵屏風』には、東西に貫く西国街道を中心に、広島城下の賑わいの様子が克明に描かれており、同じころ描かれた『芸州広島図』も城下の鳥観図である。

　斉賢は教育面でも重晟の代に引き続き頼春水ら朱子学者、香川南浜らを登用した。この時期領内では三原浅野氏の朝陽館、東城浅野氏の蒙養館など私塾も盛んになった。

　この頃、広島城下の町医師の家に生まれた星野良悦は、治療の体験から人体の構造を理解することが重要であると認識を持ち、藩の許可を得て死刑者を解剖し1792年に精巧な木製の骨格模型を製作した。この木骨を持って江戸に出て『解体新書』を刊行したもののその真偽が定まらない状況の杉田玄白などに見せたところ、蘭書に誤りがないことを証明したということで絶賛された。広島に戻ってさらに1体を造って幕府に献上すると認められ、広島と江戸の蘭学情報の交流が始まり当時の臨床医学の進歩を促した。

三業惑乱
^{サンゴウ}

　当時の広島藩では、寺町の浄土真宗報専坊の住職である慧雲が寺内

に私塾を開いて大瀛など多くの学窓を育て芸轍（ゲイテツ）と呼ばれる安芸学派を形成していた。こうして浄土真宗の信者は深い信心と強い連帯感を持っていった。

1797年に京都西本願寺の僧侶教育機関の長になった智洞（チドウ）が三業帰命説を唱えた。これは「心・言葉・行為という三業により阿弥陀仏に救済を求めることで願いが叶う」という教義で、親鸞により始まり蓮如が築いた浄土真宗の「南無阿弥陀仏を唱えれば誰でも極楽浄土に行ける」という基本教義に相反していた。そのため大瀛たちが他藩の信者も巻き込んで命がけの反対運動を起こした。

こうして大瀛と智洞の論争は拡大し、本願寺も事態を解決することができず、1804年に幕府が介入して関係者を捕らえて江戸に送った。江戸での法論の途中で大瀛は病死したが、寺社奉行の脇坂安董は三業帰命は正統とは異なった教義であるとし智洞を流刑に処すことで決着した。本願寺自体は宗派内の教義論争であるとして、宗門不取締の責という軽い処分で済んだものの、この論争は浄土真宗内部でその後長く続いた。

災害の継続

この時代になっても災害が続き、1791年の長雨による不作、1796年には豪雨により堤防が各所で決壊し658か所の橋が流され13万石余りの田畑が損耗し5500軒の家が損壊179名の死者が出た。藩はすぐに厳島神社で水難除けの祈祷を行い、神社の御札を各町に配布している。更に1802年に大雨や洪水により賀茂郡で甚大な被害があり、翌年には麻疹（ハシカ）が流行し藩として三の丸稲荷社に祈祷して御札を各地に配ったとされる。また1804年には2度にわたり長雨と洪水があり計6万石余りの田畑損失と2千件の家屋が流出倒壊した。

火災も1787年の城下竹屋町、1788年の安芸郡矢野町と安芸郡海田市、1789年の城下稲荷町、1790年には再度の海田市と佐伯郡草津、

1792年に城下荒神町、1796年に安芸郡倉橋島、仁保島、城下水主町、安芸郡仁保島と続き、1806年に城下金屋町と、大火はなかったものの頻発した。

厳島神社の大鳥居再建

　お陰参りが盛んになって広島藩ではお砂返しの風習が定着してくると、ただ砂を返すのではなくその砂を使った焼物を作って奉納する人が現れた。1700年代の終わりころ、厳島神社のお砂をいただき無事旅を終えた加茂郡竹原村の陶工は、管弦祭で参拝したときお砂返しの代わりにお砂を入れて作った幾つかの土器を奉納して評判になった。これが御砂焼の始まりと言われている。

　1776年に落雷により倒壊した大鳥居の再建には、樹齢500年以上の楠大木が藩内では見つからず探すのに時間がかかり、再建されたのは浅野斎賢の代になった1801年だった。この2年前に広島町奉行が再建のための寄付金を募っていることが、厳島神社の位置づけを示している。建設の準備作業は対岸の大野村で行われたが、大頭神社の『大頭文書』にこの時の様子が記述されている。また頼杏平が『厳島神廟鳥居重造記』に本体の楠の大木は和歌山から購入し数千本の松の木を縦に埋めた基礎の上に置いてあることなどを記している。

　厳島神社には伊勢詣や四国遍路と並んで厳島詣として全国から参拝者が訪れたようで、1794年に円山応挙の高弟の長沢芦雪（ロセツ）が広島藩にやって来て『厳島八景図』など多くの作品を残している。また1797年に広島城下の富士屋や三国屋などの商家が、芦雪が近松門左衛門の浄瑠璃を画題にした広島滞在時の作品『嫗山姥（オウナヤマウバ）』を厳島神社に奉納している。

　広島藩に関連した当時のいろんな紀行文も残っている。1797年に18歳の頼山陽が叔父の頼杏坪（ライキョウヘイ）に連れられて郷里の広島藩から幕府の

学問所であった昌平黌に入学するため江戸に向かった時の日記、『東遊漫録』がある。また1795年には医師の橘南谿が『西遊記』に音戸の瀬戸や三原について記しており、1804年俳人の百井塘雨の『笈埃随筆』、1806年商人の吉田重房『筑紫紀行』、1813商人の笹井秀山の『海陸道順達日記』、1832年画僧の横井金谷の『金谷上人御一代記』などに記載があり、多くが海路でやって来ている。

3. 徳川家斉の後半・文化文政時代

寛政の改革の失敗が明らかになってきた1817年、松平信明が危篤に陥ると徳川家斉は密かに側近の水野忠成と寺社奉行の阿部正精を老中に格上げするなど、自身に都合の良い配置にした。そこで独自の政治が開始されるはずだったが、家斉は寛政の改革に対する反動からかすでに熱意を失っていた。そのため幕府財政の困窮を顧みずに次第に贅沢な生活に浸るようになると、水野忠成を中心にする空前の賄賂政治が横行することになった。

賄賂政治

天明の大飢饉のため1789年に81万石に減少していた幕府の御金蔵高は、寛政の改革で1799年に108万石まで回復していた。そのような中で、徳川家斉は大奥に膨大な経費をかけたり子供に多額の持参金を持たせて養子や嫁に出したりして、幕府に膨大な負担を強いることになった。こうして1817年には御金蔵高が72万石へと急落していた。

老中首座の水野忠成（タダアキラ）は、この幕府財政の破綻状況を改善するためには大量の貨幣を改悪鋳造することしかないと1819年に金貨の吹き替えに着手した。こうして良貨とされた元文小判を大幅に金の含有量を減らした文政小判に改鋳し、小判以外も同様に品位を落とした。こ

の結果貨幣流通量は 46％も増加し、幕府の御金蔵高は一気に拡大した。しかしこの反動として激しいインフレを引き起こした。

　さらに忠成は老中首座の権限を使って、幕臣や大名の格付けや認可に賄賂を求めると同時に収賄を奨励したことから、幕政の腐敗や綱紀の乱れが拡大して幕府財政も再び破綻に向かっていった。こうして政治を顧みなくなった将軍家斉と腐敗を助長した忠成は互いに諌めることはなく家臣も何もせず、総じて後世における幕政に関する評価が非常に低い時代となった。

国際状況と蘭学

　1796 年にイギリスのエドワード・ジェンナーが世界初のワクチンを天然痘に対して開発した。この技術を学んだフィリップ・シーボルトは 1823 年にオランダ商館付きの医師として来日した。シーボルトは出島外に鳴滝塾を開設し蘭学でも西洋医学を日本各地から集まった高野長英など医者に講義した。このような中、1828 年に幕府の天文方で書物奉行の高橋景保がシーボルトに伊能忠敬の作った日本や蝦夷の地図の写しを渡したことが船の座礁から発覚し、幕府は渡辺崋山・高野長英など関係者に対し厳格な処分を実施した。これは蛮社の獄と呼ばれる。

　幕府は海外に目を向ける知識者層の存在に大きな衝撃を受けた。それまで海外の学問や技術は蘭学と呼ばれ、医学を中心にして主にオランダからの交流によりもたらされたが、より広い分野で海外と新しい知識を交換し研究したいとの機運が高まった。

　この潮流の中心人物が渡辺崋山で、高野長英や小関三英とも交流があった。一方で徳川家斉は松平定信の老中辞任後も朱子学へのテコ入れを継続し、他の学説を非主流として排除し続けた。林羅山を祖とする林家にとっても蘭学は憎悪の対象で、特に門人でありながら多くの儒学者を蘭学に引き込む崋山に対する反感は格別だった。

1806年のロシア人レザノフの襲撃や1808年に起きたイギリスの
フェートン号事件などにより、水野忠成は鎖国を強化する方向を打ち
出した。そのような中、1824年に水戸藩の漁民が欧米の捕鯨船と
物々交換を行うという事件が発生した。そのため幕府は翌年に異国船
を躊躇することなく砲撃すべしとすする『異国船打払令』を公布する
事態になった。

日本外史

　頼春水の息子の頼山陽は、広島藩学問所の助教に就任したり儒学者
の菅茶山の招聘で福山藩の廉塾塾頭に就任した後、京都へ出奔し洛中
に居を構え開塾した。そこで平安時代末期の源平の争いから江戸時代
に至る武家の興亡を書いた『日本外史』を執筆した。徳川氏は同時代
の十代将軍家治の治世までである。1827年に交流のあった隠居中の
松平定信に献上され、2年後に大阪の秋田屋などにより全巻が刊行さ
れた。幕末から明治にかけてもっとも多く読まれた歴史書といわれ
る。

化政文化

　徳川家斉は、在任の後半には贅沢三昧な暮らしを送り幕府財政を破
綻に導いたとされる反面、庶民に対しては自由に任せたため、江戸を
中心にした華やかな町人文化の全盛期となった。京都や大阪など上方
を中心に栄えた元禄文化の対比として、在位期間の元号が文化と文政
であることから化政文化と呼ばれる。

　浮世絵は更に人気が出て歌川広重・歌川国芳・葛飾北斎が知られる
が、美人画だけでなく風景画・妖怪・武者絵とテーマが拡大し、享楽
的な色彩が強まった。また滑稽本や絵入りの娯楽本など皮肉や風刺を
含んだ刺激の強い娯楽が求められ、川柳も盛んになった。

　こうして庶民はその自由な雰囲気を楽しみ、遊びに耽ることのでき

る江戸時代の中でも稀有な時代だった。禅僧で歌人の良寛が活躍した
のもこの頃である。

天保の大飢饉と大塩平八郎の乱

　徳川家斉の治世終盤の 1833 年に、大雨による洪水や冷害が発生し
凶作が 5 年余り続いた。天保の大飢饉とよばれ全国的に広がり米価が
高騰したため、各地で多くの餓死者が発生し百姓一揆や打ちこわしが
頻発した。特に大坂では毎日約 150〜200 人の餓死者が出たとされる。
　儒学者で元大坂町奉行与力の大塩平八郎は、この惨状を切り抜ける
ために救済策を施したり町奉行に働きかけたりしたが状況は改善しな
かった。1837 年になった時、大坂町奉行が将軍交代の儀式のために
豪商から購入した米を江戸に回送したことを知った平八郎は、幕府や
豪商を誅伐して隠匿された米穀や金銭を窮民に分け与えるためとし
て、門弟や町民約 300 人と豪商が軒を並べる船場へと繰り出した。し
かし事前の密告もあって幕府軍によりすぐに鎮圧され、平八郎は逃亡
したが 40 日後に自刃して果てた。なお、平八郎は正義心が強い反面、
極めて厳格で短気な性格だったとされる。
　大塩平八郎の乱は失敗したとはいえ、幕府にとっては元役人が直轄
地である大坂で反乱を起こしたことは衝撃的なことだった。二百年続
いた太平の世が緩んで乱れ始めた前兆で、同じ年に広島藩の三原で大
塩平八郎門弟を名乗った 800 人の一揆が起こるなど、各地で関連した
騒動が発生し、大塩平八郎の名前が全国的に広まった。

徳川家斉の引退

　徳川家斉は大塩平八郎の乱の発生直後、徳川幕府の歴代最長となる
50 年の在位を経て将軍を退いた。頼山陽は『日本外史』の中で、家
斉の 50 年間の治世は、将軍が政務に無関心でも世は平穏で幕府の権
勢は絶頂期にあったと評している。しかし終盤は将軍の権限が弛緩し

て幕政が腐敗し、これはすなわち江戸幕府衰退の始まりでもあった。

4. 浅野斉賢の後半

　浅野斉賢の治世は 31 年間に渡ったが、前半は藩内の引き締めの時代だったのに対し、後半は 1817 年に始まった幕府の水野忠成の賄賂政治への対応が必要になった。

幕府との姻戚関係強化
　浅野斉賢は 1823 年、徳川家斉二十四女の末姫（スエヒメ）と 7 歳になった長男で後の浅野斉粛の縁組に成功した。浅野家はそれまでも徳川家との姻戚関係を強化することには力を入れ、浅野本家は公的に松平姓を名乗ることを許されていた。斉賢としても将軍家斉との関係をより深めて家格を上げておくことは、老中首座の水野忠成に対しても有利になる。ただ、将軍家からの降嫁に対しては特別な待遇が与えられるものの婚礼費用など膨大な経費が必要で、経済状況が逼迫してきた広島藩にとっては痛し痒しだった。幕府は婚儀の略式化を通達しているが、斉賢は商人や農民に御用金と呼ばれる臨時の税を課している。

藩札の下落
　広島藩は年寄上座の関忠親が引き続き積極的に藩内特産品の開発とそれを藩外に販売する政策を進め、借金はあるものの比較的平穏な経済状況だった。
　ところが幕府の財政悪化が表面化したため、1818 年に通貨の交換所で藩札を貨幣にする両替が続出した。そこで浅野斉賢は 1822 年に今中大学を年寄に抜擢し米銀掛として財務に当たらせた。しかし他藩との交易で金貨銀貨の不足する事態を引き起こし、藩札の下落が発生した。そのため 1826 年に忠親は筒井極人（キメト）を勘定奉行・郡奉行・蔵奉

行兼務に抜擢して積極策を取り、両替の歩合の上限を定める措置を
取った。

　緊縮財政の中、藩は農民の管理も効率化しようと、目安箱を置いて
役人の不正を監視しながら有力農民に末端の統治をゆだねていった。
そこで村役人は割庄屋の推挙によって藩が認定するようになり、1825
年以降は割庄屋が村役人を人選し藩の名によって直接任命するように
なった。

　この動きは柔軟な人材登用が行われるようになった一方で、従来か
ら存在した派閥による出世争いが拡大し、藩の硬直化が進んだとされ
る。

広島城下の繁栄

　広島城下は内海航路沿いの最大都市として、本川や元安川沿いは他
国船で賑わい、特に中島界隈は街道沿いに大店が並ぶ商業の中心地
だった。人口も増加して総人口は約7万人、そのうち武家と寺社が推
定2万人で、江戸・大坂・京都・名古屋・金沢に次ぐ大都市だった。
なお、当時の藩の人口は72万6千人と110年前と比較して約30％増
加しており、その後も増加を続けた。

　このころ他藩から広島城下を訪れた人の印象が書き残されている。
それによると、賑やかで人出も多く、民家も瓦屋根が多く裕福な商家
が多いといった反面、物価が高く言葉が上品でないとある。すでに広
島弁が存在したと思われる。

　当時の藩内の寺院総数は113寺、そのうち浄土真宗が32寺と多く
を占めていたが、広島の三大寺といわれたのが浄土真宗佛護寺のほか
曹洞宗国泰寺と浄土宗誓願時だった。

　城下南方の干潟は次々と干拓され、この頃には新開の町村数は35

を数えるほどに増加していた。一方で藩が調査した結果が載っている『知新集』によると、干拓が進むに従い干拓前の干潟で盛んだった牡蠣などの養殖で生計を立てていた者は生活を脅かされることとなり、「潟争い」が頻発したという。

西洋医学の先駆け

　広島藩医の後藤松軒は若い時、長崎で蘭学と医学を学んだが、その時高野長英と親交を結んだ。1828年に長英は蛮社の獄で幕府に捕らわれたが、牢屋が火事になった際江戸から逃亡し松軒を頼って広島にやって来た。松軒は父親が造った沼田郡新庄村の薬草園に長英を匿ったとされている。

　一方で1849年にオランダ人医師が天然痘の予防に有効な痘苗と呼ばれるワクチン材料を持ち込んだ。当時日本では頻繁に天然痘が発生しており、長崎で佐賀藩医の楢林宗建が接種に成功し次第に痘苗の情報が広まった。長崎で医学を学んでいた佐渡出身の長野秋甫が痘苗を佐渡に持ち帰るべく広島藩に来た時、頼山陽の長男の頼聿庵の元に立ち寄った。話を聞いた進歩的な聿庵はわが子へ接種をしてもらったが、聿庵からこの結果を聞いた藩医の松軒は、藩内に接種を広めるべく活動を始めた。

　ところが当時の幕府内における漢方医学の圧力で、高野長英を匿ったことを理由に松軒は謹慎処分となり、広島藩では蘭方医学が禁止されてしまった。ただ、松軒の門人たちにより、横川村や安芸郡で隠れて引き継がれた。

産業奨励と竹屋窯・江波窯

　広島藩が推進した産業のひとつが窯業である。広島藩の記録集である『事蹟緒鑑』に、1812年城下南側海辺の竹屋村に茶碗の試し焼きの申請を許可したとの記述があり、この頃始まったようだ。現在の竹

屋町周辺に窯跡は見つかっていないが、藩政の記録である『知新集』
に竹屋村にいた焼物師の記述があり、1820年ころには藩の国産奨励
策に沿って出資し日用品を含む陶器の生産が行われ、一部磁器も作ら
れたとされる。また、『民藝美禮讃』には、"道亭"という名の竹屋窯
の御用絵付師の存在が記され作品も現存しており、さらに1821年に
上田家老家を継いだ上田安節（ヤストキ）により盛んに御庭焼が焼かれたとの記録
もあり、藩の関与が認められる。

　このような頃1828年に、それまで日本で最高の磁器生産技術を
持っていた佐賀藩の有田で台風による大火が発生し街が全焼した。当
時困窮状態だった佐賀藩は陶工の離散を止めることができず、磁器技
術が全国に拡散した。

　これを受けた広島藩は磁器生産の技術を取り込もうと、町域拡大に
よる煙害問題のあった竹屋窯を廃止して当時まだ島だった沼田郡江波
村の皿山に陶器窯に加え磁器窯を新設することにしたと思われる。こ
れは竹屋村の窯元が江波窯と同じ油屋忠右衛門であり、陶工にも竹屋
には"竹山"、江波には"江山"との名が残っているなどからも裏付
けられる。

　この江波窯に対する広島藩の期待は大きかったようで、窯ができる
と藩主を始め重臣たちが視察に赴いた。当時書かれた『村上家乗』、
『今中大学日記』、『海宝寺文書』などにも状況が記されている。

　さらに藩は、宮島への来島者の増加により土産品の売上拡大が期待
でき、新設した江波窯での生産拡大を支援した。窯では京都から陶工
を数名招き、厳島神社社殿下から運び込んだ砂を混ぜた陶器のお砂焼
きや、宮島の鳥居を描いた磁器の盃などを生産した。当時の旅土産は
自分で持ち帰るため無く軽くてかさ張らないことが必要で、盃はこれ
に適していて実物も残っている。

　大森貝塚の発見で有名なエドワード・モースは、明治時代に日本各
地の陶磁器を調査収集して記録を残しているが、その中で1830年に

富士屋桂斎が江波村に窯を築き宮島で販売する酒器や茶器を作ったと
記している。また幕末の広島藩の筆頭家老だった浅野忠の『安芸国厳
島神砂焼』の中にも江波焼と宮島焼の関係がやや異なった内容で記載
されている。

　1989年から始まった有田の近くの嬉野にあった窯跡の発掘調査に
より、これまで江波焼きの代表的な製品とされていた染付磁器の絵皿
が志田焼だったことが明らかになった。そのため江波窯での磁器生産
はごく小規模で、宮島の土産品や皿などの日用品や小物品などの陶器

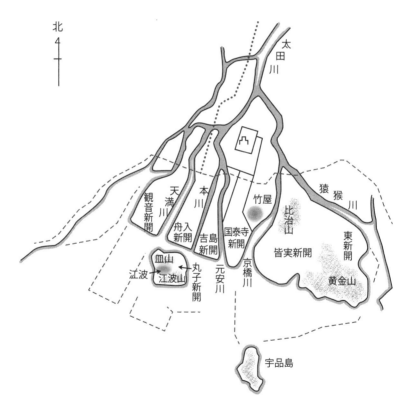

図Ⅳ-1　江戸後期の広島城下における竹屋と江波

製品が主に焼かれたと考えられるようになり、浅野家の御庭焼としても使われたとされる。近年行われた皿山の発掘事業でも、特に新しい発見はないようである。

御手洗港の強化

　当時、藩の主要積出港の御手洗には 17 藩の船宿があり、大坂と御手洗は米相場が連動すると言われるほど、西日本の経済の中心地として栄えていた。薩摩藩との関係も継続していたが、当時の薩摩藩は 1828 年の藩債が 500 万両と財政的に危機に瀕した状態で、藩主の島津重豪（シゲヒデ）はこの状態を何としても改めるよう厳命した。

　広島藩は 1830 年に藩内の産業政策の一環として御手洗港に千砂子（チサゴ）波止（ハト）と呼ばれる防波堤を建設した。この時勘定奉行の筒井極人が大坂の九代目鴻池善右衛門に社寺寄進の話を持ちかけたところ、当時の広島藩と鴻池家の関係を示すように、御手洗に大坂の住吉神社の縮小版が寄進された。神社の建設に当たっては、御手洗の 4 つの茶屋の遊女たちが協力し、遷宮式でも遊女たちが芝居などを演じ、各地から見物客が押しかけたといわれる。

『済美録（セイビロク）』と『芸藩通志』の編纂

　広島藩では中島六大夫と筒井極人（キメト）が中心になって修史事業が進められ、3 代前の浅野吉長が始めた浅野家の歴代藩主の実録の作成事業は吉長の代までが完成し『済美録』として 1820 年に完成した。この事業はその後も続けられ、全 466 巻 893 冊が現存している。

　また 1825 年に広島藩領の地域別の地理や歴史をまとめた地誌である『芸藩通志』が頼杏坪などにより編纂され、藩内の文教の発達に寄与した。これは 1822 年にできた『知新集』を基にしており、また 1806 年に藩に提出したとされる『佐伯郡廿十ヶ村郷邑記（ゴウユウキ）』という文書があり、藩は編纂のため各地に歴史などの調査を命じていたと考え

られる。

　頼山陽はこの時代特に名高い文人である。山陽は青年期を広島で過し18歳の時江戸に出て経学や国史を学んだ。その後京都に行き私塾を開き1826年に有力武家の興亡を記述した『日本外史』を完成し、幕府老中の松平定信に献上した。大局的に大政奉還を促す内容だが、定信はこれを諸藩の教材として勧めたため、幕末の尊皇攘夷運動に大きな影響を与えたといわれる。

厳島神社と宮島の風習

　宮島は信仰上の理由から神事だけでなく住民の生活にも独特な風習が育まれてきた。『芸藩通史』の中にも宮島における穢を忌避する決まり事の記述がある。まず死者は宮島には埋葬せず対岸の地で埋葬しなければならず、そのため宮島には墓はなく対岸の赤崎、今の宮島口に建てられ大聖院が管理していた。また女性に出産が近づくと対岸に渡り、出産から100日経過後戻るのが慣例で、生理中の女性は町衆が設けた小屋に隔離されて過ごした。この2件に関しては1580年に棚守房顕が記した『棚守房顕覚書』と同じ内容だが、『芸藩通史』ではさらに、米など重要な作物を意味する五穀を作ってはならず、そのため宮島住民の糞尿を肥料に使えず舟で対岸に運び畑で使われた。また猿や鹿が人家に入っても罰してはならず、盗賊を捕らえたら頭髪と眉の片側を剃って役人に引き渡すこと、神への奉納に用いる白木の箸は使わない、といったことが追加されている。

　厳島神社への観光客の増加と共に、宮島の人口も増加していった。1825年には人口が3743人、家数が千軒を超え1028軒となっているが、これにより俗に「宮千軒」と称された。浅野斉賢は1818年に狩野洞白の描いた龍と獅子の絵馬を神社に奉納している。

　当時の旅行記で関根美尾の『旅枕道枝折』には、1819年に江戸を

出発して伊勢神宮を参拝した後、大坂から船で讃岐の金毘羅に行きさらに厳島神社を参拝し広島城下を見物して船で帰っている。これに示されているように、当時人気の歌舞伎は特に宮島と金毘羅が名高く、江戸の歌舞伎役者は宮島歌舞伎で 500 両、金毘羅歌舞伎で 500 両稼ぎ、合わせて千両江戸に持ち帰ってきたことから「千両役者」とよばれた。

5. 徳川家慶と天保の改革

　徳川家斉は 1837 年に息子の徳川家慶に将軍職を譲って隠居した。ただ大御所として幕政の実権は握り続けた。その間も天保の飢饉の影響がつづき、1837 年のモリソン号事件、1840 年にはアヘン戦争が発生した。

　1841 年に家斉が 69 歳でなくなると、家慶は四男の徳川家定を後継に指定すると共に、父親の側近だった水野忠篤・美濃部茂育・中野清茂などを追放して、老中首座として帰農政策や奢侈禁止を提案しながら反対に会っていた水野忠邦を指名して、それまで緩んできた幕政の引き締めを命じた。

天保の改革

　徳川家慶に幕政を任された水野忠邦は唐津藩主だったが、幕府で活躍したいと賄賂を使って取り入り、その後も出世に邁進したという人物である。改革派として勢力を握り、遠山景元や鳥居耀蔵などを登用し改革を開始した。

　忠邦はまずは綱紀粛正のため風俗取締や倹約令により、歌舞伎・芝居・寄席など庶民の娯楽を制限した。また当時貨幣経済の発達で多くの農民が都市に移動したため幕府財政の基盤である米の生産量が減少していた。そのため江戸に出ていた農村出身者を人返し令として強制

的に帰農させた。

　さらに物価高騰を抑えるため、新規参入業者を排除し市場を独占する株仲間を解散させ、江戸や大坂周辺の大名などの知行地を幕府直轄領にして行政機構の強化を図った。また旗本や御家人に支給される米の仲介業者である札差（フダサシ）に対して、未払いの債権をすべて無利子にし、元金返済の期間も延長させ、武士や庶民の救済に当たった。

　水野忠邦は天保の改革を厳格に進めて行ったが、その厳格さや大局的な視点が欠けていたため順調には進まなかった。風俗取り締まりについては南町奉行として登用した鳥居耀蔵が違反を見つけるために囮捜査をするなど、目的のためには手段を選ばぬ執拗さのため皆に忌み嫌われた。人返し令についても、当時の日本はすでに米穀中心の経済ではなく貨幣経済に移行しつつあり、この政策自体が時代の読み違いともされ、成果を上げることはなかった。また株仲間の解散命令は市場の混乱を招き景気が悪化し、札差に対する方策は逆に貸し渋りが発生して借り手が苦しむ結果となった。また徳川家斉の時から始められた貨幣改鋳をさらに拡大したため、発行で得られる利益は高インフレの発生で吹っ飛んでしまった。

水野忠邦から阿部正弘へ

　徳川家慶は1843年に、大名や旗本の大反対にもかかわらず上知令（ジョウチレイ）と呼ばれる知行地を没収して直轄地化することを断行しようとした水野忠邦を罷免した。ところが後任の老中首座の土井利位（トシツラ）に江戸城焼失の修繕費調達に不手際があって、家慶は忠邦を老中首座に再任させた。しかし当時老中になった福山藩主の阿部正弘などの反対で、忠邦も気概を失っており1845年に強制隠居となって終結した。

　このように天保の改革は、政策実施の急進さ故に反対者が拡大して経済混乱に陥ったため失敗に終わった。原因は出世欲の塊で人望の薄

かった水野忠邦を選び、問題発生後も対応できなかった徳川家慶の無策であろう。

　一転して家慶は阿部正弘を気に入り老中首座に就けたが、正弘が27歳という若さ故か広く各藩の意見を聞くようにしたことで幕政は変質していった。

外交政策

　1837年に徳川家慶が将軍になった直後、アメリカの商船モリソン号が救助した日本人の漂流民を連れて貿易交渉も兼ねて江戸湾の入り口の浦賀沖にやって来た。浦賀奉行は異国船打払令に基づきモリソン号を砲撃したため、九州に戻って薩摩藩と交渉したが拒絶されむなしくマカオに帰った。幕府はこの事件の経緯を長崎のオランダ商館からの情報として聞いたが、このような外国船への対応のための出費は更に幕府財政を圧迫していった。

　当時江戸では蘭学が盛んになり、海外から新しい知識を導入したいとの機運が高まっており、高野長英や渡辺崋山などの蘭学者はモリソン号事件を契機に異国船打払令に対する批判を強めた。幕府としては鎖国政策を批判されたとして鳥居耀蔵を中心に言論弾圧を進め、1839年に当時無人島だった小笠原諸島を経由して密航するとの話をでっち上げて、崋山などを捕らえて投獄したり処刑も行った。蛮社の獄と呼ばれている。

　幕府がこのような強硬策をとったのは、当時依然として朱子学こそが正当な学問として蘭学を憎悪の対象としていた林家を中心にした官学主義によるもので、弾圧の首謀者だった鳥居耀蔵も林家の出身だった。

　しかし1840年に始まったアヘン戦争で2年後に大国の清がイギリスに惨敗したことで、幕府は西洋の軍事力の強大さを認識せざるを得ず、1842年に水野忠邦は異国船打払令を緩和して「天保の薪水給与

令」に改め、遭難した船に限り補給を認めた。これが日本の開国から近代化に進む端緒だったとされている。外洋に面した諸藩も海防の重要性を広く認識し、砲台の築造など沿岸防備を強化した。

また当時松浦武四郎という伊勢松坂藩出身の冒険家で文筆家が出て、蝦夷地を6回も探検し蝦夷と松前藩との融和に努め、多くの著作を残した。

文化への規制

天保の改革では、幕府が暮らしを厳しく規制しようとしたため庶民は不満を募らせた。幕府は浮世絵に対しても役者絵や美人画を禁止するなど多くの厳しい規制を設けた。そのような時1843年に出版されたのが歌川国芳の『源頼光公舘土蜘作妖怪圖』という錦絵で、病床の源頼光と囲碁を打つ四天王、その背後で土蜘蛛が巣を広げ様々な妖怪が争う様子を描いている。この絵で頼光が将軍、四天王が水野忠邦を始めとする老中、妖怪は改革のために罪人にされたり追放されたり正業を失った者たちとされ、庶民の怒りを表現した風刺画として大評判になった。その後も似たような妖怪風刺画が出回った。

また天保の改革では多色刷りの華美な出版物が禁止されたが、改革が失敗に終わると一層華美なものに人気が出て、浮世絵などもその流れを汲んで江戸文化の爛熟期を迎えた。

6. 浅野斉粛の時代

1831年、浅野斉賢が病没し、15歳の浅野斉粛(ナリタカ)が九代目藩主に就任した。この跡継ぎを巡っては広島藩としては初めての争いが、叔父の浅野長懋(ナガトシ)との間に起こった。この争いの背景は藩政の一新を期待した改革派によるものだが実現せず、藩政については先代から年寄りを勤め1834年に年寄上座になった関忠親が実権を持ち、新たに年寄に

なった今中大学と共に、商業と金融重視の政策が継続された。

将軍家から降嫁

　浅野斉粛が藩主になると、浅野斉賢が取りまとめていた斉粛と徳川家斉の二十四女・末姫との婚儀の準備が関忠親を中心に進められた。当時の経済状況は逼迫した状態だったが、藩としては家格の保持はおろそかにはできない。末姫は江戸の藩邸に住むことになり、50人ほどのお付きが暮らす居室などが上屋敷に増改築され、新居には幕府御用絵師に襖絵を描かせるなど贅を尽くした。

　こうして 1833 年に江戸城で婚儀が行われたが、式の費用だけでなく将軍家や老中などへのお礼の品々や交通費など多額の費用がかかり、費用合計は 10 万両を超えたとされる。その多くはそれまで以上に大坂商人からの借銀によったが、幕府からも拝借金とよばれる無利子の支援があった。このような姻戚による厚遇に対し、諸大名は目先の事だけにとらわれる広島藩への批判を噴出させたとされる。

家祖祭神の神社建設

　浅野家では城の鬼門方向にある明星院の西方に位牌堂を建てるなど最初に藩主になった浅野長政を祀ることが継承されていたが、幕府の許可を得て家祖を祭神として祭ることが浅野家の悲願だった。そのような中、婚儀の効果は絶大で、長政に「饒津大明神」の神号が付与された。1835 年に浅野斎粛は明星院の敷地の西半分に本殿を建設し二葉山御社と称した。これが二葉山の名の始まりで、現在の饒津神社になった。

天保の大飢饉

　広島藩においても藩主の婚礼が行われた 1833 年に天保の大飢饉が始まり、1834 年の冷害と翌年の旱魃、1837 年の大洪水では甚大な被

害が出た。社倉の効果はあったものの当時の農村は作物の商品化により貧富の差が拡大しており、諸物価は高騰して貧困農民の多くが餓死した。藩の北部では4人に1人が亡くなったとされる。さらに1850年には台風による高潮や洪水で甚大な被害があり、1854年には大地震が発生した。

関忠親による藩政

　浅野斉粛は江戸で生まれ育っており、婚儀後も諸行事のため江戸に留まったため、結局初めて広島に入ったのは1835年になってからだった。これでは藩主と家臣との結束力が固まるはずがなく、藩内の各役所もばらばらで独自に政策を推進する状態だった。当時の藩政は、関忠親と腹心の筒井極人が権力を掌握し続けており、年寄になった今中大学を米銀掛として財政を担当させた。

　この時代の広島藩の財政状況はそれまでも大坂商人に頼っていたが、藩主の婚礼費用やその直後に発生した天保の大飢饉対策費、饒津神社建設費、さらに幕府から命じられた河川の普請工事費など支出が拡大して、大坂の鴻池善右衛門からの借財は過去最高額に達し、藩札の価格も低下していった。それまで藩の借金は無担保だったのに1837年からは担保が必要になったことが藩の財政危機の状況を良く示している。

　悪化が進む藩の財政を改善するため、1843年に六会法と呼ばれる藩営の頼母子講を始め、切手と呼ばれる保管証書を発行するなどの手を打った。これにより藩札の正金銀に対する価格の下落は止まったが、六会法を止めると藩札の価格は再び下落に転じた。

　また藩外の市場で専売制度を活用した自藩製品の拡販政策による現金取得に邁進した。しかし多種多様な藩産の商品化を急ぎ過ぎて、土地の相性などを無視し生産の強制や買い上げ制度の不備などがあって生産者の意欲を削ぐ結果となった。

今中大学の財政政策

　1844年に関忠親が亡くなり、2年後に浅野斉粛は財政を担当していた今中大学を年寄上座に指名し財政改善を委ねた。

　大学はこれまで以上に特産品の開発を推進すると共に、藩内で生産される産品を強権的な専売制度によって江戸や大坂で販売し利益を得る活動を推進した。しかし藩内各地の特産品を有力商人など民間により江戸や大坂で販売するという物流の仕組が既に出来上がっていた。この政策は藩が民間の手法を取り上げることで藩の財政を改善しようとした訳だが、藩の思い通りには行かず民意は離れて行った。こうして逆に草津・五日市・廿日市・地御前村などの浜にある小さな港から大量の産物が他の藩に流れ出すと共に他藩からも流れ込むという想定外の状況が発生した。

　当時広島藩の庶民が使っていた通貨はほとんど藩札だったが、藩主導の取引では信用のない藩札は使われず正銀が用いられていた。そこで大学は藩札を増刷することで、積極的な藩内産物の開発や専売強化などの政策を推進した。しかし藩札の濫発による物価の異常な高騰を招いたため、1847年になって藩札の信頼性確保のためそれまでの藩札に六角の印を押した改印札を旧札の40分の1に切り下げて発行し旧札との引き換えを進めた。しかし改印札の普及は進まず藩札の価値下落が続き、1851年には更に500分の1に引き下げざるを得なかった。それでも収束せず藩は、旧札の改印札への引換期限を切ってそれ以降の旧札を無効とする強硬策をとった。これによってようやく諸物価高騰は鎮静し、藩札の下落傾向も収斂したが、藩の財政状況の改善は見られなかった。

広島城下の気風の乱れ

　三業惑乱が鎮静化してしばらく経った1832年、京都の西本願寺は状況把握のため加賀藩高岡出身の東林という僧を広島城下寺町の佛護寺に派遣した。東林は『泛登無隠』という手記の中に当時の城下の状況を書いている。それによると、城下は非常に賑やかで商品も豊富である一方、武士は覆面をして買い物をしており、そんな侍では戦陣の用には立ちそうにないと酷評している。さらに安芸門徒に対しては、三業惑乱の後遺症が残り、お互いに憎しみ争い合っていて、本山としてはどうしようもないとしている。

　さらに1851年に広島を通った熊本藩士の横井小楠が『諸国情勢見聞録』に、元は大工だった者が役人に賄賂を使って利益を得て今では豪商になっていると、広島藩の気風の乱れを記録している。

　このように当時の広島藩では、家臣間の対立だけでなく、藩の政策に不満を持って意向に従わないことが顕著になり民間の統制も緩み、藩全体の一体感が薄れている状況を示している。このような状況で幕末を迎えるのである。

可部の鋳物と熊野筆

　中国山地では古くからたたら製鉄が行われ、山県郡加計にあった隅屋の製鉄は当初から広島藩との強い繋がりにより主要産業となった。隅屋当主は1814年に藩から佐々木の苗字を名乗ることを許された頃が最盛期で、酒造も行う日本最大手の製鉄業者だった。当時は製鉄炉2か所、精錬所11軒を持ち、広島城下から店を構えた大坂への運搬も自前で行っていた。ただ精錬技術の遅れなどから鉄山経営は次第に悪化して行き、1853年には藩営となり隅屋の鉄山業は終焉を迎えた。一方で、銑鉄の物流の拠点で物資の集積地だった高宮郡可部は、木炭も豊富で鋳物産業が発達した。

　筆で有名な安芸郡熊野は、当時は農地も少ないため生活を支えるた

め農閑期には関西に出稼ぎに出かけていたが、帰りに奈良・大坂・有馬などで筆や墨を仕入れて行商していた。これを繰り返すうち、佐々木為次が有馬で筆の作り方を 4 年間学んで熊野に返ってきて 1839 年に筆づくりを始め、さらに 1846 年に広島藩の御用筆司から筆づくりを学んだ井上治平や有馬で学んだ乙丸常太などにより筆づくりが熊野に根を下ろしたとされる。

江波島の皿山で始められた江波焼きは、藩として期待していた生産拡大による利益拡大が望み薄になり、藩の財政悪化の中で 1838 年に終焉を迎えた。江波窯が閉じて 20 年ほどたった頃、広島藩奉行の西村正倫が再興を図って仁保島淵崎で淵崎焼を開窯したが、工人の未熟と粘土の質が悪く不成功に終わった。

藩校と寺子屋

広島藩は財政の窮乏にもかかわらず藩士の子弟の教育には熱心で、藩校は閉鎖されることはなく継続した。中でも藩儒の金子霜山や坂井東派といった学者により活況を呈した。

一方で庶民の学習意欲も高まって寺子屋の数も増加した。特に広島城下や商業の盛んな土地では富裕層を中心に家塾や私塾で学ぶ町人が急増し、農村部でも割庄屋、村役人を含む農民富裕層、豪農層に学習熱が高まった。さらにより程度の高い教育を学びたいとの要求が高まり、家業の維持と経済的変動に対応できる能力と実行力の修得などを目指した教育が行われた。ただ、石数に対する寺子屋の数は他藩に比べて非常に少なかった。

また尾道の対岸の因島出身の本因坊秀策は、20 歳で本因坊跡目に推挙され、近代の布石を築き今も棋聖と仰がれる天才棋士だった。

この頃の広島藩を描いたものとしては、1800 年ころの賀茂郡竹原の街並みを描いた『紙本著色竹原絵屏風』や 1802 年の菱屋平七が広

島城下の繁栄ぶりを書いた『筑紫紀行』がある。また当時の名高い俳人の栗田樗堂は、晩年の10年間御手洗で暮らした。

尾道の商家の娘、平田玉蘊は池大雅の門人に画を学び頼山陽とも親交のあった女流画家で、襖絵など多くの作品を残した。日本で初めての女性職業画家とされる。

厳島神社と絵馬

広島藩士で国学者の岡田清は『芸藩通史』の記述をもとに1836年に『厳島図絵』を、1842年に『芸州厳島図絵』を版行している。これには風景、近隣寺社、歴史、宝物、風習など多くの事柄が描かれている。これによると当時の厳島神社の回廊には庶民から大名まで色んな人が奉納した絵馬が隙間なく掲げてあり、その中には代々の広島藩主だけでなく狩野元信や狩野常信などの有名人が書いたものが含まれていたという。浅野斉粛も就任の儀式を終えるとすぐに慣例である厳島神社へ狩野探信の描いた雲龍と野馬の一対の絵馬を奉納したとされる。また図絵には平清盛の頃から貴人の接待役として活躍した内侍が描かれており、当時も厳島神社の有力な存在だった。1850年に大風と高潮のため大鳥居が傾き扁額が流され、社殿も大破した。

浮世絵で名高い歌川広重は、1853年から1856年にかけて木版画の連作で『六十余州名所図会』を制作したが、その中に安芸国の代表として厳島神社の鳥居を大胆に描いた厳島祭礼之図がある。ところがこの鳥居は朱色ではなく白木で描かれている。厳島神社の鳥居や社殿が朱色なのは平清盛以来の神仏混交に起因しており、多くの神社の鳥居は防腐効果もあって朱色だが、広重は神社の鳥居は本来白木であることから描いたと思われる。実際に広重が宮島を訪れたわけでではないが、鳥居は1850年に大風で大破していた。

1853年には宮島大芝居で人気役者の市川海老蔵が来演したように、

宮島は大いに栄えていた。現在、厳島神社の出口から先に進んだとこ
ろに宮島歴史民俗資料館があるが、この建物は当時醤油の醸造や質屋
として成功した江上家の邸宅だった。宮島屈指の豪商で、2階建ての
屋敷の外壁は漆喰塗で軒は大きく張り出して特徴的な梁受けを持ち、
西側には茶室もあって当時の繁栄ぶりがわかる。

　この頃も多くの人が宮島を訪れ旅行記が作られている。1835に年
歌人の西田直養の『筱舎漫筆』、1848年に学者の松岡行儀の『後松日
記』、1853年に幕府役人の川路聖謨の『長崎日記』、1855年に庄内藩
出身の志士である清河八郎の『西遊草』などである。

V
幕末の広島藩の活躍

　江戸時代の末期は幕末と呼ばれるが、一般的には 1854 年の日米和親条約による開国から、1867 年の大政奉還に至る期間をいう。

　幕末になると、外国からの開国要求に対する開国か攘夷かの議論だけでなく他藩との関係も複雑になり、藩内と幕府の状況だけでは歴史の流れが捉えられなくなった。この章では幕府や影響を及ぼす諸藩の行動と一体化して広島藩の流れを記述する。

1. 徳川家定と開国への動き

　幕府はそれまで外国との交易はオランダなどに限るとの方針を貫いてきたが、世界情勢の変化もありついに開国を決断せざるを得なくなった。しかし攘夷を主張する藩も依然多く、攘夷か開国かの争いが激しくなった。

徳川家定の将軍就任

　幕府にとって外交政策の大変換が行われた時代、徳川家慶の後継選びが問題になった。

　家慶は徳川吉宗が設けた御三家のうち一橋家の徳川慶喜を将軍継嗣にしようと考えたが、老中の阿部正弘らのこれまで守られてきた長子相続にすべきとの反対でとりやめてしまった。変化を嫌う官僚的な対

応が幕府の終焉を決定的にしたのである。

　家慶は 14 男 13 女を儲けたが殆どが早世、成人まで生き残ったのは徳川家定ただ一人だった。しかも家定は幼少の頃から病弱で人前に出るのを極端に嫌うような人物だった。1853 年に家慶が熱中症による心不全で死亡したため、29 歳の家定が十二代将軍に就任した。

　将軍就任後にはさらに健康が悪化して廃人同様になったとされ、幕政は専ら福山藩主で老中の阿部正弘が主導した。

阿部正弘のペリー対応

　1853 年 7 月 8 日（旧暦 6 月 3 日）にマシュー・ペリーが 4 隻の軍艦を率いて江戸湾の入り口にある浦賀沖に現れた。この軍艦は黒く塗られていたため黒船と呼ばれた。ペリーは日本に対して開国を要請するアメリカ大統領の親書を幕府に手渡したため、幕府内でその対応に追われる最中、将軍徳川家慶が死亡して徳川家定に代わったのである。

　当時の幕府の混乱ぶりを風刺したのが「泰平の眠りを覚ます上喜撰たった四杯で夜も寝られず」という狂歌である。上喜撰とは宇治の高級茶だが蒸気船を指している。ただこの騒ぎは幕府内だけでなく、日本全体に黒船騒ぎが広がった。

　この頃から盛んに使われたのが「攘夷」ということばで、外国勢力を脅威として尊王論や国学の神国思想と癒着した封建的な排外思想である。攘とは譲るではなく追い払うという意味で使われ、夷とは異民族を侮蔑していう語である。

　ペリーへの対応のため老中の阿部正弘がまず行ったのが、多くの意見を積極的に聞き取ることだった。その相手としては、強硬な攘夷論者だった御三卿水戸藩主の徳川斉昭や、開国やむなしとの考えの譜代で近江彦根藩主の井伊直弼など広範囲で、親藩や譜代の大名だけでな

く外様大名である薩摩藩の島津斉彬などからも意見を求めた。広島藩から提出されたのは慎重論ながら開国やむなしとする消極的な意見書だったとされる。

さらにそれまで幕政には無関係だった旗本からも意見を聞いたが、その中に後に江戸城無血開城の主役になる勝海舟がいた。正弘は海舟の意見書に優れた大局観を見て取ったとされる。

こうして正弘はアヘン戦争のようにならないよう、最低限の譲歩で決着させるとの方針で押しの強いペリーとの交渉を進め、1854年に日米和親条約に調印した。この条約内容は攘夷派も妥協できるように、開国ではなく下田と函館をアメリカに対する補給地点としてだけを許し、アメリカ人の行動範囲も限定する内容だった。同時に、正弘は外国からの侵略を防ぐためには軍事力を強化する必要があるとして、後に陸軍と海軍に変ずる講武所と長崎海軍伝習所を創設し、禁止していた大型船の建造を許可した。これら正弘の一連の行動が明治維新の始まりとされている。

正弘はその後も諸外国との和親条約の交渉にあたり、1854年にイギリス、1855年にロシアとの条約を締結した後、老中首座を堀田正睦（マサ ヨシ）に譲り、1856年にオランダとの締結ができた翌年39歳の若さで病没した。

勅許なしで通商条約の締結

オランダと日蘭和親条約が締結された半年後、アメリカの総領事としてタウンゼント・ハリスが下田に赴任してきた。ハリスの役目は和親条約を通商条約に格上げすることで、1857年になって江戸城で将軍の徳川家定に謁見して国書を渡した。これを受けて老中首座の堀田正睦（マサヨシ）は条約の交渉を始めざるを得ず、ハリスの強硬な主張からアメリカとの通商はやむなしという方向になり合意内容が固まった。

条約の内容は自由貿易港として神奈川・長崎・兵庫・新潟の設定、

江戸と大坂の市場開放、アメリカ人居住地の制定であったが、日本側に領事裁判権と関税自主権が欠落していたため不平等条約となっておりその後問題が拡大した。

　堀田正睦は条約を定着させるためには孝明天皇の勅許を得ることが必要と考え、1858 年に上洛したが強硬な攘夷論者である天皇を動かすことができなかった。そのため幕府内では正睦の責任を追及する結果になり、正睦の上洛中に条約締結を強力に推進するため老中の井伊直弼を大老に任じた。こうして直弼は天皇の勅許を得ることなしに日米通商条約に調印し、引き続きオランダ・ロシア・イギリス・フランスとも同内容の条約を締結した。この時直弼は開港する港の内、神奈川港を混乱防止で当時辺鄙な横浜に変更した。

広島藩の低い攘夷意識

　将軍が徳川家定に交代した頃、広島藩では浅野斉粛（ナリタカ）が藩主を続け財政難も継続していた。そのような中、それまで藩政から疎外されていた浅野忠・上田安節・浅野道興の三人の家老が藩財政の窮乏を憂いて、1853 年に建白書「藩政刷新の建白」を藩主に提出した。斉粛は即座にこれに同意して年寄首座で旧守派の今中大学を藩政から退任させたが処罰はされず、藩内の保守的な流れは変わることはなかった。

　また財政難から他藩に比べそれまで軍備強化は進んでいなかったが、広島藩でも次第に攘夷を進めるため軍事的な危機意識が高まり、辻将曹（ショウソウ）など軍事面を担当する藩士を中心とした改革派の活動が活発になった。藩としても異国船の防御に対しては町人や農民らに対して臨時に上納を命じたり献金を求めるなどしたほか、大砲や小銃の材料とするため寺院から梵鐘などを強制的に徴発した。こうして 1850 年に広島城下に近い安芸郡牛田村で洋式大砲を鋳造し、広島に３門と江戸に３門配備した。

　しかし広島藩において軍備の充実には程遠いもので、改革派の活発

化によっても藩政に大きな変化はなく、外国船がやって来るわけでも
なく攘夷の意識も薄かった。

将軍の後継者争い

　徳川家定は朝廷で関白を勤めた鷹司政煕の娘を正室、公卿の一条忠
良の娘を継室として迎えたがいずれも早世し、後継者ができなかっ
た。そのため将軍在職中から後継者を誰にするかで取巻き間の争いが
発生し、病気が悪化した 1857 年ころからはそれが激化した。後継者
候補としては、井伊直弼が血統を重視する立場から紀州藩主の徳川家
茂を推挙し、一方で水戸藩主の徳川斉昭が息子の徳川慶喜を押しこれ
を薩摩藩主の島津斉彬が支援した。

　こうして両派が対決したが、1858 年に家定が諸大名を招集して従
弟にあたる徳川家茂を後継にするとの意向を伝えた。その後慶喜を押
した大名の処分を発表して決着したが、家定が将軍らしい行動を示し
たのはこれが最初で最後だったとされる。これからしばらくして、家
定は死亡した。享年 35 歳だった。

2. 攘夷と開国の対立

　1858 年に徳川家定が死亡すると、遺言通り 13 歳の徳川家茂が将軍
に就任し、幕府内で実権を握ったのは直前に大老に任じられた井伊直
弼で、これに対抗したのが孝明天皇だった。

孝明天皇の反撃

　井伊直弼が承認を得ず通商条約を締結したことに対し、孝明天皇は
この開国政策を改めさせるために、攘夷思想の強い藩主などを使って
幕府を動かそうとした。

　天皇は 1858 年 9 月（旧暦 8 月）に攘夷を進めるようにとの勅書を

攘夷思想の強い水戸藩に、正式な手続きを経ずに内密で下賜し諸藩に伝達するよう命じた。水戸藩はまずは攘夷論の強い長州藩・越前藩だけに伝え、薩摩藩には島津斉彬が亡くなった直後だったため伝えていない。これは「戊午の密勅」と呼ばれるが、天皇の幕府・諸藩に対する最初の政治表明で、長く武士により抑え込まれていた天皇の権威を取り戻すのが目的だったともされる。ただ勅書には外国船を攻撃するような急進的なことは含まれていなかった。

　これを知った幕府は以降の伝達を禁じたが、日本中を巻き込んだ尊王攘夷か公武合体かの争いから、天皇が表舞台に登場することで倒幕という流れを生むきっかけとなった。

安政の大獄

　大老の井伊直弼は通商条約に基づいた開国方針を徹底するため、孝明天皇から攘夷の意向をうけて動いた者に対する弾圧を開始した。まずは攘夷派の儒学者や宮家・公家などの逮捕から始まり、水戸藩の徳川斉昭や徳川慶喜らに対しては蟄居や謹慎の処分が行われ、幕府内の攘夷派も処罰を受けた。また 1857 年から松下村塾で教えていた長州藩の吉田松陰は攘夷だけでなく倒幕の行動をとったとして牢屋敷で死罪となった。松陰は儒教の中でも人を行動に駆り立てる陽明学により指導したことから、塾生に幕末の日本を主導した多くの人材を輩出した。この安政の大獄により失脚したり迫害された者は 100 名以上になったとされる。

　このような直弼の過激な行為は攘夷派の反感を強め、1860 年 3 月 24 日（旧暦 3 月 3 日）に水戸脱藩の浪士に薩摩藩士が加わり江戸城の桜田門外に直弼を襲い殺害した。幕府は大きな衝撃を受け直弼の死を極秘にしたが、すでに広く知れ渡っていたため逆に幕府は信頼を失っていった。これから間もなくして攘夷派の司令塔だった水戸藩の徳川斉昭が亡くなったが、彦根藩士による暗殺との風説が流れた。

皇女和宮の降嫁

　桜田門外の変により権威を失墜した幕府は、攘夷と開国両派の対立が激しくならないように努めた。老中の安藤信正は特に朝廷との関係を深めることが必要と、孝明天皇の妹で15歳の和宮を徳川家茂の正室として降嫁するようにと朝廷に対し執拗に迫った。1861年に天皇は攘夷を進めることを条件に合意し、和宮は御輿入れの行列で江戸に下った。この行列は50kmの長さで、危険の少ない中山道を通ったが、それまで縁遠い存在だった朝廷に対する強烈な印象を沿道や江戸の人たちに残すことになった。

　この結果、天皇は長い慣例を打ち破り、幕府の政策に対して朝廷が積極的な役割を果たし始めた。1863年になって徳川家茂が和宮との結婚の報告を兼ねて3代将軍の徳川家光以来絶えていた上洛を果たしたが、そこで天皇は家茂に2か月以内に攘夷を実行するよう申し渡し、家茂はこれを勅令として諸藩に伝えることを受け入れざるを得なかった。

徳川慶喜の登場

　1858年に将軍に就任した徳川家茂（イエモチ）は13歳という若年だったため、将軍の後見職が設けられ田安徳川家の徳川慶頼（ヨシヨリ）が務めた。ところが慶頼は1862年に薩摩藩の島津久光の圧力で解任され、後任として徳川慶喜（ヨシノブ）が就任した。

　慶喜は斉昭の7男だが、将軍の徳川家慶の意向で一橋徳川家の養子になり相続していた。母親が有栖川宮家の出身で自身も朝廷の一員であるという意識が強く、御所での朝議などで論理明快に有力諸侯を論破し孝明天皇の信頼を勝ち得たことで、その後も大きな政治力を持ち続けた。ただ相手を論破はするが心底納得させることはなかったとされる。

3.　薩長の対立と広島藩の進出

　薩長両藩は倒幕の思いは同じでも権力志向のため対立していたが、両藩と交易関係を持つ広島藩がその間を取り持つ役として存在感を増していった。

浅野斉粛から息子の慶熾へ

　広島藩主の浅野斉粛（ナリタカ）は将軍家からの嫁取りに掛かった費用だけでなく、天災や幕府公役などにより財政的には非常に厳しい状態を招いていた。貿易重視の施策を採っても改善せず、藩内には外国に対する軍事的危機感から改革派による反対勢力ができ、一揆などが頻発した。斉粛は生来病気がちで、54歳になった1858年に隠居して息子で23歳の浅野慶熾（ヨシテル）に引き継いだ。

　慶熾は徳川家斉の実孫に当たり、幼い頃から聡明で江戸藩邸で薩摩藩の島津斉彬の薫陶を受たり土佐藩の山内容堂や越前藩の松平春嶽など一橋派大名と親交が深かく、新藩主として藩内での期待を一身に集めていた。ところが就任からわずか4ヶ月後、江戸藩邸で頭痛や腹痛などを併発して重態となり、藩や幕府の医師の診療の甲斐なく病没してしまった。若くして急死した慶熾には嗣子も兄弟もなく、これまで浅野家が藩主を父から息子へと繋いできた伝統が途切れてしまった。

浅野長訓の十一代目藩主就任

　1858年12月8日（旧暦11月4日）、後継断絶の場合のために設立していた江戸青山の広島新田藩主の浅野長訓（ナガミチ）が広島藩主に就任した。広島新田藩の場合、参勤交代はなく、江戸育ちで45歳の長訓はそれまで行ったこともない広島の藩主になる事など想像外だった。そのため慶熾の喪が明けた1861年、長訓は藩内の状況を把握するため半年

近くにわたり領内をくまなく巡見した。その結果、それまで続いていた守旧派による専横体制の下で経済逼迫が続いており、改革派として現れた辻将曹らの活動も成果がでていない状況を把握した。一方で地方の役人や領民にとっても藩主が長期間にわたり領内を視察するなど初めてのことだった。

　こうして長訓は1858年に始まった徳川家茂政権の始まりから徳川慶喜による大政奉還までの広島藩の藩主を勤めることになった。長訓はそれまで藩内では贅沢が禁じられ倹約が求められるなどのお堅い気風を転換すべく、規制を緩めたり各地の産業振興に力を入れるなどし、頼りになる存在であるとして民衆からも好意を持たれた。

　長訓が地方巡視で高田郡の吉田に来た時、吉田には長州藩で藩祖と崇められた毛利元就や隆元の墓があり、参拝するため長州藩士が頻繁に訪れており住民もそれを歓迎していたことを体感したとされる。それまで住民との関係構築に無関心だった広島藩として、長訓は吉田における毛利氏の住民に対する影響力を手本にすべく、1863年に自身の出身元である広島新田藩をこの吉田に吉田陣屋を設けて全員を移住させたのである。

広島藩の軍備強化

　広島藩では引き続き薩摩・長州等の有力藩との交易も強力に進めたが、外洋に面して黒船による砲撃の恐ろしさを知っている薩摩藩・長州藩・土佐藩とは違って、実体験した者は非常に限られ藩内の武士だけでなく庶民にとっても切迫感を持って進める状況ではなかった。このような状況で、攘夷と言われても実感はなく、尊王も天皇は遠い存在で徳川家との深い関係もあって縁遠い考えだった。沿岸の警備のための砲台の建設も1850年に鋳造された以降止まっていた。

　浅野長訓は幕府が外国に門戸を開くという新たな局面に対処するた

め、藩の中枢から旧守派を退け、改革派の辻将曹と野村帯刀を年寄に
抜擢すると共に家老一門も藩政に参加させるなど人事の刷新を行っ
た。こうして藩政機構や支配体系の集権化を図り、自ら異国船防備や
国境警備の状況を把握して軍備の近代化のために西洋式軍制の導入を
決めた。これは「文久の改革」と呼ばれる一種のクーデターだった
が、長く藩政から遠ざけられ藩政改革を期待していた多くの家臣の心
を引き付けた。

　まず軍隊の増強と近代化だが、1863年に「農兵練習所規」を発し
て攘夷実行のための農兵編成の方式を定め、瀬戸内海沿岸の拠点9か
所で農兵を組織し藩士を派遣して西洋砲術や武芸訓練に当たらせた。
これに伴い、これまで広島藩では兵法を甲州流軍学によっていたが西
洋式軍制に切り替えた。これは保守的な藩士などの反発を招いたが、
藩は辻将曹を中心に抵抗を排除しながら軍政の改革を進めた。
　また軍備の充実もそれまで財政困窮のため後ろ向きで停滞していた
が、1860年に江戸から兵器職人を招いて小銃や大砲の製作に当たら
せた。『芸藩通史』によると沿岸拠点に砲台の設置を行い、最初に設
置されたのは1862年の三原城東の東野村で、さらに翌年に倉橋島の
本浦と鹿老渡、大崎上島の沖浦、大崎下島の御手洗、生口島の瀬戸
田、因島の大浜、向島の立花浦の7か所に建造された。同じ年に、広
島藩士の頼東三郎らが近隣の豪商などの支援を得て、広島城下の入り
口に当たる宮島の鷹ノ巣浦に砲台を建設している。銃の製造について
は沼田郡舟入村に製銃方を設け、ゲーベル銃を製造した。ただこの小
銃は、当時最新のミエニー銃に比べ時代遅れだった。
　さらに方針を明確に示すため1863年に薩摩藩から10万両借りて、
蒸気船の震天丸を軍艦として使用するためイギリスから購入した。こ
の代金返済にはこれまで続けられてきた御手洗で密かに米・銅・鉄・
操綿などの交易を通じて行われた。広島藩ではこの後も、1863年末

にイギリスから木製輸送帆船の達観丸、1866年にはやはりイギリスから鉄製外輪船を購入し豊安丸と名付けた。

薩摩藩の状況

　薩摩藩の島津氏は豊臣秀吉の九州平定で敗れ、領地を大幅に減らしたが武士の数は減らさなかった。そのため武士階級が25％と非常に多く、それも城下以外に住み独自の考えを持つ郷士が多く含まれていた。さらに関ケ原の戦いでは西側に付き、忠義に厚い家臣の結束力で負け戦から逃げ戻った。徳川家康は九州諸大名に命じて島津領を包囲させたが、兵力を温存していた薩摩兵と対決して兵力を失うより天下の安定に力を割くべきと、島津氏に対し家康の方から折れる形でそれまでと同じ領地を安堵した。このような経緯から薩摩藩士には「徳川とはあくまで対等の関係」という考えがあり、幕府への対決姿勢は最初から持っており多くが討幕に燃えていた。

　一方で藩主の島津重豪（シゲヒデ）は徳川家斉の正室に自分の娘を出しているため、藩の重役には徳川家を倒す意志などなく、藩内の思いは分断していた。石高72万6千石の大藩でも実際の生産高は半分にも満たない状況だったが、重豪は蘭学に凝り藩校や天文館を建てるなど浪費の限りを尽くした。ただ薩摩藩では江戸時代初期に山ヶ野金山が発見され、重豪の頃には佐渡金山を上回る生産量を誇り、藩の財政を助けた。

　1833年に重豪の孫の島津斉興（ナリオキ）が後を継いだ際、500万両の借財があったとされるが、斉興は下級武士出身の調所広郷（ズショヒロサト）を家老に取り立てて財政改革を進め、1840年には200万両の資金余裕が出るまでになった。

　この財政急回復を実現した手段というのが琉球を通じた清との密貿易と当時の通貨である天保通宝の贋金の鋳造だったとされている。貨幣の鋳造権はこれまで徳川政権の安泰を守る最大の武器とされていた

が、琉球用の通貨発行との名目で幕府の許可を得て江戸銀座の職人を呼び寄せて造ったのである。これは 1851 年に藩主になった島津斉彬[ナリアキラ]にも引き継がれ、攘夷思想のもと軍備拡大に向かった。

　1858 年に斉彬が亡くなり甥にあたる 18 歳の島津忠義が藩主になったが、忠義の父親である島津久光が藩政の実権を掌握した。久光は幕政改革を主張する西郷隆盛や大久保利通など中下級藩士で構成される精忠組の取り込みを図った。ただこの中の隆盛は陽明学を信仰する急進的で行動的な人物だったためか、久光とは終生反りが合わなかったとされる。

　島津久光は 1862 年に公武合体運動推進のため兵を率いて江戸に入った。秋に江戸を発ち鹿児島に戻るため東海道の横浜付近の生麦村に達した際、久光の行列を妨害したとして薩摩藩士がイギリス人を殺傷する生麦事件が起こった。イギリス側は幕府から謝罪と賠償金を獲得したが薩摩藩が犯人の引き渡しを拒絶したため、直接話をつけるため艦隊を薩摩に派遣した。これを受けた薩摩藩は密貿易などで得た豊富な資金で砲台など最新の兵器を装備しており、5 隻のイギリス艦隊と戦闘が開始された。イギリス側は鹿児島城下に砲火をあびせ火の海とさせた一方、戦艦が砲撃を受けただけでなくちょうど来襲した台風による被害が拡大したため、勝敗はつかぬまま退去した。

　この薩英戦争の結果、薩摩藩は外国の軍事力の強さを身をもって体験し、これまでの攘夷思想を改めるべきと藩主だけでなく多くの藩士が認識した。こうして薩摩藩はイギリスと交渉して事件を解決しただけでなく、これまで幕府が独占していた外国貿易を藩として始めるべく、急速にイギリスに接近した。

長州藩の状況

　長州藩の毛利氏の場合、中国地方の大部分を領していたが、関ケ原

で西軍に付き大幅に石高を減らされて萩という小都市に追い込まれた。そのためはじめから反幕府の思いが深く、近海に出没する異国船により攘夷思想も深まった。また吉田松陰などの思想教育による多くの指導者を輩出したこともこれを助長した。

石高36万石に対して実際は100万石の実収があったとされるが、諸藩の例にもれず貨幣経済の進行や藩主の浪費や家臣の借金などにより財政が逼迫し、毛利敬親が藩主になった1836年には藩の借財は170万両にのぼった。

そこで登用された村田清風は敬親から全面的に任されて藩政改革を進めた。その政策としては下関海峡を通過する輸送業者への資金貸付事業だけに留まらず、朝鮮半島を経由して中国清との密貿易を行い膨大な利益を得たとされる。

藩主の敬親は養嗣子から藩主を継いだが、藩政改革を家臣に任せると共に、軍事力強化や藩校である明倫館での人材育成に尽力し、下級武士からの人材登用という他藩に先立った新しい政策を打ち出した。一方で「そうせい侯」と呼ばれて家臣の意見に対して異議を唱えることがなかったとされる。

このような状況で尊王攘夷思想の強い長州藩では、孝明天皇の攘夷の勅令を実行すべきと、1863年に現在の関門海峡である馬関海峡を封鎖して航行中のアメリカ・フランス・オランダ艦船に対して無通告で砲撃を加えた。天皇の意向は砲撃ではなく条約改定だったため、実際外国船に砲撃したのは長州藩だけだった。ただこの砲撃を知った排外意識の高い庶民は長州藩に喝采を送ったとされる。

この報復としてアメリカ・フランス軍艦が停泊中の長州軍艦を砲撃し海軍に打撃を与えたが、長州軍は対岸の小倉藩領の一部を占領して新たな砲台を築き馬関海峡の封鎖を続行した。また藩庁を萩から内陸の山口に移転して砲撃に備えた。

土佐藩の状況

　討幕の主役に登場してくる土佐藩は、長曾我部氏が関ケ原で西軍側に付き敗れて改易され、山内一豊が24万石の新藩主として家臣と共にやって来た。しかし長曾我部家臣が多く残り勢力を持ち続けていたため、領地内には山内家臣と元長曾我部家臣の郷士が併存し、幕府に対する思いも複雑だった。そのような中、幕末の藩主の山内容堂はこの複雑な情勢を生き抜くしたたかさを持って、藩内だけでなく薩長・朝廷・幕府との折衝に当たった。

広島藩と薩長両藩の関係

　薩長両藩は関ケ原で敵対関係にあったものの幕府側の配慮もあって藩を獲得したが、常にいつか好機には幕府を滅ぼして天下を獲たいとの思いを持ち続けていた。ただ薩摩藩と長州藩が手を握っていたわけでは無く、むしろお互いに敵愾心を持っている状況だった。

　これに比べて広島藩の幕府に対する立場は全く異なっていた。広島藩は徳川家との姻戚関係や福島正則からの教訓もあり、幕府に対しては常に神経を使いながらも良好関係を保ってきた。藩政は保守的で財政的に苦しい時代が長く続いており、改革派といわれる勢力が現れても討幕といった急進的な気風は熟成されていなかった。

　また広島藩では、藩は住民を支配するとの思いが強く、相互の関係は最初から非常に希薄で、藩が住民に対して行うことは産業奨励や災害対策が主で、住民との関係を深めるような行政はほとんどなかった。住民側としても年貢の取り立てが厳しくなかったこともあり、藩に対しての関係を深めることが少なかった。その中で浅野長訓が藩主になった直後に藩内を巡見したことは、住民にとって大きな驚きだった。

　そのような中、広島藩は御手洗における薩摩藩と宮島で行われた長

州藩との交易を通じて産物を仲介しながら利益と情報を得るという三角貿易を行っていた。もともと三角貿易は幕府の認めない密貿易であったが、広島藩としての目的は財政確保のためで、密貿易と知りながら膨大な資金を稼いでいる薩長両藩に倣ってのめり込んでゆかざるを得ず、経済的な関係から政治的な関係が強まっていった。この背景は、それまで広島藩は大坂商人を介して藩の産物を販売して利益を得てきたが、幕末の危機的な状況が迫って借金が拡大してくると、売却益が返済に充当されることのない交易に移行せざるを得なかったのである。

　一方で薩長両藩が密貿易する目的は、獲得した資金を討幕に活用することにあった。薩摩藩は広島藩を通じた取引だけでなく、御手洗でフランス船から西洋銃などを荷揚したり、豪商の竹原屋にはオランダ商館員が駐在し薩摩藩などと武器の密貿易をしていたともされる。いずれにせよ各藩にとって公にはしたくない交易で、後まで秘密にされた。

薩長の対立

　広島藩が関係を深めていた薩摩藩と長州藩はそれぞれ財政改善に成功して、攘夷思想のもとで急速に軍事力を拡大した。このような中、長州藩主の毛利敬親は、戦いにより攘夷を実現しようとする三条実美ら急進的な公家の支援を得て、京都に出かけ朝廷と接触するなど存在感を増していった。

　一方の薩摩藩の島津久光は徳川家との関係もあり、江戸に入って朝廷・幕府・雄藩に対し圧力をかけて、攘夷派だったとされる徳川慶喜の将軍後見役への就任を後押しした。こうして薩摩藩と孝明天皇や会津藩など、交渉により通商条約を破棄するとの考えの勢力は、長州藩を朝廷から排除するよう画策した。

蛤御門の戦いと下関戦争

1863 年、薩摩藩は長州藩が討幕軍を決起しようとしているとの情報を利用して、孝明天皇の攘夷祈願のための大和行幸を機に尊攘派の関係者を京都から追放するというクーデターを起こした。徳川慶喜は当初慎重だったが一転して自ら軍勢を指揮し長州兵を撃退した結果、長州藩主の毛利敬親は国許へ謹慎を命じられ朝廷への支配権を失うと共に、三条実美ら所謂「七卿落ち」の公家たちが都から追放され長州に至った。

この措置に対し長州藩内では急進派と保守派に分かれて紛糾したが、翌 1864 年 8 月（旧暦 7 月）、急進派は藩主の冤罪を天皇に訴えるとの名目で京都に派兵し、御所の蛤御門を守る会津藩と桑名藩との市街戦が始まった。長州藩は一時御所内に迫ったが、薩摩軍が支援に駆けつけたため形勢が逆転し敗退した。この事件は、長州藩が御所に向かって発砲したということで禁門の変ともよばれる。

当時の都で活躍したのが佐幕派の新撰組である。京都守護職だった会津藩主の松平容保の元で治安維持のため浪士を集めて結成したのが始まりで、芹沢鴨や近藤勇・土方歳三らが京都警備のため討幕派と対決した。

状況を察知したイギリスは、関門海峡の封鎖により経済的な損失を被ったこともあり、フランス・オランダ・アメリカに呼びかけて四国連合艦隊を編成し 1864 年 9 月（旧暦 8 月）長州藩に宣戦布告した。連合軍はまずは戦艦からの砲撃により砲台を徹底的に破壊し、陸上でも旧式銃や槍弓矢で攻める長州藩兵を新式のライフル銃により相手にせず完全に打ちのめした。

この下関戦争で惨敗した長州藩は、海峡の通行の自由や賠償金などの要求を受け入れて連合軍と講和すると同時に、外国軍の強さにより攘夷思想の非現実性を再確認した。

第1次長州征伐

　孝明天皇は1864年の蛤御門の変で御所に向かって発砲した長州藩を朝敵として、直ちに長州征伐の勅命を下した。これを受けて徳川慶喜は御三家の尾張藩主徳川慶勝を征長総督として前線基地の広島城下に送り、12月（旧暦11月）には広島藩全体には諸藩から10万の兵が結集した。ただ、集まった諸藩の多くは財政的に厳しく、戦闘は避けたいというのが本音だった。

　広島城下に諸藩が集まり寺社や屋敷に兵が溢れると、浅野長訓は戦争回避への信念を強く持っていたため、藩士たちはその対応に奔走した。1863年に薩英戦争や下関戦争が起こった時、長訓はすぐさま家臣を視察に出して西洋の兵力のすさまじさを知っており、いま幕府と長州間で戦争などしていると、我が国が亡びて植民地になってしまうと危惧していたのである。

　このような中、広島藩は交易関係のある長州藩から和議調停の依頼をうけ、執政の辻将曹は藩主に長征反対の立場を表明させた。その上で征長軍参謀に任命されていた西郷隆盛に征長を中止するよう働きかけると、隆盛はそれまでの長州征伐論を変えて長州藩を降伏させるよう動いた。

　これにより、長州藩は下関戦争でイギリスなどに惨敗したことから幕府への恭順止むなしとする保守派が実権を握り、征伐を中止して撤兵すれば3人の家老の切腹などで決着させるとの提案を受け入れた。その後、広島城下の国泰寺で3家老の首実検が行われ、第1次長州征伐は決着した。ただこの決着は、徳川慶喜が直接関与しないまま妥協により終結したわけで、幕府の権威の低落が表面化した。

　こうして広島藩は西国街道から藩兵が先鋒として出陣することを避

けることに成功した。また西国諸藩が藩内に兵を送り込んだことにより、広島城下だけでなく西国街道の長州との境になる佐伯郡の大竹・玖波・小方などに多くの陣屋ができたことで、兵糧確保のための人夫の動員や備品調達など思わぬ活況を呈して、諸藩が支払った費用で潤った。一方、船舶の運航が禁止されたため、経済活動に多くの支障がでたとも言われている。

4. 薩摩藩と長州藩の接近

　このような時に登場したのが坂本龍馬である。竜馬は司馬遼太郎の『竜馬がゆく』で幕末の英雄として登場したが、人間的魅力が大きかったようで、土佐藩を脱藩して色んな人物や組織との関係を深め、特に竜馬は幕臣の勝海舟の世界的見識に圧倒されて弟子入りし、最先端の軍艦操船術も教わった。こうして竜馬は幕末での存在感を示した。

　ただ一方で竜馬は裏のある人物であるとも言われ、背後にイギリスがいたという説もある。イギリスは清とのアヘン戦争で巨利を得たが、当然日本に対するアヘンの活用を考えており、1861年に長崎にグラバー商会を創って表面上は戦艦や武器の交易を掲げて活動を始めた。これに深く関与したのが坂本龍馬とされている。

　竜馬は1867年に長崎でライフル銃を1000丁購入し、京都で薩長の武力討幕の活動が活発化している情勢を説明して土佐藩に売りつけたとされている。この時竜馬が長崎から土佐へ銃を運ぶのに使ったのが広島藩から借用した震天丸だったように、広島藩との関係も持っていた。

薩長同盟
　長州藩は一連の戦闘で攘夷が非現実であることを悟り、開国を許容

する方向に転換していった。さらに家老の処刑を許すことで幕府に従った保守派に対し、急進派で松下村塾出身の高杉晋作が奇兵隊を率いて挙兵するなど混乱が続いた。一方薩摩藩は藩主の姻戚関係から討幕に踏み切れずにいたが、藩の実権を握った島津久光の認識に変化の兆しが出てきた。

　このような時、薩長両藩の間を取り持ったのが坂本龍馬である。1866年始めに竜馬などの仲介で、京都の薩摩藩邸に薩摩藩側から小松帯刀・西郷隆盛，長州藩側から木戸孝允らが代表として出席し、両藩の秘密の会合が行われた。その結果、これまでの対立を解消して討幕のため提携するとの密約を交わしたが、この裏には両藩と武器取引で深い関係のあるイギリスの駐日公使ハリー・パークスの介在があり、幕府に見切りをつけたイギリスのしたたかな外交政策とされている。これに応じた薩長両藩のしたたかさも特異で、これまで犬猿の仲だった両藩が手を結んだことで、政局は急速に変化した。

幕府の決断

　恭順を示した後も長州藩では討幕勢力が拡大し、新式兵器を入手し大規模な軍制改革を進めていた。幕府としてはこれを抑え込むため、薩長同盟が結ばれたのと同じ頃、徳川家茂は伸び伸びになっていた長州藩の最終処分を決定し、老中の小笠原長行に処分内容を伝えるため広島に行くよう命じた。1866年3月（旧暦2月）に広島城下にやって来た長行は、広島城下国泰寺で長州藩主名代に家老などの召喚命令を伝えた。しかし長州側は病気を理由に拒絶したため、長行は藩主父子などの出頭を命じたが長州側はこれも受け入れず決裂した。これを知った家茂は再び長州征伐を行うことを決断した。

　交渉決裂をうけて浅野長訓は辻将曹を大坂に派遣して、長州処分を取りやめるよう老中を通じ徳川家茂に伝え、京都でも朝廷に訴えた。

勝海舟の日記にも広島藩の反対運動の凄まじさが記されている。

　ところが家茂は長州処分を取りやめることはなく、逆に広島藩に長州征伐の先鋒を命じた。しかし広島藩は拒絶したため、幕府はこれを認める代わりに藩境の警備と共に、征長軍の宿舎や兵糧などの確保を命じた。そのため、佐伯郡内の寺院や民家の多くが宿舎になった。宿主には謝礼などが支払われたため多額の金額が佐伯郡内に落とされたが、支払わない藩があるなどトラブルが多発した。

　一方で広島にいた老中の小笠原長行は広島藩の行為が幕命に反することに怒って、年寄上座の辻将曹と野村帯刀を謹慎処分にした。すると頼山陽の流れをくむ藩校の若者達が長行の宿舎を焼き払い暗殺すると予告したため、長行はすぐに二人を放免した。藩としてもそのままにはできず、7月（旧暦6月）になって浅野長訓は自ら長行を説得して当時広島の外港だった江波から軍艦で九州小倉へと送り出した。

第2次長州征伐の開始

　徳川家茂は長州征伐を行うにあたり、日本海側の萩口、瀬戸内海の大島口、西国街道の芸州口、石見街道の石州口、九州の小倉口の5方面からの攻撃を決めた。なお芸州というのは広島藩の別名として芸州藩と呼ばれたことによる。

　ところが萩口からの攻撃を命じた薩摩藩が、長州藩との密約により出兵を拒否したため、出陣の命令は伸び伸びになった。これに対する徳川親藩である会津藩の怒りは薩摩藩との戦闘に向かう激しさだったが、これを説得して収めたのが勝海舟だった。

　このような経緯はあったが幕府は1866年7月（旧暦6月）、長州への出兵を決断し、尾張藩主の徳川茂徳を先手総督として広島城下に送り、大老井伊直弼を出した譜代である彦根藩主の井伊直憲と、徳川譜代の名門である高田藩主の榊原政敬を先鋒に指名した。そして大島口へは四国各藩と幕府軍艦など2万、広島藩が拒絶した芸州口は彦根藩

と高田藩など5万、石州口に浜田藩と紀州藩の3万、小倉口では九州各藩の5万と、4か所の長州藩境に配置した。これに対し長州藩は芸州口に岩国藩と共に精鋭を2千人配置したが、大島口に5百人、小倉口に1千人、石州口に1千人と、兵力では圧倒的に不利だった。

　ところが戦闘が開始されると、幕府側の軍隊が旧式の軍装であったのに対し、長州側は近代装備を供えていたことからすぐに勝敗が見えてきた。ただ長州藩も兵力の関係から深追いは避けた。

芸州口の戦い

　芸州口の戦いは広島藩、特に佐伯郡内で展開された。芸州口と呼ばれるのは小瀬川の下流を挟んで岩国藩の対岸の地域である。広島城下から芸州口に至るには西国街道を廿日市以降山の中を進み、玖波宿で一旦海岸に出ると再び山道に入り亀井城跡のある小方宿に出るが、ここからは当時2つの道路があった。

　一つは山側に入り苦の坂と呼ばれる難所を通って小瀬川上流に至り、そこから川沿いの道を下って木野村の中津原から船で対岸の岩国藩関戸に至る西国街道で、古代からの道である。これに対し、瀬戸内海の沿岸は断崖が多く道路を通すのが難しかったが、1600年以降小瀬川河口の干拓が進み、小方から海側の道を通って大竹村に行きここから対岸の岩国藩和木村へ通じる新しい道ができ橋も架けられていた。こうして西国街道に比べ難所のない海側が主要道路になっていた。

　この芸州口に参戦したのは、近江彦根藩と越後国高田藩で、両藩で3千人の兵力とされる。1866年8月2日（旧暦6月13日）両藩は妹背の滝の近くの西教寺に本陣を置き戦いに臨んだ。彦根藩は海側の大竹村にある青木神社のあたりに進み、これを迎え撃ったのは吉川氏の岩国藩で大竹口の橋を壊して対峙した。両軍の間で砲撃戦から激しい

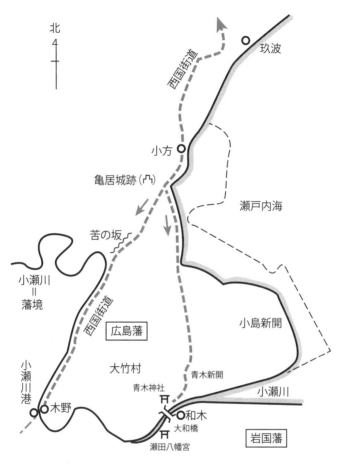

北

小瀬川＝藩境

玖波

西国街道

小方

亀居城跡（凸）

瀬戸内海

苦の坂

西国街道

広島藩

小島新開

小瀬川港

大竹村

青木新開

小瀬川

木野

青木神社

和木

大和橋

瀬田八幡宮

岩国藩

図Ⅴ-1　芸州口の戦い関連地図

　戦闘が行われ、大竹村では１千戸余の家屋が焼失し岩国側和木村でも火災が発生した。しかし岩国軍が側面から攻撃を加えると彦根軍はたちまち崩れて敗走した。

　一方の苦の坂を越えた高田軍は小瀬川沿いの道を進んだが、地の利を持つ岩国軍に後方を突かれて逃げ惑い、多くが船で広島城下方面に逃げだした。

彦根・高田両軍が敗走した後には、おびただしい数の旧式の甲冑や武器それに日常品が散乱していたとされ、幕府軍のみじめな姿をさらすことになった。岩国軍はさらに玖波まで攻め込んで彦根軍と交戦し、玖波を落とした。ここでも村の約半数の家屋が焼失した。両藩が敗走した後、幕府は紀州の新宮藩と幕府軍陸軍の歩兵部隊を送り込んで、長州藩兵と四十八坂で激突した。この部隊は頑強に戦って岩国軍を撃退し、その後芸州口は膠着状態となった。

　幕府から藩境の警備を命じられていた広島藩は、戦闘に巻き込まれないよう西国街道は避けて 10km 余り北方の津和野街道沿いに出兵させていた。ところが戦況が長期化する中、8月（旧暦7月）になって長州軍が藩境から津和野街道を通って佐伯郡の津田から友田に進軍し、廿日市との境である峠まで進みここに砲台を設置した。それまで調整役をしていた恩義にもかかわらず攻め入る長州藩に、広島藩年寄で武闘派の石井修理は怒りに燃えた。本陣でもある廿日市を占領されることは絶対に許されないと考え、藩兵の志気を鼓舞するためにも廿日市町家に火をつけるよう命じたのである。火は3日間燃え続け、町の大半は灰燼に帰した。
　この意図的に行われた家屋に対する放火は、石井修理の藩のためにとの思い込みだけで住民のことは何も考えない行為で、浅野氏が広島にやって来た時以来の住民軽視の伝統が表面化したのである。

　9月（旧暦8月）になってからも長州藩は、宮内まで引いて本陣を置いていた彦根・高田両藩に奇襲をかけ、たちまち瓦解させた。
　こうして約2か月間にわたる芸州口の戦いで、幕府内部からも厭戦気分による撤兵の気運が高まり、急速に終結に向かって進みだした。非戦を訴えそれを貫いた芸州広島藩だったが、戦禍から領民の生命、財産は守れず、広島藩の領民は甚大な被害を蒙った。罹災者 1 万人

以上、焼失家屋は 2000 軒以上に達し、翌年になって賠償が行われたが、その配分が不明朗で当事者の農民などの疑惑と不満が一段と高まったとされる。

長州征伐の終結

　長州征伐が始まって 1 か月余り経った時、将軍の徳川家茂が大坂城で病に倒れた。知らせを聞いた孝明天皇は医師を派遣するなどしたが甲斐なく死去した。天然痘だったとされ、享年 21 歳だった。

　将軍後見職の徳川慶喜はこれを隠して、家重の名代として自ら出陣して巻き返すことを宣言したが、その直後長州征伐の小倉口の戦いで幕府軍総督の小笠原長行が将軍死去の知らせに衝撃を受け出陣は止めた。さらに小倉城も小倉藩兵が自ら火を掛けて総撤退したとの報が入ったため、慶喜は長州征伐の休戦を決心した。

　休戦するためには朝廷から勅令を得る必要があるが、慶喜はその時間を稼ぐため勝海舟を交渉に当たらせることとし、広島藩の辻将曹に長州藩との休戦会談の場を設けるよう命じた。1866 年夏、海舟は単身広島藩の宮島に乗り込んで大願寺で長州藩の広沢真臣や井上馨らと交渉に臨んだ。交渉は難航したが、征討軍が撤退する際に長州軍は追撃しないとの約束を交わした。

　海舟が京に戻って報告した所、慶喜は朝廷から勅令を得ることに成功していて全軍に伝達していたため、海舟と長州藩の約束は無視されることになった。時間稼ぎに使われた海舟は怒って江戸に戻ったが、この時の経緯が海舟の自著『氷川清話』に書かれており、勝海舟と辻将曹は幕府の将来はないという共通認識を持ったとされる。

　慶喜は将軍の喪に服することを理由に会津藩や朝廷上層部の反対も押し切って講和を結んでいた訳だが、この結果は事実上幕府側の大敗

という結果を示しており、幕府の求心力は更に低下し多くの藩が反幕府に転じ討幕の機運が高まった。この頃、慶喜との関係を深めていた孝明天皇は、幕府・諸藩・公家などの権力争いに巻き込まれ、薩摩藩との関係も悪化し権威が低下していた。

　朝廷の停戦勅命や幕府長州の停戦合意にもかかわらず、小倉口の戦いでは長州藩が小倉藩領への進行を緩めず戦闘が続いていた。小倉藩は頑強に抵抗を続けていたが、多くの防衛拠点が陥落するに及び、ついに両藩の停戦交渉が始まり、翌1867年2月（旧暦1月）に和約が成立し、結局、長州軍が全面的に撤退したのは翌月になってからだった。

　このような戦況の元、全国各地で一揆や打ちこわしが起こったが、その原因は戦いの長期化に備えて各藩が兵糧米の備蓄に走り米価が高騰したことにあるといわれた。

徳川家茂から徳川慶喜へ

　亡くなった徳川家茂は実子がなく、死に際して将軍後継者に田安徳川家の徳川慶頼を指名したが、この遺言が江戸にいた和宮に伝えられたところ、和宮はまだ4歳の幼い子を将軍にするより年長の適材を選ぶことを望んだとされる。そのため十五代将軍に選ばれたのは長州藩との休戦を推進した後見職の徳川慶喜だった。

　なお、和宮の慶頼に対する判断は、後に慶頼が慶喜から徳川宗家の家督を受けることになり、家茂の遺言が形を変えて守られたと称えられた。

　慶喜は当初将軍就任を固辞していたが、1867年1月（旧暦前年12月）になって二条城で死の直前の孝明天皇から将軍宣下を受けたことで就任を決断した。

　慶喜は権威が失墜した幕府を立て直すため、自らが朝廷との関係を

深めて公武合体を進めて政治の主導権を握ろうと考えた。これを支え
たのが水戸徳川家の血筋である松平容保が藩主の会津藩と容保の弟で
ある松平定敬が藩主の桑名藩で、朝廷とも密接な関係を持っていた。
慶喜はこれまで老中に行わせていた幕政を、陸軍総裁・海軍総裁・会
計総裁・国内事務総裁・外国事務総裁を設置して部門ごとに運営する
よう改革した。朝廷との関係から、慶喜は京都二条城を中心に 政 を
行い、多くの幕臣を上洛させ自らも在職中は畿内を離れることはな
かった。

　また慶喜は対立していた幕閣の改革派とも連携して開国を目指すよ
うになり、特にフランスとはつながりを深め、資金援助を得て横須賀
製鉄所や造船所の建設、フランス人軍事顧問の招聘、さらに実弟をパ
リ万国博覧会へ派遣するなどした。ただ孝明天皇の反対で諸外国との
約束が実現していなかった兵庫港の開港問題が残っていた。

5.　大政奉還と広島藩

　徳川慶喜は親しかった孝明天皇が亡くなると、その位置づけは大い
に変貌して行き、政局は薩摩藩と長州藩により大きく転換していっ
た。この情勢下で広島藩は、徳川家の存続に懸命に動いた。

孝明天皇から明治天皇へ

　孝明天皇は二条城で死の直前に徳川慶喜に対し将軍宣下を与え、慶
喜が将軍就任を決断した直後、暗殺説もあるが天然痘で突然崩御し
た。翌1867年2月（旧暦1月）息子の睦仁親王、後の明治天皇が14
歳で天皇位を受け継いだ。慶喜にとっては治世が始まった途端に孝明
天皇という大きな後ろ盾を失うことになった。

　当時の慣例から天皇の崩御によっても当時の年号の慶応は変更され
ず、翌年に明治に変わると同時に「一世一元の制」が定められた。た

だ天皇が明治天皇と呼ばれるようになったのは崩御後のことである。

広島藩と薩摩藩

　広島藩は幕府と長州藩の仲介作業により長州藩への処分の決着を図るべく動いていたが、作業が停滞していた。浅野長訓は長州藩を討幕に向かわせないためには徳川慶喜が政権を朝廷に返還することしかないと、執政の石井修理に命じて大政奉還の建白書を京都に持たせ、1867年の正月早々幕府の老中首座と朝廷に提出したのである。ところが幕府と朝廷内では大政奉還の機は熟しておらず、共に無視されるという結果に終わった。

　一方で薩摩藩は島津久光が、宇和島藩主の伊達宗城、福井藩主で慶喜の従弟になる松平春嶽、土佐藩主の山内容堂という有力者を京都に集めて四候会議を開き、兵庫港問題を糾弾することで幕府を政権から除外すべく進めた。ところが慶喜は孝明天皇を執拗に説いて開港の勅許を得ることに成功し、約束通り1867年末の開港を実現させたため、四候会議による作戦は無効になった。これまで薩摩藩主は徳川家の姻戚関係により幕府との関係を保っていたが、久光はこの慶喜の政治感覚を見抜き、全面的に討幕に転じたとされる。

　薩摩藩の西郷隆盛や大久保利通なども、もはや武力によって幕府を倒すしかないと土佐藩の討幕派と密約を結ぶなど、賛同者を固めるための水面下の行動を強めた。また朝廷内で下級公家ながら幕府に対する強硬論者として勢力を拡大してきた岩倉具視を味方に取り込んだ。いずれにせよ薩摩藩としては信頼できる討幕派としては長州藩が第一であり、まずは長州藩の復権を実現する必要があった。

　こうして広島藩の辻将曹は、公家に対し中立を進言し賛同を得ていたことから、辻将曹は西郷隆盛だけでなく岩倉具視からも憎まれたといわれる。

三藩同盟

　薩摩藩にとって、深い関係を持ちながら大政奉還など討幕とは異なる動きをする広島藩と土佐藩も取り込んでおくことも重要な作戦だった。土佐藩は前藩主の山内容堂や後藤象二郎が挙兵倒幕を狙う薩長とうまく付き合いながら独自の大政奉還を狙っていた。

　これに対して広島藩の浅野長訓は長州征伐の決着がつかないため国許を離れられず、代わって長訓の養嗣子で、江戸青山の広島新田藩を継いでいた浅野長勲（ナガコト）を京都に派遣し折衝に当たらせた。長勲は突進する執政の辻将曹らを使いながら独自の大政奉還を進め、薩長とも古くからの付き合いを継続する考えだった。長勲は当時 25 歳ながら石橋をたたいて渡るような性格で、それが原因で日和見的な立場をとるようになったとされる。

　このような広島藩に懸念を持った薩摩藩は大久保利通を送り込み、長州藩の桂小五郎も入れて広島藩の辻将曹に近い植田乙次郎と話し合い、挙兵倒幕を前提とした薩摩・長州・広島による三藩同盟を 1867 年 10 月（旧暦 9 月）に結んだ。広島藩が長州征伐による兵力の損耗がなかったことも、薩摩藩にとって味方に取り込んでおきたい理由だった。薩摩藩は、この少し前に土佐藩とも薩土討幕の密約を結んでいる。

大政奉還への動き

　広島藩が三藩同盟を結んだ翌月に京都で広島藩・薩摩藩・土佐藩の間で建白書提出に関する交渉が行われた。大政奉還は広島藩家老の辻将曹と薩摩藩家老の小松帯刀が推し進めていたが、薩摩藩の西郷隆盛のように討幕を目指す者にとっては基本的に大政奉還には反対で、建白書の内容が問題だった。そのため交渉では明確な方向は出なかったことから、慎重な広島藩、激しい薩摩藩、老獪な土佐藩と 3 藩の思いに差が出た。

土佐藩は薩摩藩を公議政体路線にひきつけて幕府との武力決戦を回避しようと意図しており、山内容堂は後藤象二郎らに自分の名による大政奉還の建白書を抜け駆けで単独に徳川慶喜に提出させたのである。これを知った広島藩も数日遅れて浅野長訓の名で大政奉還の建白書を幕府に提出した。

　土佐藩の場合、建白書提出と同時に後藤象二郎は老中の板倉勝静に建白の趣旨を説明した改革意見書を提出した。これは象二郎が坂本竜馬と上京の途中に立案した『船中八策』を基にしており、朝廷への政権奉還、二院制議会の設置、外国との不平等条約の改定、憲法の制定、海軍の拡張など8か条から成っていた。

　建白書を受けた幕府は、在京の10万石以上の藩である名古屋藩・和歌山藩・彦根藩以下40藩の重臣50名余りを二条城に集め、大政奉還の上奏案を示して意見を聞いた。しかしその多くが答えるのを避けて退出したとされる。会合のあと薩摩藩の小松帯刀、広島藩の辻将曹、土佐藩の後藤象二郎らは、徳川慶喜に将軍辞職の英断を促した。

大政奉還

　討幕の勢いが拡大していることを直感した徳川慶喜は1867年11月9日（旧暦10月14日）大政奉還の決断を下し、天皇もこれを認めた。こうして大政奉還が行われたが、当時の朝廷には行政や立法などの機能を含め政権を担当する能力は全くなく、実質的に幕府は存続することになった。この状況は慶喜にとっては想定通りで、形式的に大政奉還しても天皇はまだ若く政治に慣れていないため朝廷は政権運営ができず、幕府はなくなっても徳川政権は存続できると考えていた。

　事実、すでに幕府内部では慶喜の側近の西周を中心に大政奉還を基にした新しい政権構想ができつつあった。それによるとヨーロッパの議会政治を基本とし、各藩の大名の所領は当面そのままで統治や軍事を認め、数年後に大君を元首とする中央政府へ統括されるものとして

いる。その大君には慶喜が就任し行政府の長であると共に上院の議長
であり下院の解散権を持ち裁定権も一手に持つ。これに対し天皇は政
治上の権限はすべて否定され、山城一国を与えられるというもので、
明らかに新しい徳川統一政権を意味していた。慶喜の大政奉還は、こ
のような国家構想の見通しにより行われたのである。

　一方、薩摩藩の大久保利通や公家の岩倉具視らが画策して、大政奉
還の直前に徳川慶喜追討と会津藩と桑名藩藩主の誅殺を命じる天皇の
勅書が薩長両藩に対し秘密裏に手渡された。ただ態度の曖昧な広島藩
に対しては下されなかったとされる。これは岩倉具視があいまいな態
度をとる広島藩を除外したと思われる。

　しかし慶喜の大政奉還の報により密勅は取り消され、討幕派の薩長
両藩にとっても出鼻を挫かれた形になった。そのため薩長は広島藩が
大政奉還の建白書を出したことを三藩同盟に対する背信行為とみな
し、以降の対応に大きな影響を及ぼした。これは広島藩が新しい政権
の具体的なイメージを持たず明確な方針を立てることが出来なかった
ためとされ、日和見主義と言われた。ただ広島藩の辻将曹は同盟に対
して違反してないと考えていたとされる。なお天皇の勅書は勅書の形
式が整っておらず、偽物との説もある。

薩長芸の動き

　朝廷としても若い天皇の元で行政機能のないのも事実で、大政奉還
を受けて諸侯会議による合議で新体制を整えるまでは、引き続き幕府
に国内統治を委任せざるを得なかった。しかし討幕をめざす薩長両藩
にとって佐幕派が復権を狙える状況が定着することは絶対に避けなく
てはならない。両藩は天皇親政を確立するため、皇軍を結成して天皇
を守るという姿勢を明確にすることとした。

　両藩は広島藩も誘って 1867 年 12 月（旧暦 11 月）中頃に三藩挙兵

の密議を開いて、皇軍として3藩から成る軍隊約6500人を上洛させ諸侯会議に圧力を加えることを決めた。

　これを実施するに当たり、長州藩はまだ朝敵であるためそのまま参加することは天皇に対して礼を失する。そこで長州藩兵1500名は広島藩兵の軍服を着て、長州藩の軍艦には一隻が広島藩、もう一隻に薩摩藩の旗を掲げて三藩の軍艦が御手洗港から都に向かったのである。長州軍はすぐには京都には入らず、長州艦は淡路沖で待機した。また広島藩と長州藩の兵士が尾道に駐留して出陣を待った。ただ長州藩士にとって、他藩の軍服で偽装するということは屈辱以外の何物でもなかった。

6. 幕末の社会状況

　幕末は政治面でも混乱を来したが、経済面でも庶民を巻き込んだ混乱を引き起こし、これに外国人が加わって混乱が加速した。

開国による混乱

　通商条約が結ばれて港が開かれて貿易が始まると、国内の産業構造や流通機構は大きな変化を余儀なくされた。当時の最大の輸出品だった生糸の生産が追い付かなくなって価格の高騰が発生したが、逆に安価な綿織物が大量に輸入されて綿農家が没落して行った。こうして問屋制を中心とした江戸時代の流通機構が崩れていった。

　また開国時、金と銀の交換比率が国内1対5に対して、外国では1対15と大幅に異なり、利益を得るため大量の小判が海外に流出した。幕府はこれに対応するため小判の量目を低下させることで金銀比価を是正する方法をとったが、激しいインフレが発生して市場の大混乱を来した。従前から財政難に陥っていた各藩による銀の表面に金を被覆した贋金が横行したが、幕府にはこれを取り締まる力はなかった。

　一般の民衆も外国との交流に反感を持つものが多く、外国人に対しても怒りが向けられ殺傷事件が相次ぎ、藩士や脱藩した浪士などによる事件も多発した。この引き金のひとつが、長崎に寄港した艦隊から感染が広がったコレラの流行で、1858年には江戸にまで飛び火して多くの死者が出て、その後3年にわたり流行した。

　また討幕運動など戦乱の長期化に備えて各藩が兵糧米を備蓄した事によって米価が暴騰し、全国各地で一揆や打ちこわしが起こった。同時に諸藩の統制力が弱まったことで賭博が公然と行われるようになった。

　さらに1850年代の安政年間に、日本各地で大地震が連発した。これは安政の大地震と呼ばれるが、幕末の混乱を加速させ民間では被害情報を伝える瓦版や風刺画の鯰絵（ナマズエ）が大量に出回った。鯰絵は大鯰が地下で活動することによって地震が発生するという江戸時代の民間信仰に基づいている。

ええじゃないか

　幕末の動乱が始まると、民衆の間には世直し一揆や打ちこわしが頻発したが、これとは別に1867年の夏ごろから民衆が世直しを要求して「ええじゃないか」と連呼しながら集団で町々を巡って熱狂的に踊る狂乱的な民衆運動が起こった。伊勢神宮のお陰参りとの関係など緒論あるが、東海道を起点にして東西に拡大し各地でそれぞれ特徴のある形で発生している。

　広島藩における動きだが、広島藩兵が長州藩兵と旧幕府側の福山藩を攻撃するため尾道に駐留していた1867年12月（旧暦11月）の終わり頃、ええじゃないかの動きが東から伝わってきた。一時は栄えた尾道の商人が藩の専売政策などで停滞を余儀なくされていたところに、敵とされていた長州藩の兵士が突如やってきたことを引き金に起

こったとされているが、長州側の者が尾道での反感を逸らすために仕掛けたとの説もある。

幕末の文化

　幕府は開国して世相が混乱する中、国内の政治的な立場を強化し対外的にも自立するため、海外の進んだ文化や学術を取り入れることで近代化を目指した。

　1855年には欧米各国の学術書や外交文書の翻訳を行う洋学所を建て、これは後に東京大学になる。またそれまでも盛んだった医学の分野では、1860年に天然痘の予防接種の種痘所を幕府直轄とし、医学所で西洋医学の教育と研究を行った。

　また幕府は榎本武揚や西周らを欧州に留学させ、欧米諸国の政治・法制・経済を学ばせた。これに対抗して長州藩では井上馨・伊藤博文ら藩士5名を、薩摩藩も五代友厚・寺島宗則・森有礼ら19名をイギリスへ留学させている。1867年に開かれたパリ万国博覧会に幕府は葛飾北斎の浮世絵や陶磁器などを出品し、日本文化の国際的な評価を高める努力もしている。この時幕臣として同行したのが渋沢栄一である。

　当時の庶民の教育水準だが、寺子屋が広まり幕末には全国で2万軒あった。この結果、識字率は8割という世界最高水準だったため、やって来た外国人を驚かせたという。

広島藩の学問

　浅野長訓は開国以来洋学を導入しようと、蘭学や医学の教育を色々試みたがうまく行かず、そのうち蘭学は衰えイギリスやフランスの学問に取って代わって行った。そのため広島藩に後の修道館である洋学所を開設したのは1869年4月（旧暦3月）になってからで、薩長藩のようにイギリスへ留学させることはまだなかった。

　広島藩士の野村文夫は緒方洪庵の適塾で蘭学・医学を修めたが、1864年に藩の蒸気船の修理で長崎に行った際、グラバーの斡旋でイギリスに密出国した。グラバーの故郷のスコットランドで1年半学んでから欧州各地を回り、パリ万博も見て1868年に帰国した。広島藩は密航を咎めず厚遇し、1869年には『西洋聞見録』を出版している。

広島藩の産業

　広島藩は領内の生産物を大坂に搬送しての取引を継続していたが、薩摩藩との関係を使って、非合法も含めて外貨獲得のための殖産政策を実施し、外国からの武器や戦艦の輸入代金に充てた。薩摩藩には従来から銅・鉄・米・木綿・繰綿・塩などを渡していたが、新たに樟脳・養蚕・茶といった商品を奨励し産品とした。さらに1866年後半からは長州藩との経済活動が活発化した。

　しかし慢性的な財政窮乏は継続し、薩長両藩との格差は大きかった。また藩では軍事力強化のため藩内の鋳物師に大砲を製造させようとしたが、一番の技術を持つとされた可部でも完成には至らなかったとされている。

　この頃、漆を塗り重ね盛り上げて色をつけ文様を立体的にあらわす高盛絵と呼ばれる漆技術が広島にもたらされた。これは金城一国斉によるが、初代は尾張徳川藩の御用塗師だったが、息子の二代目が漆芸技法の研究に励み高盛絵を考案した。1843年頃に眼病治療のために広島を訪れ、近くに住む江波焼の陶工江山の長男の木下兼太郎に漆技を教えた。兼太郎は技術の研鑽に努め1853年に三代目を受け継ぎ高盛絵を完成させた。三代目はその後江波で事業を発展さ高盛絵の名を全国に知らしめ、現在に至っている。

広島藩の災害

　幕末の広島藩では地震が頻発している。1854 年の秋に芸備両国で発生した大地震は余震が翌年まで続き、さらに 1856・57・59・67 年と地震が続発している。一方で幕末における藩内の火災は、1863 年に水主町で出火し 163 軒焼失した記録だけである。

　また、当時コレラが流行し、1858 年、藩主になったばかりの浅野慶熾が広島城内三の丸にあった稲荷社で除疫の祈祷を行なわせたが、慶熾はその直後に亡くなった。なお稲荷社の本殿は明治になって榎宮の多家神社に移設された。さらに 1862 年に浅野長訓はコレラ防止のため、汚染された水や食物に関する心得を広める担当を設けている。

宮島の発展

　宮島では幕末も引き続き多くの観光客が来島した。土産品としてしゃもじが特産品として定着していたが、これに加えて木工品として 1859 年ころ小田権六が轆轤（ロクロ）技術を伝えて盆や菓子器などの木工特産品が加わった。さらに同じ頃、甲府藩の彫刻士の波木井 昇 斎（ハギイ ショウサイ）が広島藩主の命により宮島で木彫技術を伝え、木工品に華やかさが加わった。

　また 1854 年、岩国屋惣兵衛が管弦祭前後の市が非常に賑わうのに着目し、奉行所から戦国時代に土石流により荒地になっていた紅葉谷の土地を借りて因幡屋茂吉とともに開拓し、渓流に橋を架けたり植木を整備して茶屋を設けることで人気の場所とした。これが現在の岩惣に繋がる。

　なお、1850 年に大風により大鳥居が倒壊した。これが再建されるのは 25 年後で、幕末から廃藩置県に至るまで宮島は色んな歴史舞台に登場したが、その間、大鳥居はなかったのである。

VI
明治維新と広島藩の終焉

　徳川慶喜の大政奉還から明治天皇の王政復古が発せられ江戸時代が
終わったが、旧勢力との抗争は継続し1871年の廃藩置県を迎えてよ
うやく大勢が決まった。この間、広島藩は次第に新政府内での存在が
薄れて行き、広島藩は消えて広島県となった。

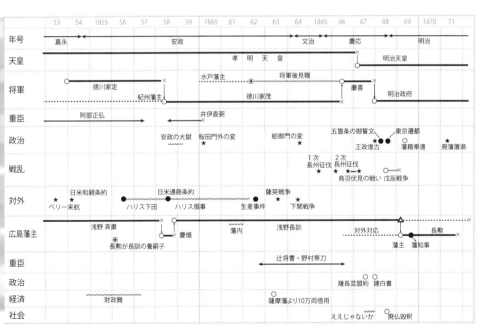

図VI-1　幕末から廃藩置県までの年表

1. 明治政府の成立

　徳川幕府に代わって明治政府が発足したが、佐幕派諸藩の抵抗だけでなく、新政府内でも武士と朝廷の因習の違いや各藩の思惑が交差し、組織の改廃が繰り返された。

王政復古

　朝廷は諸侯会議を開くため諸侯に参内するよう命じたが、佐幕派が不参加を呼びかけたこともあり出席を控える者が多かった。1867年12月（旧暦11月）中旬になって集まったのは薩摩藩の島津久光、広島藩は京都で活動していた浅野長勲、尾張藩の徳川慶勝、越前藩の松平春嶽、遅れて加わった土佐藩の山内容堂を含め5藩で、1868年1月2日（旧暦前年の12月8日）に朝議を開催することを決定した。これを知った岩倉具視はこの前夜に出席する5藩の重臣を自邸に集め、天皇の名前で王政復古の断行を宣言することに協力を求めたとされる。

　朝議では朝敵になっていた長州藩主毛利敬親と世嗣の毛利元徳の復権と三条実美ら五卿の赦免などが決定された。翌日の未明、公卿たちが退廷した後、待機していた5藩の兵士が御所9門を固め、摂政の二条斉敬をはじめ要人の御所への立ち入りを禁止した後、御所内学問所で小御所会議と呼ばれる国政会議が天皇の出席の元で開かれた。

　この会議で明治天皇が王政復古の大号令を発した。これにより、徳川慶喜の将軍辞職と江戸幕府の廃止、政治体制としてこれまでの摂政関白と征夷大将軍を廃し「三職制」の設置、それに神武天皇に遡った天皇制に基づいて公儀を尽くすことが宣言された。

　ここで三職とは総裁・議定・参与から成るが、総裁は天皇が若年で

あるため有栖川宮熾仁親王が務め、議定は皇族 2 人公卿 3 名に加え
朝議に参加した 5 藩の代表が就任し、参与には岩倉具視を含む 5 人の
公卿の他に 5 藩から各 3 名が選ばれた。薩摩藩では西郷隆盛・大久保
利通ら、土佐藩は後藤象二郎ら、広島藩士では辻将曹の他に久保田秀
雄と桜井元憲の名が残っている。こうして徳川幕府を外した新しい政
権が発足した。

　大政奉還は実質的にはこの王政復古の発令により実施され、260 年
余り続いた徳川政権、および約 680 年続いた武家政権に終止符が打た
れたのである。

鳥羽伏見の戦い

　王政復古の大号令により天皇親政による新政府の組織づくりが進め
られた。京都御所の小御所で開かれた御前会議で、徳川慶喜に内大臣
の辞職と 400 万石もの領地を朝廷へ返上させることが決定された。

　将軍としての権威を守りたい慶喜は、朝廷に働きかけて薩摩の排除
を行うべく京都によく目の届く大阪城に移って状況を見守っていた。
そこで新政府の領地返上の決定を知ると、まず 1 月 27 日（旧暦 1 月
3 日）に大阪湾にいた薩摩藩海軍を攻めて勝利し、翌日には軍を大阪
城から京都へ向けて進軍を始めさせた。新政府に対する反発を強めた
佐幕派も、会津藩主の松平容保が幕府軍と会津藩・桑名藩の兵など 1
万人を超える軍を引き連れ都に登って来た。これに対し新政府は薩摩
藩と長州藩の兵 6 千人が京都南郊外の鳥羽や伏見でこれを迎え撃っ
た。その結果、政府軍は数的には圧倒的に有利だった旧幕府軍を打ち
破りわずか 3 日間で終わった。

　大阪城に撤退していた徳川慶喜は新政府軍が追っているとの知らせ
に驚き、老中などを従えて急遽幕府の軍艦で江戸に向かった。これは
結果的に旧幕府軍を見捨てる形になったが、慶喜自身も既に幕府の再
建は諦めていたとされる。

なお江戸時代を通して坂が用いられてきた「大坂」だが、幕末の動乱に影響されてか、坂の字は「土に返る」で死を意味して縁起が悪いと狂言作者が言い始め、さらに「士が謀反を起こす」と読めて政治的に問題があるとし、土を「こざと偏」に代えて「大阪」と書かれるようになった。

鳥羽伏見の戦いでの広島藩

　鳥羽伏見の戦いに先立ち、西郷隆盛は薩長芸軍事同盟に基づいて御手洗から同行していた広島藩兵の参戦を要求したが、広島藩の辻将曹は「われわれは御所を守る皇軍で、隆盛たちの軍隊ではない」と戦うことを拒絶し、参戦はしたが一発の銃弾も撃たせなかった。この行為は諸藩の嘲笑の的になっただけでなく、広島藩が明治政府の主力から外される引き金になった。

新政府の体制づくり

　鳥羽伏見の戦いは済んだものの旧幕府勢力との争いは続いており、新政府側は急いで組織強化を進めた。新政府としては当面、大政奉還を決めた際の小御所会議で設けられた三職制を継続させた。

　総裁は引き続き有栖川 宮 熾仁親王を充て、新たに公家の岩倉具視と三条実美を副総裁に任命した。

　議定には朝廷側の５人に加え王政復古で活躍した藩の代表を就任させた。薩摩藩主の島津茂久、土佐藩の山内容堂、尾張藩主の徳川慶勝、福井藩主の松平春嶽、朝敵を解かれた長州藩主の毛利元徳、少し遅れて公家の岩倉具視や宇和島藩主の伊達宗城などである。

　一方で広島藩の浅野長勲は鳥羽伏見の戦いで出兵を拒んだこともあり議定を辞そうとしたが許されず、会計事務総督となり会計事務局輔を兼ねた。

　参与には公家の他に幕末に活躍した有力藩の藩士が選ばれた。薩摩

藩では大久保利通・五代友厚・西郷隆盛、長州藩では伊藤博文・井上馨・木戸孝允、土佐藩は後藤象二郎、それに肥前藩の大隈重信・副島種臣などである。これに対して広島藩の辻将曹も参与で内国事務局判事に就任した。

　ここで肥前藩の名前が初めて登場したが、以後「薩長土肥」の一員として明治維新の主役になった。肥前藩は佐賀藩や鍋島藩とも呼ばれ、それまで日本有数の軍事力を持ちながら『葉隠』に根差す閉鎖性から鎖国藩と呼ばれたが、財政窮乏により高まった不満を藩主鍋島直正の藩政改革を経て明治維新と共に新政府に協力して副島種臣・江藤新平・大隈重信など多くの人物が活躍することになった。

江戸城無血開城

　徳川慶喜は江戸に戻ると、将軍就任以来、初めて江戸城に入城した。これに対し新政府は江戸周辺にいる幕府恩顧の勢力が反乱を起こすことを想定し、総裁の有栖川宮熾仁親王を大総督として西郷隆盛らの補佐による慶喜追討の東征軍を編成した。こうして 1868 年 3 月（旧暦 2 月）に薩長両藩兵を主力に 20 藩以上の兵が東海道・東山道・北陸道の三方に分かれて江戸に向けて進軍した。

　慶喜は他者に対しては無頓着とされるが、この状況には敏感に反応して、上野の寛永寺に移って恭順の意を表して謹慎し、勝海舟に迫って来た東征軍と交渉させた。海舟は新政府軍の西郷隆盛と交渉し、助命と引き換えに自発的に江戸城から退去することを約束した。これは江戸城の総攻撃決定日の前日だったとされ、江戸城の無血開城が実現し江戸は戦火を免れた。また広島藩の辻将曹にとって、徳川家を絶やさないとの藩の思いを盟友の勝海舟が実現した喜ばしい結果だった。

　こうして慶喜は 70 万石の一大名として家康ゆかりの駿府に移り住み、徳川家の家督を相続した徳川家達が駿府藩主となった。

2. 新政府の体制整備

　江戸城の無血開城が済むと、新政府はそれまでの「三職制」を廃して『政大書』に基づく新しい体制を作った。

五箇条の御誓文と政体書

　新政府は明治天皇が誓約する形式で『五箇条の御誓文』を発布した。これは「広く会議を興し、万機公論に決すべし」「上下心を一にして、盛に議論を行うべし」「官武一途庶民に至るまで、その志を遂げさせ人心を飽かせない事を要す」「旧来の慣習を破り、天地の公道に基くべし」「智識を世界に求め、大に皇国の基礎を盛んにすべし」の５か条である。

　新政府としては政権内部での権力集中を防ぐと同時に、全国の藩主や人民を支配する仕組みが必要で、翌５月（旧暦閏４月）には御誓文に基づいた『政体書』により、新しい政治制度を採用することを表明した。それによると「三職制」を廃し、天皇制を意識して「太政官制」を再設して権力を集中させることを基本に、三権分立・官吏公選と任期・立法官と行政官の兼職禁止などを規定した。

　この中で立法機関として議政官が設置され、地方行政制度として府藩県三治制が敷かれた。三治制は国内を府・藩・県の３つに区分するもので、府はそれまで幕府の城代・京都所司代・奉行などにより統治されていた領地で知府事を任命、藩は従来の藩と藩主が存続、県はその他の幕府領で知県事が任命された。

新政府の中の広島藩

　新政府により五箇条の御誓文に基づく『政大書』が発効された際、藩主の浅野長訓はそのまま藩主となり、それまで京都で藩の代表を務

めていた浅野長勲は三職の中の立法機関の議政官の参与、後に上位の議定に就任させた。辻将曹は近江国内の小藩をまとめて設置された大津県知事に任命された。

　1869 年 2 月（旧暦 1 月 14 日）に、57 歳になった長訓は体調を崩して隠居した。後任として 27 歳の長勲が十二代目藩主に就任し、政府の役割も続けて任じられた。

東京遷都と明治改元

　王政復古の後、首都をどこにするかの論戦が行われた。佐賀藩出身の大木喬任と江藤新平が提出した建白書を基に、1868 年 9 月（旧暦 7 月）に江戸は東京と改称することが決められ東京遷都が決定的になった。当時の江戸は世界有数の百万都市で、大名屋敷が多く都市改造に都合が良かったことが決定の要因とされている。

　明治天皇は取り巻きの反対を押し切って 11 月（旧暦 10 月）に東京に行幸し、江戸城は東京城と改称された。天皇は一旦京都に戻るが、翌 1869 年 5 月（旧暦 3 月）に 2 度目の行幸を行い、東京城は皇城と改称された。

　1871 年までに刑部省・大蔵省・兵部省など京都に置かれた中央行政機関が消え、1871 年 10 月 7 日（旧暦 8 月 23 日）に天皇不在の時代理として国政に当たらすため京都に置かれた留守官も廃止されて、東京への首都機能の移転が実質的に終了した。

　こうして徳川将軍家の江戸城は皇居に変わり政府も最高機関である太政官を東京に移し、東京が首都になったのである。また新政府は 1868 年 10 月 23 日（旧暦 9 月 8 日）の詔で、慶応を明治に改元すると同時に「一世一元の制」を定め、天皇毎に元号を制定する制度とした。

戊辰戦争

　新政府の体制は表面的には整ったが、鳥羽伏見の戦いを起点に発生した佐幕派との戦いが継続していた。これは戊辰戦争と呼ばれるが、天皇が錦の御旗を与えたことで政府軍は官軍、佐幕派は賊軍と呼ばれた。

　徹底抗戦を主張する旧幕臣達は、上野に篭って彰義隊を結成し新政府による東征軍と戦ったが負けてしまった。さらに鳥羽伏見の戦いで敗走した会津藩と桑名藩に追討令が出された。奥州諸藩は東征軍に会津藩の赦免を斡旋したが受け入れられず、奥羽越列藩同盟が結成され1868年6月（旧暦5月）に官軍と対決したが、装備の優れた薩長軍がまず北越を平定し10月（旧暦9月）には会津藩を降伏させた。

　一方で、旧幕府海軍の副総裁だった榎本武揚らは、軍艦6隻に搭乗して江戸を脱出し、函館で五稜郭を占拠し、武器や軍艦の引き渡しを拒んだ。これに対し官軍は、翌1869年6月（旧暦5月）函館に進撃し五稜郭の戦いが展開された。その結果武揚らは降伏して五稜郭は開城された。

　こうして1年半に及んだ戊辰戦争は終結し、旧幕府体制は根底から崩壊した。

広島藩と神機隊

　鳥羽伏見の戦いで広島藩の行為は諸藩の嘲笑の的になったが、この状況に憤慨したのが広島藩の神機隊である。神機隊は1867年に倒幕の志を深めた藩士の木原秀三郎と川合三十郎が中心になって農商出身者ら1200人を集めて賀茂郡志和で旗揚げした最新鋭の部隊だった。参戦するため藩に関東出兵の許可を求めたが認められず、脱藩も覚悟して自費で出兵することになった。そのため藩も許可せざるを得ず、320人の精鋭を藩の軍艦・豊安号で大阪まで送り戊辰戦争に参戦させた。

　神機隊はまず第１隊 300 人余りが上野戦争から奥州戦争に参戦し、彰義隊の討伐戦にも加わり、８月（旧暦７月）に相馬藩・仙台藩・旧幕府軍の連合軍と戦い仙台藩を陥落させた。しかし多数の犠牲者を出し隊員は 80 人になっていたため、９月（旧暦８月）には補充隊として第２隊が仙台に向けて出発し活躍した。

　この凄まじく、目覚ましい活躍にもかかわらず、神機隊の活躍が広島藩の立場を回復させることはなかった。広島藩では藩士と地域住民の繋がりは非常に薄かったが、辻将曹が藩の立場ではなく自分の信念を貫いたのに対し、藩士の中には住民と共に自分の地域に対する思いが非常に強かった者もいたことがわかる。この時加わった藩士の中にいた船越洋之助と池田徳太郎は、後に明治政府から県知事に指名されている。

廃仏毀釈

　新政府は 1868 年４月（旧暦３月）に政体書と並行して太政官布告によって、天皇の神権的権威を確立して祭政一致をめざし神道を国教化させる『神仏分離令』と『神仏判然令』を出した。政府としてはあくまでも神道と仏教の分離が目的で仏教排斥の意図はなかったとされるが、日本各地で仏像・経巻・仏具の破壊や焼却、さらに仏教寺院の破壊といった過激な廃仏毀釈運動に拡大した。結果として当時全国に 10 万あったとされる寺院の半数が破壊され、急進的な薩摩藩では残った寺がなかったとされる。

　これは幕府の仏教保護政策による仏教の庶民への定着や、仏像を神体とする神社があるなど神仏混交の状態に不満を持ち続けていた先鋭的な神職者達によるものだった。

広島藩における廃仏毀釈

　広島藩は安芸門徒とよばれる西本願寺派の組織を持っていたが、廃

仏毀釈による大きな混乱はなかった。それは隣の長州藩では西本願寺派の勢力が新政府首脳とのつながりを持ち政府への多額献金もあって混乱が防がれ、広島藩にもこの影響が及んだとされる。

　ところが、神仏混交の状態だった厳島神社は非常事態を迎えた。それは新政府が地方巡視で派遣した地方官が厳島神社を訪れた際、社殿が仏教式なのを見て直ちに社殿を焼き払い神体を海に流すように命じたのである。驚いた棚守職の野坂元延は、家宝を売って江戸に登る費用を作り単身江戸に上って朝廷に歎願した。しかしその間に本地堂・十王堂・地蔵堂・輪堂・仁王門・大鐘楼・鐘楼などが取り壊され、寺の多くは廃された。

　しかし元延の努力によって厳島神社は焼き払われず、五重塔・多宝塔・千畳敷・御文庫は厳島神社の所有として破壊を免れた。また大聖院と大願寺は厳島神社とは独立する形で存続し、神社が所有していた多くの仏像の受け皿となった。

　ただ、廃藩置県後に広島県の権令として新政府が広島に送り込んだ伊達宗興などが廃仏毀釈の行動をとったため、後に再び騒ぎが起こった。

　なお、1850年に大風で大破した厳島神社の鳥居は1875年に再建されたが、この時は廃仏毀釈を意識して朱色は塗らず白木のままで、朱色に戻されたのは騒動の収まった30年後のことだった。

3.　新政府による版籍奉還

　戊辰戦争が終結してそれまでの政府の体制の見直しが行われ、「太政官制」は急進的だったため政府の権力構造との乖離が表面化し、1869年8月（旧暦7月）に「職員令」が制定された。これは天皇制を定着させるため、律令制を基礎とする復古的な名称の官位職制となった。

政府の新布陣

　「職員令」では、政府の組織を天皇の神祇や祭祀を司る神祇官を頂点にして、政府の中枢になる太政官を置くという懐古的な組織で、太政官には左右大臣・大納言・参議の新しい三職、その下に行政組織として民部省・大蔵省・兵部省・刑部省・宮内省・外務省の6省が置かれた。

　当初、右大臣に公卿の三条実美、大納言に公家の岩倉具視、天皇の侍従長に徳大寺実則と、皇室関係者が独占して武士階級からは参議に長州藩士の前原一誠と佐賀藩士の副島種臣、民部卿に前福井藩主の松平春嶽が選ばれただけだった。

　一方で閣僚にあたる参議には、肥前藩士の副島種臣、長州藩士の前原一誠・広沢真臣、薩摩藩の大久保利通、土佐藩の佐々木高行と、薩長土肥の関係者が独占した。その後も肥前藩の大隈重信・江藤新平、長州藩の木戸孝允・伊藤博文、薩摩藩の西郷隆盛・大久保利通、土佐藩の板垣退助・後藤象二郎など、薩長土肥の出身で名高い人物が就任している。なお勝海舟が旧幕臣ながら一時的に参議になっている。

版籍奉還

　王政復古が発せられてもそれまでの藩は地方機関としてそのまま残り、幕府直轄地以外の諸藩の領地は安堵されたままで、財政や人事などは藩の専権事項だったため新政府の各藩に対する権限はまだ脆弱だった。このような状況を変えるためには政治改革が必要だと、薩摩藩出身の森有礼や長州藩出身の木戸孝允や伊藤博文らは、幕府から与えられていた領地と領民を朝廷に返還するという「版籍奉還」の建白書を1869年当初に提出していた。

　実施に当たっては木戸孝允や大久保利通の画策で、まずは薩長土肥が奉還し他の藩もこれに倣わせることにした。こうして1869年7月

25日（旧暦6月17日）に版籍奉還が勅許され、幕藩体制を閉じて藩と藩主という存在を消し去り、藩主は非世襲の知藩事に名称が変更された。

　なお版籍奉還の意味だが、版は土地、籍は人民を意味しており領地と住民を天皇に返還することである。

　当然ながら藩主の反発が予想されたため、版籍奉還と同時に華族制度が創設されて旧藩主285家は、公卿142家と同じく華族に列せられ、士分の藩士は藩主一門の別家を含めて士族とされた。藩知事には藩収入の1割が保証され、この時点では藩知事や藩士への俸給は政府が直接支払い、藩の債務は国が引き継いだ。

　この結果、これまで財政状況など藩の内情を幕府に報告する必要はなく、藩内の人事や俸禄も原則としては藩の専権事項だったが、新政府は藩の軍事費の制限設定や藩士の禄高削減などを命じ、さらに政府への上納金を課すことになった。さらに知藩事と藩士の主従関係を形式上否定し、政府が藩士を登用する際には藩の了解なしに行った。

　ただ当時の藩の多くは戊辰戦争などで財政状況が悪化しており、形式的には藩の土地と住民は天皇のものになったが、それまでの藩主が知藩事になっただけで藩の支配構造は直接的には変わらなかったため、版籍奉還に対する新政府への反対は表面化しなかった。

　逆に新政府としては、前年に府藩県三治制が敷かれて府・藩・県の3つが存在していたため土地の管理が難しく、体制の見直しが喫緊の課題となった。

広島藩の中央政府からの消滅

　藩主になった直後の浅野長勲は薩長土肥に続き新政府に版籍奉還し、知藩事に就任した。しかし長勲は政府役職として議定から外され、辻将曹も辞任に至った。こうして広島藩は完全に中央政府組織か

ら除外された。

　これは表面的には、徳川家の扱いについて広島藩と新政府との考え方の差があり、藩内の不満を反映すべく長勲と将曹が新政府の役職を辞退したためとされる。しかしその裏には戊辰戦争への参戦を広島藩が拒絶したことだけでなく、西郷隆盛や大久保利通が辻将曹の行動に不信感を持っていたこと、それに広島藩の関与で薩長両藩がそれぞれに密輸という違法行為をしていた事実や、長州藩兵が広島藩兵に変装して移動したことなどにより、広島藩を明治政府から消し去るべく薩長両藩の強力な裏工作が行なわれたとされる。

薩長両藩の情報隠蔽

　特に自尊心の強い長州藩士にとって、他藩の軍服で偽装するということは屈辱以外の何物でもなかった。そのため、軍服偽装だけでなく薩摩藩も加わった密貿易や藩の名誉にかかわるような情報はすべて封じ込めるべきと、長州藩は政府の権力を握ることで関連資料の焼却を命じた可能性が高いといわれる。これは焚書と呼ばれるが、大政奉還から新政府ができる約3か月間の大名や公家の史料が全く残っていないことがこれを示している。このような組織の面子を守ることが何事にも優先される考えは、その後の日本の歴史にも大いに影響した。

　ただ完璧な焚書は難しい。暴露情報が時を経て発表されたのである。それは広島藩士だった新谷道太郎が公にした『維新の秘密を語る自序傳』である。これによると三藩挙兵の密議の前の1867年12月（旧暦11月）初め、坂本龍馬の主導の下で薩長芸3藩に土佐藩も加わって、御手洗の近くにあった道太郎の本家に当たる寺で3日間の密議が行われ、4藩の軍事同盟が結ばれたとされる。これに参加したのは広島藩士の他に、薩摩藩は大久保利通、長州藩は木戸孝允、大村益次郎、山県有朋、土佐藩は竜馬の他に後藤象二郎といった錚々たる人

物が参加している。ただ西郷隆盛は出席していない。この密議におい
て竜馬は参加者全員に暗殺の危険が及ぶので今後60年間はしゃべら
ないことを約束させたという。こうして22歳の広島藩士だった道太
郎が60年後に満を持して公にしたわけである。なお竜馬はこの密議
の直後に京都で暗殺された。

　さらに幕末における広島藩の記録を年代順にまとめた『芸州志』が
近年みつかりその研究が進められている。これは廃藩後に元藩士の橋
本素助と川合鱗三を中心に300名の家臣が浅野家に残した文書などを
整理して1909年に完成したものである。当時の朝廷・幕府・諸藩と
の複雑な関係が如実に示されており、他藩などの残された資料と合致
する事項も多く見つかり、まだ全貌は明らかではないが信頼性は高い
とされている。このなかに薩長両藩の外国との密貿易の情報も含まれ
ており、両藩は明治政府で実権を握ると、これが公になるのを懸念し
『芸州志』を処分するよう命じたとされている。

知藩事としての浅野長勲

　浅野長勲は国政を離れて、新政府の方針に沿って広島藩内の安定化
を図るべく諸制度の改編を行なった。まずは幕末に編成された諸軍隊
を解散して正規軍に再編成し、さらに藩庁の等級の改編や職制改革を
行なった。それまで藩と浅野家の財政などの管理は一体で行われてい
たがこれを分離する必要があり、また家老職を廃止して家老の領地は
広島藩庁の直轄になった。

　中でも最も困難を極めたのが藩財政の整理だった。藩は幕末の激動
期に領内外を問わず借金を重ね、1869年に新政府の行政官に報告し
た負債総額は374万両余りで、藩歳入を全額投入しても約3年を要す
るという膨大な額だった。長勲としても家禄や職禄を大幅に削減して
償却に当てたが、すぐには解決できない問題だった。また債務だけで

なく藩札の償却も重要な問題だった。幕末以来、手当たり次第に濫発した藩札は 83 万両余りになったとされる。

　更に藩の立場を悪くしたのが贋金問題である。戊辰戦争は諸藩を財政的に苦しめ多くの藩が贋金造りに手を出したが、広島藩も財政担当の勘定奉行だった伴資健が一身を賭して、1868 年鋳物技術の進んでいた可部の南原屋に命じて二分金や天保金を造らせたという。約 1 年間行われた天保通貨は、可部の鋳物技術の高さで本物と見分けがつかなかったとされる。

　政府はこの状態に歯止めをかけるため、各藩に報告書を提出させ取り調べを行ったが、混乱を避けるため全国の藩に対し 1869 年 5 月以前に贋金に関与した者は罪に問わないと布告した。

　しかし広島藩では膨大な借財返却のため、これ以降も金札などの発行を続けた。金札とは金貨に代わるべき紙幣で 1870 年に新政府が発行した太政官札を模したものだった。このため多くの藩士が取り調べをうけ、長勲自身も進退伺を出して謹慎している。こうして藩の立場はますます悪くなって行った。

　結局長勲は農民一揆の対応などで効果的な藩政改革を行なうことができず、藩の財政難も継続した。このような中、藩は 1869 年に藩士の田口太郎をイギリスのロンドン大学へ留学させている。

4.　廃藩置県による藩の終焉

　新政府として中央集権化が進むこととなったが、諸藩では元藩主の呼び名が変わっただけで実質的には大きな変化はなかった。そこで政府は藩体制を完全に解体するという強硬策に出た。

廃藩置県

　版籍奉還が実施され藩主という地位は無くなったが、旧藩主は知藩事として地方行政に君臨しており藩の政治体制に大きな変化はなかった。そこで政府は大久保利通や木戸孝允などを中心に、旧藩主から土地と住民を切り離すことで欧米先進諸国に倣った中央集権体制の完成を目指した。

　1871年8月29日（旧暦7月14日）、政府は東京にいる知藩事を皇居に集めて「廃藩置県」を布告した。すなわち藩を廃止して県を置くとの意味だが、県というのはそれまで府藩県三治制の中で幕府直轄地の呼び名だったが、新政府がすべての藩を直轄するという意味を込めて名づけられた。

　これを実施するに当たり政府は各地の藩が反対して反乱を起こすことを想定し、薩長土肥による政府軍を編成して武力討伐の体制を整えていた。しかし意外にも何の抵抗もなく受け入れられたのである。これは多くの藩が依然として財政窮迫の状況で、政府が債務を継承するとの条件が効いて異議を挟む理由がなかったためとされる。明治政府による廃藩置県の表明はアメリカなど海外では無血革命と報じられたほどである。ただ住民の間では、異国と深い関係を持っている新政府の支配下に置かれるため、異人に関して恐怖を煽るような流言が飛び交った。

　こうして全国に261あった藩が消滅し3つの府と302の県になったが、年末には、県が財政の負担に耐えうる規模として石高が30〜60万石程度になるよう統廃合し72県に集約された。なお府は、新たに行政の中心である東京、経済の中心の大阪、天皇の住まう京都の3か所である。

　政府は知藩事に東京への移住を命じることで失職させたが、それまでの給与は確保し、旧藩士への家禄支給の義務と藩の債務からも解放

させ不満を消した。各県に対しては、知藩事に代えて県令を送り込んだが、県令は藩に関係ない中央政府派遣の官僚とした。また各藩の藩札は、当時の相場で政府発行の紙幣と交換されることになった。

広島藩の終焉

　廃藩置県の布告に当たり、広島知藩事の浅野長勲が東京に呼び出されそのまま東京への永住が命じられた。新政府内で役職の無くなっていた長勲だが、広島県への関与も断絶されて幕末の混乱の中で活躍した姿がかき消され、寂しい終焉となった。

　ただ広島藩が残した大量の借金は新政府によって一括処理されて、負債の大部分が大蔵省発行の公債に切り替えられた。また贋金問題についても、旧藩士に対し比較的軽い刑罰とされた。

　東京に移った長勲は侯爵として日本最初の洋紙製造工場を設立し、一時閉鎖されていた広島藩校修道館を再興し1882年にはイタリア公使として渡欧した。また1884年に宮内省華族局長官、1892年に貴族院議員に就任し94歳の長寿で亡くなった。

　広島にいた前藩主の浅野長訓も東京へ行くように命じられ、上京してすぐの1872年に61歳で没した。

　また広島藩の上層部であるが、家老の3家、3万石の三原浅野家、1万石の東城浅野家、1万7千石の上田家はそれぞれ男爵に列せられたが、外様の藩で1万石以上の家老は元の地に残ることが許されたので、上田家の上田安敦は広島に残り剃髪して茶の湯三昧の生活に入り、茶道上田宗箇流を継承して地元文化として残した。

武一騒動

　東京へ行くように命じられた浅野長訓であるが、当時の広島から東京への旅程は、藩主などの場合まず駕籠で城下の水主町の船着き場に

行って御座船に乗り、沖に停泊中の本船で兵庫湊まで行き、外洋船の大型蒸気船に取り換えて横浜まで行くというものだった。

そこで長訓が広島城を出発しようと駕籠で城門から出ようとすると、農民など数千人が駕籠を取り囲み長訓が東京に行かないようにと嘆願したため出発できない状態になった。その後この引き止め運動が県内各地に広がり一揆の様相を呈していった。長訓もこれを鎮めるために、県庁に依頼して県内各地に役人を送って鎮静に努めたが効果がなく、運動は役人や富農層・豪商に対する積年のうっ憤を晴らす暴動と化した。この話が中国地方から四国にまで拡散し、新政府に反対する暴徒と化した。

これは武一騒動と呼ばれるが、武一というのは百姓の代表として嘆願書を起草した山県郡の森脇武一郎とされ、初めは旧藩主の東京移住を阻止しょうという素朴なものであったという。特に長訓は歴代の広島藩主の中では例外的に領民に対する理解が深く、皆に好かれていたため引き止めたいとの思いから起こったとされる。

ただそれだけではなく、新たにできた広島県に県令として縁も所縁もない人物がやってくることに対する嫌悪感や危機感だったとされる。特に広島藩は福島正則やその後の浅野家の多くが他国からやって来て領民に対する思いやりが全くなかったという歴史を持っていたためで、県令が異人かもしれないという噂がこれに火をつけたとされる。

広島県の成立

現在の広島県の県域は江戸時代初めに福島正則が藩主になった時の藩域とほぼ類似しているが、浅野藩主になってからは福山藩などが分離されていた。廃藩置県によってまず広島藩が広島県、福山藩が福山県、豊前中津藩領の飛地が中津県になったが、その後の藩の集約の過程で複雑な変更が行われた。まず1871年末に福山県と中津県が深津

県になり、小田県に名称変更の後、1875 年に岡山県の一部に組み込まれた。ところが翌 1876 年、岡山県のうち備後 6 郡が広島県に加わり、ここで現在の県域が確定した。

　広島県の県令であるが、新政府は予定通り広島藩ではなく他藩出身者を選んだ。さらに武一騒動の起こった広島県の状況を勘案して、当初県令ではなく県令に次ぐ参事という役職を送って様子を見た。最初の参事は土佐藩郷士出身の河野敏鎌、次に福井藩士の千本久信が指名された。1872 年の官制改正で参事から権令（ゴンレイ）に呼び名が変わって、和歌山藩士の伊達宗興、次に長州藩士の藤井勉三が配された。最初の県令は 1876 年になってからで、権令の藤井勉三が昇格して就任した。このように広島は江戸時代から引き続き、他国出身者の支配下に置かれたのである。

　もうひとつこの流れに沿ったのが、1873 年の広島城下への鎮台設置である。明治政府は兵制改革で全国 6 か所に陸軍の軍事拠点である鎮台を設置したが、中国地方の西部と四国地方に相当する第 5 軍管を管轄するのが広島鎮台だった。設置の目的は対外防衛と反乱鎮圧であるが、広島の場合は当然後者が主で、司令長官には元長府藩士の品川氏章が派遣された。政府が元広島藩の反乱などを恐れていたことが推測できる。この鎮台は後に第 5 師団司令部になり練兵場・兵舎・弾薬庫・陸軍病院・士官学校などが増設され軍都広島と呼ばれるようになり、原爆投下に繋がってゆくのである。

5.　広島藩が残したもの

　福島正則は広島藩の基盤を造り上げたが、毛利氏が行った農民懐柔策ではなく強力な武断政治を行ったため、領民の評判は悪かったといわれる。これは浅野氏にも引き継がれ、現在でも広島では「広島の藩主は毛利」との感覚が続いているといわれている。

広島藩の伝統

　江戸時代は徳川家康による絶対的な封建制度により、広島藩では福島正則を始め浅野家の代々の藩主も完全に幕府の支配下に置かれた。特に浅野氏は、福島正則の教訓から藩主改易を起こさないことが最重要事項として、幕府に目を付けられずに存続することが唯一無二の目的になってしまったのである。これは、いつかは徳川氏を倒して天下を握りたいとの目的を持った薩摩藩や長州藩との大きな違いだった。また薩長では領民との関係が中世から続いていて一体感が強かったが、広島藩の場合は、領民にとって藩主が見知らぬ所からやって来て年貢を搾り取る征服者で、藩側としても庶民の活躍を望むことはなく一体感の乏しい状況が続いていた。特に幕府が次代藩主に江戸住まいを強いたことが、この流れを徹底付けた。

　そのため、この広島藩という地を慈しむ心を持った人が生まれ難くかった。この宿命ともいえる状況が、地域の歴史を創ったのである。ただ神機隊率いた人たちは例外で、また幕末に藩主になった浅野長訓は、本家筋が絶えて初めて分家出身で藩主になったこともあり、住民との関係を太くするべく動いたが、すでに遅きに失した。

　このような状況の中で、広島藩は交易の関係から薩摩藩や長州藩との関係を深め、日本への外国船の接近を引き金にして薩長は倒幕という政治的な行動を強めていった。藩は当初、薩長に伍して幕末の混乱の中で頭角を現したわけだが、幕府に叛くことになる事には積極的になれず、ましてや徳川家を滅ぼすような行動には反対で、参加しても表面には出ず動きを押さえる役に回ることになった。

広島藩の命運

　鳥羽伏見の戦いにおいて辻将曹が戦うことを拒絶して、在京の諸藩

から嘲笑の的になったことは、このような広島藩の伝統に起因している。将曹は優れた才能の持ち主だったが、藩の伝統に拘って、変動する世の中で将来の日本をどうすべきかといった大局的な見方が出来なくて、諸藩を引き付けられなかったのである。そのため一度決めた事は守るという弾力性に欠けた性向に起因して、結果として西郷隆盛の権力欲に負けてしまった。さらにその後長く薩長など新政府から疎外され、ある意味で敵とみなされた。

またこれは広島藩が長く儒学の中でも朱子学を藩内で徹底し上下関係を重視したのに対し、薩摩藩の隆盛は陽明学を信じて体制への反対行動をとる革新的な体質を持っていたことにも繋がる。さらに藩には藩士を教育する学校はあったが、領内から広く人材を求める姿勢がなかったため、将曹を補佐できる優秀な人材が出現しなかったことも影響した。領民の多くもそれまでの状況に慣れきっていて時代の変化を望んでいなかった。

こうして「広島藩」は名実共に消滅し、元広島藩の藩主や家臣も薩長土肥を中心にした明治政府の表舞台からも去って行ったのである。

あとがき

　私はこれまで『佐伯みち』『安芸国の中世をゆく』で古代から中世に至る広島を中心にした地域の歴史を記述してきたが、締めくくりとして近世を書こうと広島藩の歴史に挑戦した。

　歴史の流れを明らかにして行こうとした時、歴史上の事件などは事実として明確になるが、それがなぜどのようにして起こったかについては、各当事者の思いなどの多くは記録がなく、もしあってもその記録の存在が事実であるというだけで、書かれていることが事実とは限らない。そのため歴史の流れを突き止めるには、そこに至る状況をできるだけ多面的に捉えて推測する必要があり、これが歴史研究の面白さでもある。

　古い時代では、例えば邪馬台国の位置のように事実そのものが不明確な場合が多いが、江戸時代になると起こった事柄は明確なことが多い。それらの情報は研究者によるものだけでなく、地域の伝承などに残っており新聞などにも頻繁に記事になっている。特に近年ではインターネットで色んな情報が自由に入手でき、ウィキペディアなどの情報も近年特に充実し、その量は膨大になっている。

　このように氾濫する情報を選択して歴史の大きな流れの中に加えてゆく作業で、私が最も有効と感じたのが、それぞれの年代を時間軸に沿って整理することにある。こうすれば全く独立していた情報同士の関連がみつかり、その流れに深みが生まれるのである。

　これらの経緯や原因を探し追求するため、広島藩の始まりから年代順に辿ってみることにしたのがこの本である。

広島の歴史では、古代は平清盛に厳島神社を建てさせた佐伯景弘、中世は織田信長や豊臣秀吉と覇権争いをした毛利元就といった郷土の英雄がいたが、江戸時代の歴史を色々調べてみてもそのような人物が見つからないのである。

　江戸時代の広島は、徳川幕府の強権と広島外からやって来た藩主により、領民は年貢を納める役目だけとした統治により苦しめられたのである。この間、藩は幕府対応に追われて領民との交流は遮断され、堅固な身分制度のもとで自由を奪われた領民側も表面的に藩に従うだけになった。

　ただこれをネガティブに捉える必要はない。江戸時代の広島は、藩主側も領民も強力な支配により活動域が限定され、財政危機や自然災害も多発した時代だった一方で、200年余りにわたって戦乱のない平和な時代だったことも確かである。このため藩内での住民は移動を制限されたこともあり、自分の弱点を知った上で各地域に固有の気質が育まれたのである。そのことが多くの新しい事柄を育み、独特の地域文化や産業を生むという結果生みそれらの多くが現在にまで繋がっており、このことが中世以前の混乱した時代と大きく異なるところである。

　このことは将来の我々の活動に対する重要な視点を与えられていると考えるべきであろう。世の中というものは難しい。特に完璧な政治というのは存在しない。いい面があってもその裏には必ず悪い面が隠れている。江戸時代に育まれた特性も生かして、広島県がこれからも多いに発展することを願うものである。

　なお本書の作成にあたり、もと広島市佐伯区長の中田英樹さんと友人の加藤通江さんからいろいろご指摘を、また渓水社の木村逸司社長には内容や編纂に対して多くのご指導を戴いた。ここでお礼を申し上げたい。

参考文献

Ⅰ．天下分け目の戦い

『関原首帳（福嶋家）について』白峰旬　史学論叢第 46 号（2016 年 3 月）

『徳川家康の駿府外交体制』　張慧珍　WASEDA RILAS JOURNAL NO.1（2013.10）

『城下町の形成と街道網の関係』今川朱美・小田雄司　広島工業大学紀要研究編　第 44 巻　2010

Ⅱ．徳川幕府の成立

『家老知行地の支配構造』隼田嘉彦　福井大学教育学部紀要　1972

『広島藩における土免制の構造と展開』勝矢倫生　尾道短期大学研究紀要 39 集　1990

Ⅲ．福島正則の広島藩運営

『「芸州政基」における享保末期広島藩農政論の再考察』勝矢倫生（尾道短期大学研究紀要第 42 巻 1 号）1993

Ⅳ．家康の大御所政治

『徳川将軍家と広島藩浅野家』尾道市立大学経済情報学部経済情報学科講師
CiNii 論文　森本幾子　2016

『文化後期広島藩における財政政策の位相 – 頼杏坪の意見書を起点として』
勝矢倫生
尾道短期大学研究紀要 44 巻 2 号　1995　尾道短期大学

『浅野氏　広島入城 400 年　広島の未来へ』中山富広　広島大大学院 2019

Ⅴ．幕末の広島藩の活躍

『大竹の歴史』大竹市歴史研究会

『エリート徳川慶喜　「説明責任」の欠如が招いた誤算』歴史研究者の安藤

優一郎氏に聞く 2021/7/18　日経 Biz Gate

VI. 明治維新と広島藩の終焉
『日本洋学史：蘭学事始』　宮永孝　法政大学社会学部学会　社会志林巻 49　2002-12
『倉橋町史』　2001 年刊行
『廃藩置県と民衆』谷山正道　京都大学人文學報　1992-12
『第一次長州征伐における薩摩藩―西郷吉之助の動向を中心に―』町田明広　神田外語大学日本研究所紀要　2016-03.
『維新史回廊トピックス』山口県文化振興課上田資料調査研究員　2014-8
『芸藩志』22 巻　編者旧広島藩士　橋本素助・川合鱗三　1913 年完　1978 年文献出版で出版

全
『宮島大芝居劇場考』角田一郎　近世文芸　1969
『広島藩における土免制の構造と展開』勝矢倫生　尾道短期大学『研究紀要』　1990
『藩政期における広島城下町の空間構造』木本浩一　地理科学 47 巻 2 号、1992 年
『広島県史』広島県史編纂室　1968〜1984
『広島県史年表』広島県史編纂室　1984
『広島県史　通史編 3 近世 1』（広島県／〔編〕、広島県、1981 年）
『広島県史　通史編 4 近世 2』（広島県／編、広島県、1984 年）
『鯛山物語』荻原昇　非売品　2002
『熊野町史第 4 章近世』1987　熊野町史　通史編　地方支配と農民負担
『江戸時代における改鋳の歴史とその評価』大塚英樹　日本銀行金融研究所／金融研究 /1999.9
『浅野氏広島城入城 400 年』記念事業の中の歴史・文化　広島市立中央図書館　2019
『広島藩主浅野家奉納の大絵馬』隅川明宏　広島県立美術館研究紀要 2017

江戸時代の関連書
『芸備国郡志』1633
『享保元文諸国産物帳』の広島藩作成分　1735
『芸藩通志』1825
『御領分諸色有物帖』1864

リーフレット
『浅野氏広島城入城400年記念リーフレット　第1巻　広島城築城から浅野氏による藩政確立まで』（広島市市民局文化スポーツ部文化振興課／編、広島市、2018年）
『浅野氏広島城入城400年記念リーフレット　第2巻　城下町の発展と商業・金融、藩の財政』（広島市市民局文化スポーツ部文化振興課／編、広島市、2019年）
『浅野氏広島城入城400年記念リーフレット　第3巻　耕地の拡大と農村』（広島市市民局文化スポーツ部文化振興課／編、広島市、2019年）
『浅野氏広島城入城400年記念リーフレット　第4巻　街道・水運の整備、産業の発展』（広島市市民局文化スポーツ部文化振興課／編、広島市、2019年）
『浅野氏広島城入城400年記念リーフレット　第5巻　学問・教育の普及と寺社政策』（広島市市民局文化スポーツ部文化振興課／編、広島市、2020年）
『浅野氏広島城入城400年記念リーフレット　第6巻　文化・芸術の振興、祭礼・芸能・娯楽』（広島市市民局文化スポーツ部文化振興課／編、広島市、2020年）
『備陽六郡志』宮原直倁（福山藩士）1740年頃より30余年に亘り記した自筆稿本
備後福山藩領および備後地方の郷土史料

人名索引

事項索引

【著者】

木本　泉（きもと　いずみ）

1942 年、広島生まれ。
1965 年、東洋工業（現マツダ）へ入社。車の設計開発の部門に従事。家族とア
　　　メリカ駐在。開発主査歴任。
1996 年よりドイツ系部品会社、ベバストジャパン役員。
　　　　退職後、地元街づくりグループ「かみきど倶楽部」代表。宮島口在住。
共著『小説佐伯景弘』（佐伯区役所、2012 年）
著書『佐伯みち―古代の謎を歩く―』（溪水社、2015 年）
　　　『安芸国の中世をゆく―郷土の歴史を解き明かす―』（溪水社、2019 年）

広島藩の歴史

江戸時代が現代の広島に繋がる

2022 年 11 月 18 日発行

著　者　木本　泉
発行所　株式会社　溪水社

　　　広島市中区小町 1-4（〒 730-0041）
　　　電　話（082）246-7909 ／ FAX（082）246-7876
　　　e-mail : info@keisui.co.jp

ISBN978-4-86327-602-4　C1021